JN005658

図表でわかる！

現代マーケティング論
Modern Marketing Theory

金 成洙【著】
Sungsu Kim

東京 白桃書房 神田

はしがき

　最初にマーケティングという言葉を用いたのは，1902年のアメリカのミシガン大学の広報の中であったといわれている。その間，時代の変化と共にさまざまな研究が行われ，企業や市場も大きく変化してきた。今や，マーケティングは企業が担当するが，企業以外の主体も担当する。企業のマーケティングは個々人（メルカリ，ラクマ，ペイペイフリマなど）や非営利組織（学校法人と介護事業など）の目標達成にも影響するように，個々人や非営利組織もマーケティングの担い手となる。

　しかし，このようにさまざまな主体によって活用され，発展するようになったマーケティングであるが，その実践においては課題も指摘されている。つまり，マーケティングを実践しても目標がなかなか達成できないことがある。

　マーケティングが本当に役に立っているのか。なぜうまくいかないのか。とりわけ，ビジネスの世界においてマーケティングは，本当に役に立つのか。マーケティングの実践でなぜうまくいかないのか，どうすればうまくいくのか，うまくいくとは何か。こうした議論は，これまでマーケティングで十分検討されたとはいえない。

　これらの問い（問題提起）に対する答え（結論）は，マーケティングの本来の意味を理解していないか，マーケティングの理論や分析フレームワークを理解していないか，さらにはマーケティングの活用方法，すなわちマーケティング戦略をうまく使いこなせていないかなどが考えられる。

　本書の特徴は，こうした問題意識のもとで執筆されたものであり，マーケティングの本質とマーケティングの理論や分析フレームワークを正しく理解するところにある。

　本書では，今改めてマーケティングとは何か，という素朴な疑問から始まり，マーケティング理論や分析フレームワークを体系的に紹介した上で，抽象度の高い理論や分析フレームワークの紹介に留まらず，その理論や分析フレー

ムワークの理解を助けるために，できる限りわかりやすく図か表で示すように心掛けた。図と表は，広く，深く，速く，視覚的に理解を深め，基礎知識から実践応用にわたる包括的な知識を身に付けやすくするからである。すなわち，本書のねらいは，企業や個々人，非営利組織の目標達成に役立つマーケティングについて，どのような理論やフレームワークを交えながら，どのように戦略を策定していけば良いのかなどを，「マーケティング理論と分析フレームワークなどの解説」と「わかりやすい図表」の2つの側面から明らかにすることである。

　本書はこのような問題意識のもと，これからマーケティングを学ぼうとする学部生と大学院生が学問知や実践知に対して強い影響力を有するマーケティング論を体系的に理解できるように編まれたものである。また，マーケティングにかかわる実務家の方々に対しても，目標を達成するための手助けのツールやいろいろなヒント，そして新たな視点を得るための手引書として援用していただければ幸いである。

　上記の問題解決を目指した本書は，第Ⅲ部，第10章から構成されている。「マーケティングの基礎編」と命名した第Ⅰ部は，マーケティングとは何かをはじめ，マーケティングを取り巻く環境の分析とマーケティングのあり方を方向付ける，フレームワークが示される。この部は，第1章から第2章までの2つの章から成っている。第1章「マーケティングへようこそ」では，まずマーケティングの定義を紹介しながら，マーケティングが時代の変化と共にどのように進化してきたのかについて，マーケティング1.0，2.0，3.0，4.0を用いてマーケティング・コンセプトの変遷とその時代的背景を検討している。また，近年注目されているデジタル革命時代の消費者の購買意思決定を明確にするために，マスメディア時代の消費者の購買意思決定との比較を通して，その独自性と重要性を考察している。この章で解説した理論や分析フレームワークの理解を助けるために，9個の図表を用いて解き示している。

　第2章の「マーケティング・マネジメント・プロセスと戦略策定」では，企業を取り巻くマーケティング環境の分析（SWOT分析，PEST分析，3C分析）とマーケティング戦略（セグメンテーション，ターゲティング，ポジショニ

ング），そして対象市場に適合したマーケティング・ミックス（4Pと4C）からなる戦略を策定する，というプロセスを中心に検討している。この章では15個の図表を用いることで，第2章で解説した理論や分析フレームワークの理解を促している。

「マーケット分析編」と命名した第Ⅱ部では，消費者の行動の理解をはじめ，マーケットに溢れる消費者の情報を収集し，加工と分析して活用する消費者調査プロセスと，ビジネスの収益性に影響を与える競争要因と競争戦略が取り上げられている。この部は，第3章から第5章までの3つの章から成っている。第3章「消費者行動分析」では，まず消費，消費者，消費者行動のそれぞれの定義を紹介しながら，消費者行動の分類を取り上げた。また，学際的研究から消費者行動を解説し，とりわけ心理学という視点に焦点を当てた消費者行動の理論とモデルを中心に検討している。この章では12個の図表を用いることで，第3章で解説した理論や分析フレームワークの理解を得ている。

第4章「マーケットデータ分析」は，さまざまなマーケティング課題を解決するための強力なツールの1つである。ここでは，まず消費者調査プロセスについて解説している。とりわけ，二次データと一次データの概念を紹介しながら，調査目的と入手方法について論じている。また，データ分析の諸手法として，単純集計，クロス集計，相関分析，多変量解析を取り上げ，それぞれの特徴を中心に検討している。この章で解説した理論や分析フレームワークの理解を得るために，5個の図表を用いて解き示している。

第5章「競争構造と競争戦略の分析」では，第3章の消費者行動分析と第4章のマーケティングの分析によってマーケットの基本的な考え方やフレームワークに加え，事業ごとの競争戦略が検討されている。とりわけ，業界の収益性に影響を与える競争要因として，ポーターの5つの競争要因を解説した上で，各事業の競争戦略の選択が行われるが，ここでは，ポーターの3つの基本戦略，アンゾフの成長マトリックス，BCGのポートフォリオ，コトラーの市場地位別戦略といった4つの戦略を取り上げて検討を加えている。そして，マーケティングの核心要素の1つである，ポーターの価値連鎖を紹介している。この章では13個の図表を用いることで，第5章で解説した理論や分析フレームワークの理解を深めている。

「消費者への対応編」と命名した第Ⅲ部では，企業が消費者に製品やブランド，そしてサービスを販売するために使用されるマーケティング戦略のもとでの，マーケティング・ミックス（4P）各要素の決定とブランドを取り上げる。この部では，第6章から第10章までの5つの章から成っている。第6章「プロダクト戦略」では，マーケティング・ミックスの中核としてのプロダクト戦略について解説しているが，とりわけ，製品の捉え方や分類，そして製品計画（製品ライン，製品ミックス，製品ライフサイクル）に関連した検討を加え，新製品開発として，新製品の獲得方法とカテゴリー分類方法，新製品開発プロセス，ロジャースの新製品普及理論を中心に検討している。この章で解説した理論や分析フレームワークの理解を深めるために，8個の図表を用いて解き示している。

　第7章「ブランディング戦略」では，ブランドとは何かを吟味し，ブランドがなぜ重要なのかについて論じている。ついでブランドはどのような成分で構成されているか（ブランド・ネーム，ロゴ，キャラクター，スローガン，ジングル，パッケージング）を考察している。また，戦略的ブランディングと関連するものとして，ブランド階層，ブランドの基本戦略，ブランド拡張戦略といった3つの代表的なブランド戦略を取り上げ，その重要性を検討している。さらに，消費者の知識構造とブランド知識構造を紹介した上で，強いブランドを構築するためにはいかなる条件が必要なのかという観点から検討している。この章では10個の図表を用いることで，第7章で解説した理論や分析フレームワークの理解を促している。

　第8章「プライシング戦略」では，マーケティング諸活動をより効果的に遂行するコスト面から検討するという立場でマーケティングにおけるプライシングの問題について取り上げた。すなわち，企業が検討すべき「コスト」「需要」「競争」という3つの基本的な考え方を紹介した上で，新製品を市場に導入する際に企業が採用している3つの戦略（上澄み吸収価格戦略，浸透価格戦略，品質との関係による価格戦略），消費者心理を考慮したプライシングについて，4つの考え方（威光価格，段階価格，端数価格，習慣価格），小売業で実際に採用されている代表的な2つの価格戦略（ハイ・ロー価格戦略，エブリデー・ロー価格戦略）を中心に検討している。この章では8個の図表

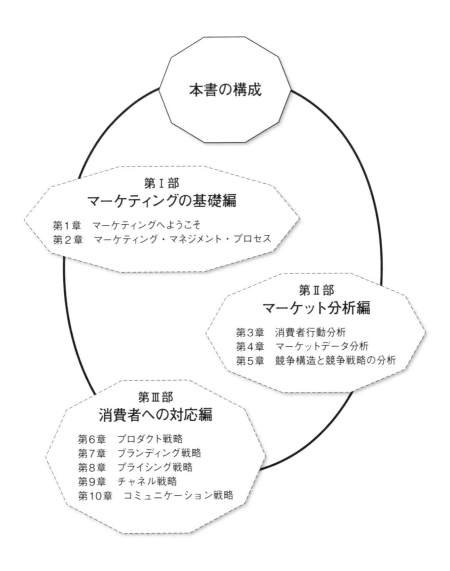

本書の構成

第Ⅰ部
マーケティングの基礎編

第1章　マーケティングへようこそ
第2章　マーケティング・マネジメント・プロセス

第Ⅱ部
マーケット分析編

第3章　消費者行動分析
第4章　マーケットデータ分析
第5章　競争構造と競争戦略の分析

第Ⅲ部
消費者への対応編

第6章　プロダクト戦略
第7章　ブランディング戦略
第8章　プライシング戦略
第9章　チャネル戦略
第10章　コミュニケーション戦略

を用いることで，第8章で解説した理論や分析フレームワークの理解を得ている。

　第9章「チャネル戦略」では，企業と取引先との関係または顧客との関係の従来のチャネル概念だけではなく，リアル店舗とECチャネルなどを統合や融合させるオムニチャネルについても論じている。具体的には，まずマーケ

ティング・チャネルが果たす役割とチャネル・メンバーの存在意義を明らかにし，それに加えて，チャネル戦略は，長短，広狭，強弱という3つに分類されているが，それぞれの特徴を検討している。また，不確実性による危険負担・費用負担などを最小化する，「延期と投機の理論」を検討した上で，チャネル（シングルチャネル，マルチチャネル，クロスチャネル，オムニチャネル）がどのように進化を遂げてきたのか，とりわけ，オムニチャネルについて解説している。この章で解説した理論や分析フレームワークの理解を促すために，11個の図表を用いて解き示している。

第10章「コミュニケーション戦略」では，まず企業が消費者に対して自社のメッセージをどのように伝達し，消費者はどのような反応を示すか，すなわちコミュニケーション・プロセス・モデルの仕組みとAIDMAモデル，5Aモデルについて論じる。それに加え，コミュニケーション戦略の策定として，コミュニケーション・ミックス戦略，プッシュとプル戦略，統合型マーケティング・コミュニケーションについて解説している。次いで広告費に対する効果を測定する際に用いる3つの定量的な尺度（リーチ，フリークエンシー，GRP）を検討する。最後に，企業がコミュニケーションの目標を達成するために用いるコミュニケーション・ミックス（デジタルとソーシャルメディアマーケティング，広告，販売促進，パブリック・リレーションズ，人的販売）の特徴を明らかにしている。この章では13個の図表を用いることで，第10章で解説した理論や分析フレームワークの理解を深めている。

本書は，以上のように「マーケティング論の基礎知識」から「マーケット分析」，さらに「消費者への対応」までを包括的に取り扱っている。各章の始まりのところに，「学習の要点」と「キーワード」を提示しており，各章の中には2つか3つの「コラム」を設けて各章の論点に関連した話題や新しい市場動向などを取り上げている。各章の終わりにはその章の復習や内容の理解力を高めるために「演習問題」を用意している。また本書全体の最後のところには，「さらなる学習と研究のための参考文献」を掲載している。以上を通して，マーケティング論に対するさらなる関心や興味，そして問題意識を高めていただき，次の学習や研究，そしてビジネスの一助となれば幸いである。

　本書の出版に際して，大勢の方々にお世話になった。まず6年ほど前に恩師の専修大学名誉教授の田口冬樹先生から頂いた「自分の教育方針や熱意が込められたテキストで講義した方が良いのでは」の一言が，このテキストの執筆のきっかけになった。田口先生のお導きがなければ，本書はこの世に生まれなかったものである。この場をお借りしてお礼を申し上げたい。

　また，専修大学経営学部・商学部の消費者行動論やマーケティング担当の先生方にはさまざまな形でご支援をいただいており，感謝を申し上げたい。そして「日本地域ビジネス学会（旧日本商店街学会）」や「北方マーケティング研究会」の皆様には研究面で多くの刺激をいただきお礼を申し上げたい。とりわけ，黒田重雄・金成洙編著（2013）『わかりやすい消費者行動論』（白桃書房）の共同執筆者である，北海道名誉教授の黒田重雄先生，酪農学園大学名誉教授の加藤敏文先生，北海道情報大学准教授の遠藤雄一先生には公私にわたるさまざまなアドバイスをいただき，心から感謝の気持ちでいっぱいである。改めてお礼を申し上げたい。さらに流通論研究会のメンバーである，専修大学経営学部教授の目黒良門先生をはじめ，弟弟子である，石巻専修大学教授の李動勲先生，拓殖大学准教授の中嶋嘉孝先生，中国厦門理工学院准教授の楊陽先生，そして私の教え子で初めて大学の先生になった中国金陵科技学院講師の陳浩博先生からは，研究面でも多くの刺激を受けることができ改めて厚くお礼を申し上げたい。

　金ゼミナールの卒業生や現役のゼミ生からは，ゼミでの活発なディスカッションや斬新なアイデアの提案などを通して，色々な面で刺激をもらい，本テキスト執筆の原動力となったことに感謝の意を表したい。

　さらには，白桃書房取締役社長大矢栄一郎氏にはひとかたならずお世話になった。心から厚くお礼を申し上げたい。常に協力を惜しまず支えてくれる家族にもこの機会に感謝しておきたい。とくに娘には，本書の校正にも協力してもらい感謝している。

2021年10月　相模大野にて

金　成洙

【目次】

第Ⅱ部　マーケット分析編 ……55

第 **3** 章

消費者行動分析 ……57

第 **4** 章

マーケットデータ分析 ……83

第**5**章

競争構造と競争戦略の分析 ········101

第**8**章

プライシング戦略 ⋯⋯⋯187

第**9**章

チャネル戦略 ……209

第Ⅰ部

マーケティングの
基礎編

第1章 マーケティングへようこそ

学習の要点

❶ マーケティングとは何か，マーケティングの定義を理解する。

❷ マーケティングと販売の違いについて理解を深める。

❸ マーケティングを進める上での基本となる理念として，マーケティング1.0〜4.0に至る4つのマーケティング・コンセプトの内容について学習する。

❹ マスメディア時代とデジタル時代の消費者の購買意思決定モデルがどのように違うのか，その違いがどのように影響するのかを学習する。

❺ マズローのニーズ5段階理論（食事・睡眠などの生理的ニーズ，セキュリティを求める安全ニーズ，所属・愛情などを求める社会的ニーズ，ステータスを求める尊厳ニーズ，最上位に自己実現ニーズ）に関する基本的な知識を学習する。

キーワード

▶ マーケティング定義
▶ 市場の変化
▶ マーケティング・コンセプト
▶ ニーズとウォンツと需要
▶ マーケティングと販売
▶ マーケティング1.0〜4.0
▶ 「AIDA」モデルと「5A」モデル
▶ マズローのニーズ5段階理論

1 マーケティングとは

1. マーケティングの定義

　マーケティングとは，何か。これについて「マーケティング」の第1回目の授業時に受講生（大学1年生）に質問をすると，毎年のことであるが，受講生からは「販売」「市場」「販売活動」「売上と関連がある活動」「広告活動」「企業が行う戦略」「市場調査」などの返事が返ってくる。すなわち，多くの学生はマーケティングの一部分だけをマーケティングであると理解しているようである。ここでマーケティングの意味を改めて考えてみよう。

　マーケティングの語源を見ると，marketingとは market（市場）＋ ing（現在進行形：動いている）である。常に市場が動いている（市場の変化）という意味が含まれている。コトラーら（Kotler *et al.*, 2017）は，『コトラーのマーケティング4.0』で「marketing」という言葉は「market-ing」と標記すべきだという。その理由については以下の通りである。[1]

　「こういう表記することで，マーケティングとは変化し続ける市場を相手にするものであり，最先端のマーケティングを理解するためには，市場が近年どのように進化してきたかを理解する必要があるという点を，あらためて肝に銘じることができる。」

　コトラーら（Kotler *et al.*, 2017）の見解も「市場の変化」に注目していることが理解できる。ところで，このマーケティングは，米国で20世紀初めに誕生したといわれているため，「マーケティングとは」について語る際には，アメリカで示唆されたアメリカの定義を取り上げることが適切である。アメリカの公式的な定義であるといわれる，アメリカ・マーケティング協会（American Marketing Association：以下AMAと略する）の定義の最初（AMAの前身である全国教師協会の定義）は，1935年である。その後，1948年，1960年，1985年，2004年，2007年へと5回も定義が変更になった。[2]

　こうした定義の変更は，上述のように「マーケティング＝市場の変化」で

あることから，市場の中核をなす消費者（顧客）のニーズやウォンツの変化，及びそれらを取り巻く環境の変化に伴い，マーケティングの定義もそれに合わせて見直されていることが窺われる。

AMAにおける最新（2007）の定義（英文）は，以下のように記されている。[3]

Marketing is the activity, set of institutions, and processes for creating, communicating, delivering, and exchanging offerings that have value for customers, clients, partners, and society at large.（Approved 2017）

AMAは，2017年に再度承認されたものとして，「マーケティングとは，顧客，依頼主，パートナー，そして社会全体に対して価値のある提供物を創造し，コミュニケーションとデリバリーを行い，交換するための活動，一連の制度，プロセスである（2017年承認）」と規定されている。

一方，日本マーケティング協会（JMA）の定義（1990）によると，「マーケティングとは，企業及び他の組織（1）がグローバルな視野（2）に立ち，顧客（3）との相互理解を得ながら，公正な競争を通じて行う市場創造のための総合的活動（4）である」[4]と定義している。

注：(1) は，教育・医療・行政などの機関，団体などを含む。
　　(2) は，国内外の社会，文化，自然環境の重視。
　　(3) は，一般消費者，取引先，関係する機関・個人，及び地域住民を含む。
　　(4) は，組織の内外に向けて統合・調整されたリサーチ・製品・価格・プロモーション・流通，及び顧客・環境関係などにかかわる諸活動をいう。

また，『広辞苑』（2020）によると，マーケティングを「商品を大量かつ効率的に売るために行う，市場調査・広告宣伝・販売促進などの企業の諸活動」と示されている。[5]

前述のマーケティングに関する議論や代表的な定義の主な共通点を参考に検討すると，以下のような定義となる。

「マーケティングとは，個々人や組織が消費者（顧客）のための価値創造と共に，個々人や組織の目的を達成するために，製品（商品またはブランド品）やサービスを企画から製造・販売までのプロセスを効率的かつ効果的に行う諸活動である。」

....

コラム ❶ ニーズとウォンツと需要の違い

そもそも消費者のニーズとウォンツと需要とは何か。コトラーとアームストロング（Kotler & Armstrong）は，「ニーズ（needs：必要）とは，欠乏を感じている状態を指す。食べ物，衣服，保護，安全への生理的ニーズ，帰属，愛情への社会的ニーズ，知識，自己表現への個人的ニーズなどがあるが，こうしたニーズはマーケターが作り出すものではなく，あくまでも人間の性質の基本にあるものである」としている。一方，ウォンツ（wants：欲求）とは，「人のニーズが具体化したもので，文化や個人の性格によって異なる」とし，「ニーズを満たす特定の対象のことである」と指摘している。そして，需要（demands）は「人間の欲求には限界がないが，財源には限りがある。そこで，人は，予算内で最も高い価値と満足を与えてくれる製品を選ぶ。欲求に購買力が伴うと需要となる」としている。

すなわち，ニーズは何かある物を必要としていることで，何かの不足や不満を感じていることである。例えば喉が渇いたとか，何でも良いから車が欲しいなどである。欲求は，何かある決まったものが欲しいことであり，例えば喉が渇いたとき，オレンジジュースが良いとか，車の中でも高級車が欲しいなどである。需要は，購買力が検証できるものや裏付けられるものである。例えば，キリントロピカーナ100％のオレンジジュースを買おうとか，メルセデスベンツを買おうなどである。

このことから，ウォンツ（wants）＝ニーズ（needs）＋好き（like）であり，需要（demands）＝ウォンツ（wants）＋経済力（economic strength）といえよう（図表1-1を参照）。とりわけ，ニーズについてはマズローによる詳細な分類がある。詳しい説明は後述する（第1章❹参照）。

図表1-1　ニーズ，ウォンツ，需要の概念

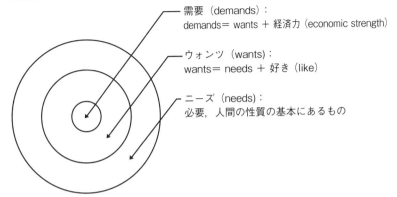

需要（demands）：
demands＝ wants ＋ 経済力（economic strength）

ウォンツ（wants）：
wants＝ needs ＋ 好き（like）

ニーズ（needs）：
必要，人間の性質の基本にあるもの

出所：金成洙（2020）『消費者行動論－モノからコト・トキ消費へ－』白桃書房，p.57.

2. マーケティングと販売の相違

　先述したように，マーケティングという言葉は販売と同意語として捉えることが多いようであるが，販売はマーケティングの一部分である。

　ドラッカー（Drucker，1974）によると，マーケティングの理想は販売を不要にしてしまうことである[6]。またマーケティングの目指すものは，顧客というものをよく知って理解し，製品やサービスが顧客にぴったりと合ってひとりでに売れてしまうようにすることであると述べている。

　またレビット（Levitt，1960）は，販売は売り手のニーズに焦点を当てているが，マーケティングは買い手のニーズに焦点を当てていると論じている[7]。言い換えれば，販売とは製造された製品をいかに売り込むかという視点であり，マーケティングは消費者（顧客）のニーズをいかに満足させるかという視点である。

　コトラー（Kotler，2000）は，マーケティングと販売との違いを以下のように指摘している[8]（図表1-2参照）。

　マーケティングは外から内への視点である。すなわち，マーケティングの出発点は，市場である。市場を構成する顧客ニーズに焦点を当て，顧客に影響を与えるすべての活動（製品，価格，プロモーション，流通など）を連携

図表1-2　マーケティングと販売の相違

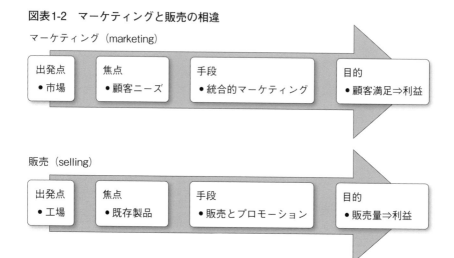

出所：Kotler, P. (2000), *Marketing Management, International Edition*, prentice-Hall,p.19.（恩蔵直人監修・月谷真紀訳 (2001)『コトラーのマーケティング・マネジメントミレニアム版』ピアソン・エデュケーション，p.26を一部修正）

し，顧客満足を最大化して利益を得ることである。

　一方，販売は内から外への視点である。すなわち，販売の出発点は工場である。工場で製造された製品に焦点を当て，売上高を上げるために強力な販売とプロモーションを必要とする。

　以上のように，マーケティングと販売は，基本的なねらいと活動の範囲が根本的に異なる。前者のマーケティングは顧客のニーズを調査し，発見することから始め，主としてマーケティングの諸手段（4P）を統合し，顧客満足を最大化することが目的である。すなわち，マーケティングは売れ続ける仕組みを創ることである。一方，後者の販売は生産された製品を売ること自体の活動である。すなわち，販売は作ったものをいかに売るかである。

3. マーケティングの誕生

　マーケティングはいつ，どこで生まれたのかについて検討してみよう。「マーケティング」という言葉は，20世紀初頭に生まれたとされている。

　最初にマーケティングという言葉を用いたのは，1902年のミシガン大学の広報「アメリカ合衆国の流通・調整産業（The Distributive and Regulative Industries of the United States）」と命名された講座の解説で「商品マーケティングのさまざまな方法（Various Methods of Marketing Goods）」の中であったといわれている。

　また，1905年にペンシルベニア大学で，クローシ（Kreusi, 1905）が「製品マーケティング（The Marketing of Products）」という講座名で担当したのが大学の講座では，最初であるといわれている。その後に，1909年にピッツバーグ大学で「製品マーケティング（The Marketing of Products）」，1910年にウィスコンシン大学で「マーケティング諸法（Marketing Methods）」，1913年にウィスコンシン大学で「農産物マーケティング（The Marketing of Farm Products）」と命名された講座が開設された。1916年にはウェルド（Weld, 1916）が『農産物マーケティング』（The Marketing of Farm Products）を出版し，翌年にはバトラー（Butler, 1917）が『マーケティング諸法』（Marketing Methods）を出版した。[9]

2 マーケティングの歩みと未来

1. マーケティング1.0，2.0，3.0，4.0の比較

　マーケティングはマクロ環境の状況に対応しており，マクロ環境が変化すれば，消費者のニーズやウォンツも変化し，それがマーケティングに変化をもたらす。マクロ環境は，自然環境，経済的環境，政治的・法的環境，社会・文化的環境，人口動態，産業構造，先端技術などから構成される。これらは企業が統制不可能な外部的要因である。

マーケティングは，時代の変化と共にどのように進化してきたのか。コトラーら（Kotler *et al.*, 2017）によると，マーケティングは大きく4段階を経て進化してきたと示唆している。すなわち，長年の間にマーケティングは製品中心の考え方（マーケティング1.0）から消費者（顧客）志向の考え方（マーケティング2.0）に移行し，また企業の消費者志向の考え方から人間中心（価値主導）の考え方（マーケティング3.0）に移行した。さらに，人間中心（価値主導）の考え方からソーシャルメディア主導の考え方（マーケティング4.0）に移行したと指摘している。図表1-3は，マーケティング1.0～4.0の比較を示している。以下では，マーケティング1.0～4.0のそれぞれの特徴について検討する。

(1) マーケティング1.0（1950年代～60年代）

マーケティング1.0とは，大量生産・大量流通・大量消費という時代の中で育まれ，「製品中心」に重きを置いたマーケティング手法であり，その目的は製品を販売することである。主なマーケティング・コンセプトは，製品開発に注目している。また，企業のマーケティング・ガイドラインは，製品の説明を重視している。すなわち，マーケティング1.0は売り手の視点に立つもので，「作ったものは売る」「作ったものを売る」「作ったものをいかに売り切るか」「安くて良いものを作り売る」といった「プロダクト・アウト」の考え方である。

マーケティング1.0が提唱された時代背景を見ると，戦後間もない1950年代におけるアメリカ経済の主役は製造部門で，1960年代に入るとこの部門は広く普及したのである。当時のマーケティングの最も重要な活動は，製品に対する需要をいかに生み出すかであった。

(2) マーケティング2.0（1970年代～80年代）

マーケティング2.0とは，「消費者志向」に重きを置いたマーケティング手法である。その目的は消費者（顧客）を満足させ，つなぎとめることである。主なマーケティング・コンセプトは，製品の差別化に注目している。また，企業のマーケティング・ガイドラインは，企業と製品のポジショニングを重視

している。すなわち，マーケティング2.0は買い手の視点に立つもので，消費者のニーズを的確に捉え，ドラッカー（Drucker, 1974）がいう「顧客は何を買いたいか」とか，「売れるものをいかに作るか」という「マーケット・イン」の考え方である[11]。

　マーケティング2.0が提唱された時代背景を見ると，1970年代には2回のオイルショックが起きた影響で景気沈滞化の物価高騰や消費者の需要が落ち込むことで，製品を生産するだけでは売れなくなってきた。

　こうした時代には需要を生み出すことが以前よりも難しく，新発売の製品でも同業他社との製品間の競争が激しく，生き残れない企業があった。その理由の1つは，多くの製品が自社製品のポジショニングを明確に示していないために，数多くの市場でコモディティ化（多数の類似製品が販売されることで製品間の独自性がなくなり，製品の市場価値が低下すること）が進行したからである。従来のように，作った製品を市場に出して売るという売り手の視点では消費者を獲得できなくなったのである。したがって，当時のマーケティングの最も重要な活動は，「製品」よりも「消費者満足」に注目し，消費者の望む製品を作ることであった。

(3) マーケティング3.0（1990年代〜00年代）

　マーケティング3.0とは，人間中心の「価値主導」に重きを置いたマーケティング手法であり，その目的は世界をより良い場所にすることである。主なマーケティング・コンセプトは，価値に注目している。また，企業のマーケティング・ガイドラインは，企業のミッション，ビジョン，価値を重視している。すなわち，マーケティング3.0は，マーケティング2.0と同じく，消費者を満足させることに焦点を当てるが，企業はより大きなミッションやビジョン，そして価値を持ち，世界に貢献することを目指している。マーケティング3.0は人間中心の人間の志，精神の領域，消費者の感情と企業の社会的責任に訴えるマーケティングである。

　マーケティング3.0が提唱された時代背景を見ると，グローバル化のパラドックス（paradox：逆説，定説に逆らうもの）の出現を象徴する年である，1989年である。中国政府は，武力を使って天安門広場での知識人や労働運動

家や学生などの民主化要求デモを鎮圧した。同年に資本主義の西ドイツとの経済格差に苦しんでいた東ドイツを境界としていたベルリンの壁が打ち壊され，目に見える冷戦の象徴が消し去られた。天安門事件は中国の民主化運動の崩壊を告げたが，一方でベルリンの壁の崩壊は民主主義と自由の新しい世界のドアを開いてくれた。グローバル化は民主主義について声を上げる動きを抑圧するが，同時に世界中の人々や国を開放するのである。グローバル化は世界の人々に影響を与え，相互に結びついた消費を生み出している。すなわち，1989年はグローバル化の転換点と共にマーケティングにとっても転換点になった。

　もう1つの時代背景は，1990年代から2000年にかけて，情報通信技術が急速に発展し，いわゆる情報化が進んだことである。インターネットの普及によってインターネット上の口コミが話題になり，その口コミは消費者の購買意思決定を左右する重要な要素となった。これらの時代の変化に応じて，マーケターがマーケティング概念を拡大して人間の感情に光を当てたのである[12]。

⑷　マーケティング4.0（2010年〜）

　マーケティング4.0とは，「ソーシャルメディア主導」に重きを置いたマーケティング手法であり，その目的は自己実現を目指すことである。主なマーケティング・コンセプトは，顧客エンゲージメント（engagement：愛着心や思い入れ）に注目している。Facebook，Instagram，Google＋，Twitter，LINE，口コミサイトなどのソーシャルメディアで消費者同士や企業と顧客がつながり，ネットワークコミュニティの形成によって消費者と企業が信頼関係を築くと考えたのである。

　また，企業のマーケティング・ガイドラインは，企業のドメイン（domain：事業領域）やパーパス（purpose：目的）を重視している。すなわち，マーケティング4.0はデジタル時代のマーケティングの理論や枠組みであり，企業と顧客のオンラインとオフラインを一体化させるマーケティング・アプローチ（オムニチャネルという。第9章**3**の2参照）である。

　マーケティング4.0が提唱された時代背景をみると，「マーケティング3.0」の刊行の後，技術の進歩の点で多くの進展が見られた。技術自体としては

図表1-3 マーケティング1.0, 2.0, 3.0, 4.0の比較

	マーケティング 1.0	マーケティング 2.0	マーケティング 3.0	マーケティング 4.0
マーケティング	製品中心	消費者志向	価値主導	ソーシャルメディア主導
目的	製品を販売すること	消費者を満足させ, つなぎとめること	世界をより良い場所にすること	自己実現を目指すこと
可能にした力	産業革命	情報技術	ニューウエーブの技術	技術の融合
市場に対する企業の見方	物質的ニーズを持つマス購買者	マインドとハートを持つより洗練された消費者	マインドとハートと精神を持つ全人的存在	自己実現の欲求を満たす全人的存在
主なマーケティング・コンセプト	製品開発	差別化	価値	顧客エンゲージメント
企業のマーケティング・ガイドライン	製品の説明	企業と製品のポジショニング	企業のミッション, ビジョン, 価値	企業のドメイン, パーパス
価値提案	機能的価値	機能的・感情的価値	機能的・感情的・精神的価値	機能的・感情的・精神的価値
消費者との交流	1対多数の取引	1対1の関係	多数対多数の協働	多数対多数の協働

出所：Kotler, P., H. Kartajaya, and I. Setiawan（2010），*Marketing3.0: From Products to Customers to the Human Spirit*, John Wiley & Sons, p.6（恩蔵直人監訳・藤井清美訳（2010）『コトラーのマーケティング3.0－ソーシャル・メディア時代の新法則－』朝日新聞出版, p.19）．片山富弘（2019）「マーケティングと諸思想のかかわり」『流通科学研究』19（1），p.20を一部修正。

新しいものではないかもしれないが，近年は技術が融合しており，その融合が世界中のマーケティング慣行に大きな影響を与えている。例えば，シェアリングエコノミー（sharing economy：共有経済），ナウエコノミー（now economy：ヒューマン経済。人間性という価値を中心にした経済），コンテンツ・マーケティング（content marketing：対象ユーザーに対してコンテンツ（情報）を用いたコミュケーションを行うマーケティング），オムニチャネル・インテグレーション（omni-channel integration：オフラインストアやオンラインストアをはじめとするあらゆる販売や流通チャネルを統合すること），

ソーシャルCRM（ソーシャルメディア上で，顧客とのコミュニケーションを通して顧客満足度を高め，企業のイメージアップや購買につなげる手法）などの多くの新しいトレンドが生まれた。[13]

2. マーケティング・コンセプトの進化

マーケティングは，時代の変化と共にそのコンセプトも大きく変遷してきた。コトラーら（Kotler *et al.*, 2010）は，時代が進化するにつれて，数多くの新しいマーケティング・コンセプトを生み出してきたと示唆している。図表1-4は，1950年代以降に登場した主なコンセプトを10年単位で示している。

マーケティング1.0は，1950年代〜60年代までであるが，この時代的背景を受けて誕生した主要なマーケティングの理論が，製品ライフサイクル，セグメンテーション，レビット（Levitt, 1960）のマーケティング・マイオピア（近視眼的マーケティング：マーケティングに対する視野が狭くなってしまっている結果，市場機会を逃すこと），マッカーシー（McCarthy,1960）の4P（product：製品，price：価格，place：流通，promotion：プロモーション）などである。

マーケティング2.0は，1970年代〜80年代までであり，この時代的背景を受けて生まれた主なマーケティングの理論がターゲティング（targeting：ターゲット設定），ポジショニング（positioning：ポジショニング設定），戦略的マーケティング，ソーシャル・マーケティング（社会とのかかわりを重視するマーケティング活動），グローバル・マーケティング，顧客リレーションシップ・マーケティング，ブームとビトナー（Boom and Bitner, 1981）の7Pなどである。とりわけ，7Pとは，マッカーシーの4Pに人（people），プロセス（process），物理的証拠（physical evidence）という3つのPを追加した，サービスをコアにするサービス・マーケティング・ミックスである。[14]

マーケティング3.0は，1990年代〜2000年代までと記されているが，こうした時代的背景を受けて生み出された主たるマーケティングの理論がエモーショナル・マーケティング（emotional marketing：感情マーケティング），経験価値マーケティング（商品やサービスの経験や体験を通して，得られる認

知と好感に価値を見出すマーケティング）、インターネット・マーケティング（インターネット上で行うマーケティング）、ブランド資産価値マーケティング（ブランドの持つ価値を資産と見なすマーケティング）、社会的責任マーケティング（企業利益と社会貢献を両立させるマーケティング）などが挙げられる。とりわけ、消費者のニーズやウォンツの変化に対応するために、かつてのポジショニング戦略で消費者のマインド（mind：心）に訴えるだけではなく、消費者のハート（heart：心の感情的な面を強調）にも訴える新しいコンセプトが導入された。

　マーケティング4.0は、「マーケティング3.0」の刊行年（2010年）以降であるため、2010年代〜となる。とりわけ、2010代以降は、昨今の社会情勢を鑑みて「デジタル経済：デジタル化された財・サービス、情報、金銭などがインターネットを介して、個人・企業間で流通する経済」[15]と名付けられた。この時代的背景を受けて誕生・普及した主要マーケティングの理論がカスタマー・ジャーニー（customer journey：顧客が商品やサービスを認知し、購入に至るまでの一連のプロセス）、コンテンツ・マーケティング（content marketing：ターゲットになる顧客に有益なコンテンツをオンラインで作成、公開、そして配布することに焦点を当てたマーケティング）、デジタル・マーケティング（digital marketing：さまざまな形態のデジタルメディアを通して行うマーケティング）、オムニチャネル・マーケティング（omnichannel marketing：オンラインとオフラインをはじめとする、すべてのチャネルを統合して行うマーケティング）、エンゲージメント・マーケティング（engagement marketing：企業と顧客との良好なかかわりや愛着を目指して行うマーケティング）などである。

　マーケティング4.0時代の中核的な概念の1つになっている、カスタマー・ジャーニーでは、デジタル化に伴って変化する消費者の購買意思決定プロセス（5A）について論じられている。[16]以下では、マスメディア時代とデジタル革命時代の消費者購買意思決定モデルとの相違について論じることにする。

図表1-4　マーケティング・コンセプトの進化

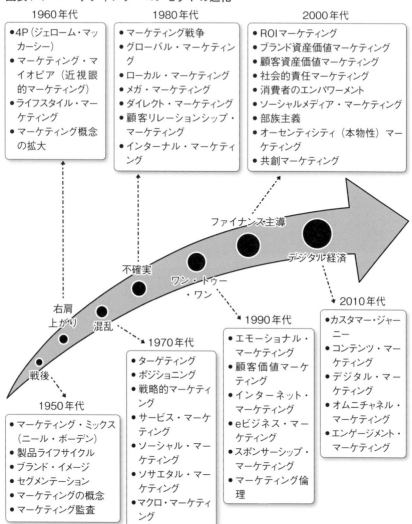

1960年代
- 4P（ジェローム・マッカーシー）
- マーケティング・マイオピア（近視眼的マーケティング）
- ライフスタイル・マーケティング
- マーケティング概念の拡大

1980年代
- マーケティング戦争
- グローバル・マーケティング
- ローカル・マーケティング
- メガ・マーケティング
- ダイレクト・マーケティング
- 顧客リレーションシップ・マーケティング
- インターナル・マーケティング

2000年代
- ROIマーケティング
- ブランド資産価値マーケティング
- 顧客資産価値マーケティング
- 社会的責任マーケティング
- 消費者のエンパワーメント
- ソーシャルメディア・マーケティング
- 部族主義
- オーセンティシティ（本物性）マーケティング
- 共創マーケティング

ファイナンス主導

不確実

ワン・トゥー・ワン

デジタル経済

右肩上がり

混乱

戦後

2010年代
- カスタマー・ジャーニー
- コンテンツ・マーケティング
- デジタル・マーケティング
- オムニチャネル・マーケティング
- エンゲージメント・マーケティング

1970年代
- ターゲティング
- ポジショニング
- 戦略的マーケティング
- サービス・マーケティング
- ソーシャル・マーケティング
- ソサエタル・マーケティング
- マクロ・マーケティング

1990年代
- エモーショナル・マーケティング
- 顧客価値マーケティング
- インターネット・マーケティング
- eビジネス・マーケティング
- スポンサーシップ・マーケティング
- マーケティング倫理

1950年代
- マーケティング・ミックス（ニール・ボーデン）
- 製品ライフサイクル
- ブランド・イメージ
- セグメンテーション
- マーケティングの概念
- マーケティング監査

出所：1950年代から2000年代まではKotler, P., H. Kartajaya, and I. Setiawan（2010），*Marketing3.0: From Products to Customers to the Human Spirit*, John Wiley & Sons, p.28.（恩蔵直人監訳・藤井清美訳（2010）『コトラーのマーケティング3.0 〜ソーシャル・メディア時代の新法則〜』朝日新聞出版，p. 52）を参照した。2010年代は，Kotler, P., H. Kartajaya, and I. Setiawan（2017），*Marketing4.0: Moving from Traditional to Digital*, John Wiley & Sons.（恩蔵直人監訳・藤井清美訳（2017）『コトラーのマーケティング4.0−スマートフォン時代の究極法則−』朝日新聞出版，pp.1-4）を参考に筆者作成。

3 マスメディア時代とデジタル革命時代の消費者の購買意思決定モデル

1. マスメディア時代の消費者購買意思決定モデル（AIDAモデル）

　最も古い消費者の購買意思決定関連のモデルとして，ルイス（Lewis, 1898）によって提唱されたAIDAモデルがある。[17]

　「AIDA」モデルの前身は，セールスマンシップ教育において登場したとされる。その内容は説明，確信，興奮，説得であったが，その後，セールスマンの最終的な目的（販売）が加えられ，「AIDA」モデルになり，広告効果モデルとして徐々に定式化された。[18]「AIDA」モデルは，その後すべての消費者の購買意思決定モデルのベースとなった。図表1-5は「AIDA」の頭文字をつなげて表しており，次のようなステップを踏んで進行すると仮定している。

　「AIDA」モデルは，企業の広告マネージャーが広告を作成する場合や販売マネージャーが消費者とコミュニケーションのいっそうの深化を図る場合に用いられるフレームワークである。例えば，あるレストランが新規オープンしたと仮定しよう。まずAttention（注目）で考えると，新規オープンしたために消費者は知らない状態である。消費者に対してどのような広告手段（SNSやビラ，掲載サイトなど）を用いるか。次の段階のInterest（関心）では，消費者にどのようにレストランの価値（味，価格，クーポン発行など）を提供すべきか。次のDesire（欲求）では，消費者のニーズやウォンツを喚起（SNSでレストラン紹介など）するためには何をすべきか。最後のAction（行動）段階では，どのように消費者の購入意欲を喚起（パブリシティや口コミなど）させるか，などの4段階の検討は，消費者が商品やサービスを注目してから購入に至るまでどのような心理的段階を経るのかが分かるため，より効果的かつ効率的な広告・販売戦略につながる。

A	Attention（注目）：	広告で消費者に商品を注目させる。
	👇	
I	Interest（関心）：	商品の魅力を消費者に訴求する。
	👇	
D	Desire（欲求）：	商品が満足をもたらすことを納得させる。
	👇	
A	Action（行動）：	購買行動を起こすための働き掛けをする。

2. デジタル革命時代の消費者購買意思決定モデル（5A）

　デジタルネイティブ世代（子供や学生時代からIT環境に囲まれている世代）やスマホネイティブ世代が世界でも顧客層の中心になりつつあり，新たな社会文化的な変化を生み出している。コトラーら（Kotler *et al.*, 2017）は，こうしたデジタル時代の中で，顧客がある商品を購入するに至るための道筋の「5A」というモデルを提唱した。すなわち，ターゲットになる顧客は自社製品を購入する場合に，5つのステップ（購買意思決定）を経るというモデルである。

　5Aとは，①気づき（Awareness）⇒②魅了（Appeal）⇒③尋ね・求め（Ask）⇒④行動＝購入（Act）⇒⑤推奨表明（Advocacy），といった5つの要素から構成される。初めの2つのAは伝統的マーケティングで重視されてきたが，あとの3つのAはデジタル時代において重視されている。まず尋ね・求め（Ask）は検索エンジンやソーシャルメディアを利用し，行動＝購入（Act）はEC（電子商取引）サイトのことを指し，推奨表明（Advocacy）はソーシャルメディアで実現できるとしている。

　図表1-6は，デジタル革命時代の消費者購買意思決定モデルを仮定している。①気づき（Awareness）段階では，商品やサービスをマス媒体やネット媒体，口コミ，看板などによって知らされる。②魅了（Appeal）段階では，実際に使用している消費者，友人・知人のインターネット卜（ブログやフェイ

図表1-6　5Aモデル

A Awareness（気づき）： ターゲットになる顧客に自社の商品を知ってもらう。

A Appeal（魅了）： 　ターゲットになる顧客に対して魅力的な申し出を行う。

A Ask（尋ね・求め）： 　顧客はその商品に関して電話や検索などを通して確認する。

A Act（行動＝購入）： 　店舗かオンラインで購入する。

A Advocacy（推奨表明）：顧客はその商品を再購入したり，他者に推奨したりする。

スブックなど）でのコメント，リアル店舗の店員などから薦められる。③尋ね・求め（Ask）段階では，友人・知人にアドバイスを求めたり，インターネット上での検索をしたりする。④行動＝購入（Act）段階では，リアル店舗か，バーチャル店舗で購入する。⑤推奨表明（Advocacy）段階では，SNSや口コミなどを通して他者へ商品やサービスを推奨する。

　興味深いことは，「AIDA」モデルのような従来の「マスメディア時代」の消費者の購買意思決定プロセスに対して，「5A」モデルは「デジタル革命時代」の消費者の購買意思決定プロセスを提案し，さらに伝統的マーケティングとデジタル・マーケティングの統合を示した点である。両モデルはそれぞれの異なる特性を持っているが，AIDAモデルはネット時代であっても併存して用いられる。インターネットを使用しない消費者は「AIDA」モデルで説明できるし，インターネットを使用する消費者でも日頃から購入している馴染みのある商品の場合はいちいち検索して購入することもないので「AIDA」モデルで説明できる。ノートパソコンや車といった高価格の商品や高関与商品の場合は「5A」モデルを活用できる。インターネットをよく利用する消費者にとっては友人や知人の勧める商品に共感を覚えて行動するケースが多い

図表1-7 AIDA モデルと5A モデルの消費者の購買意思決定モデル

「マスメディア時代」の消費者の購買意思決定プロセス（AIDA モデル）

A	I	D	A
注目	関心	欲求	行動

「デジタル革命時代」の消費者の購買意思決定プロセス（5A モデル）

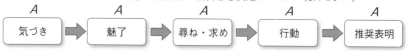

A	A	A	A	A
気づき	魅了	尋ね・求め	行動	推奨表明

ため，「5A」モデルで説明がしやすくなる。[19]

　いずれにしても，各モデルは今の時代だけではなく，これからの時代でも，効率的かつ効果的に使えるモデルであることには疑問の余地はない。

　図表1-7は，「マスメディア時代」と「デジタル革命時代」の消費者の購買意思決定プロセスを示してある。

....

コラム **2** Google の ZMOT モデル

　ZMOT（Zero Moment Of Truth：ゼロ番目の真実の瞬間）モデルは，Google が2011年に提唱した消費者の購買意思決定プロセスである。元来は1981年にスカンジナビア航空のCEOに就任し，経営不振に陥った同社をたったの1年で立て直したヤン・カールソンが提唱した「Moment of Truth（真実の瞬間）」が語源である。ヤン・カールソンが提示した真実の瞬間とは，「最前線の従業員の最初の接客態度がその会社全体の印象を決めてしまう。その最初の15秒を真実の瞬間」と呼んだ。すなわち，真実の瞬間とはこの15秒間で顧客をいかに満足させられるか，というものになる。この考え方が拡張し，ZMOT モデルとなったのである。

　刺激（Stimulus）とは，外部からの刺激であり，例えば，テレビCM，新聞広告，家族や友人からのFacebook，Instagram，口コミなどの情報である。

アメリカＰ＆Ｇ社は「来店したお客様は商品棚を見て，最初の3秒から7秒でどの商品を買うかを決めている」という独自リサーチから，商品配置や陳列などが購入商品を選択する決定的な瞬間を左右する，「インストア」のマーケティングモデルをFMOT（First Moment of Truth：第1の真実の瞬間）と呼んだのである。

SMOT（Second Moment of Truth：第2の真実の瞬間）とは，顧客が製品やサービスを実際に購入し，家に持ち帰り，自分が期待した価値と合致するかどうかを体験する瞬間である。

しかし，Googleは，近年，多くの消費者がインターネットの普及によりリアル店舗に行く前に情報をバーチャル店舗やレビューなどの口コミ，SNS上の友人から得て，リアル店舗に行くという傾向が多く見られていることから，ZMOTモデルを提唱したのである。すなわち，ZMOTとは多くの消費者が来店前にネットで情報収集をすることから，FMOTの前に実質的な購買意思決定の瞬間があるとしたのである（図表1-8参照）。

図表1-8　新旧の購買意思決定プロセスの比較

伝統的な消費者の購買意思決定プロセス

| Stimulus | → | FMOT | → | SMOT |
| 刺激 | | 購入 | | 体験 |

新しい消費者の購買意思決定プロセス（ZMOTモデル）

| Stimulus | → | ZMOT | → | FMOT | → | SMOT |
| 刺激 | | ネットで検索 | | 購入 | | 体験 |

この体験が次の人のZMOTに繋がる。

出所：牧田幸裕（2017）『デジタルマーケティング』東洋経済新報社，pp.91-93。Jim Lecinski（2011），ZMOT Winning the Zero Moment of Truth, Google, *Working paper*, pp.16-17をもとに筆者作成。

4 マーケティング4.0の究極の目的

マーケティング4.0の究極の目的は，「自己実現を目指す」ことである[20]。この自己実現は，マズローのニーズ5段階理論からきているが，人間が自己実現に向かって成長する段階をマズローはニーズ5段階理論で説明している。

マズロー（Maslow, 1954）のニーズ（要求や欲求とも呼ばれている）5段階理論は，人間のニーズは階層的構造をもち，生理的ニーズが満たされると，より高次のニーズ（欲求）へ向かうというニーズの発展段階理論である[21]。まずは食事・睡眠などの生理的ニーズがある。次にセキュリティを求める安全ニーズ，所属・愛情などを求める社会的ニーズ，ステータスを求める尊厳ニーズが続き，最上位に自己実現ニーズが置いてある。すなわち，生きるために必要な生理的ニーズから自己を高める心理的ニーズへと進むと示した（図表1-9参照）。

① 第1段階：生理的ニーズ（physiological needs）

生命維持のための基本的・本能的なニーズである。例えば，食品，飲料などである。

② 第2段階：安全ニーズ（safety needs）

精神的・身体的な安全・安心へのニーズである。例えば，セキュリティ・アラーム，保険などである。

③ 第3段階：所属・愛情ニーズ（social needs）

友人や家族・社会に所属し，愛情を与えたり，受け取ったりしたいというニーズである。例えば，社会的な連帯感，自分の居場所などである。

④ 第4段階：尊敬ニーズ（esteem needs）

他人から高い評価を得たり，尊敬されたりしたいというニーズである。例えば，重要な人でありたい，社会的地位を得たいなどである。

⑤ 第5段階：自己実現ニーズ（self-actualization needs）

自分の成長や発展の機会を求め，その可能性を実現するニーズである。自分の能力を発揮し，理想とする自分になりたい。例えば，教育，健康などで

図表1-9　マズローの「ニーズ5段階理論」

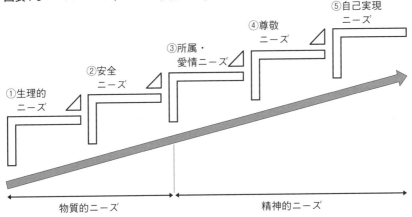

ある。

　①〜②のニーズは物質的ニーズであり，③〜⑤ニーズは精神的ニーズである。

　すなわち，①〜⑤の方向に個人のニーズが変化，発展していくことから，それに商品が対応して発展し，同時に社会が商品の傾向をこの順で必要とし，商品もそのように提供されていくという予測もある。急速に変化するデジタル時代において，かつてよりも多くの人が自己実現に向けて邁進していることを，マーケターは意識しないといけない。

■　演習問題 ………………………………………………………………………………………………

1　マーケティングの定義を作ってみよう。

2　マーケティングにとって環境とは何か。また，なぜ環境に適応することがマーケティングの重要な課題になるのかを考えてみよう。

3　マーケティングは時代の変化と共にどのように進化してきたのかについて，マーケティング1.0，2.0，3.0，4.0を用いてマーケティング・コンセ

プトの変遷とその時代的背景を考えてみよう。

4　マスメディア時代とデジタル時代との消費者の購買意思決定モデルがど
のように違うのかについて検討してみよう。

5　マズローのニーズ5段階理論に関する基本的な知識と，実生活に応用す
る方法を検討してみよう。

● 注

1) Kotler, P., H. Kartajaya, and I. Setiawan (2017) *Marketing4.0: Moving from Traditional to Digital*, John Wiley & Sons, p.19.（恩蔵直人監訳，藤井清美訳（2017）『コトラーのマーケティング4.0－スマートフォン時代の究極法則－』朝日新聞出版，p. 38）

2) 黒田重雄（2020）『マーケティング学の試み－独立した学問の構築を目指して－』白桃書房，pp.18-35。

3) https://www.ama.org/the-definition-of-marketing-what-is-marketing（2020年10月20日アクセス）

4) https://www.jma2-jp.org/jma/aboutjma/jmaorganization（2020年11月16日アクセス）

5) 新村出編（2020）『広辞苑　第7版』岩波書店，p.2734。

6) Drucker, P. F. (1974) *Management: Tasks, Responsibilities, Practices*, Harper & Row, Publishers Inc.（野田一夫・村上恒夫監訳（1974）『マネジメント（上）』ダイヤモンド社，p.100）

7) Levitt, T. (1960) "Marketing Myopia," *Harvard Business Review*, 38 (4), July - August, pp.45-56.

8) Kotler, P. (2000) *Marketing Management, International Edition*, prentice-Hall,p.19.（恩蔵直人監修・月谷真紀訳（2001）『コトラーのマーケティング・マネジメントミレニアム版』ピアソン・エデュケーション，p.26を一部修正）

9) Bartels, R. (1976) *The History of Marketing Thought, Second Edition,* Grid Inc.（山中豊国訳（1979）『マーケティング理論の発展』ミネルヴァ書房，p.37）

10) 以下の文献を参照されたい。Kotler, P., H. Kartajaya, and I. Setiawan (2010) *Marketing 3.0: From Products to Customers to the Human Spirit*, John Wiley & Sons.（恩蔵直人監訳・藤井清美訳（2010）『コトラーのマーケティング3.0－ソーシャル・メディア時代の新法則－』朝日新聞出版，pp.48-62），Kotler, P., H. Kartajaya, and I. Setiawan (2017)

　　op. cit.（恩蔵直人監訳・藤井清美訳（2017）前掲書，pp.1-4）。片山富弘（2019）「マーケティングと諸思想のかかわり」『流通科学研究』19（1），p.20。

11）Drucker, P. F.（1974）*op. cit.*（上田淳生訳（2001）前掲書，p.17）。青木幸弘（2010）『消費者行動の知識』日本経済新聞出版社，p.21。

12）Kotler, P., H. Kartajaya, and I. Setiawan（2010）*op. cit.*（恩蔵直人監訳・藤井清美訳（2010），前掲書，pp.38-77）

13）Kotler, P., H. Kartajaya, and I. Setiawan（2017）*ibid.*（恩蔵直人監訳・藤井清美訳（2017），同上書，pp.2-3）

14）Booms, B. H. and M.J. Bitner（1981）"Marketing Strategies and Organization Structures for Service Firmes", in J. Donnelly, and W R. George（eds）*Marketing of Services*, American Marketing Association, Chicago, pp.47-51.

15）https://www5.cao.go.jp/j-j/wp/wp-je17/pdf/all_03.pdf（2020年11月17日アクセス）

16）鳥山正博監訳・大野和基訳（2017）『コトラー　マーケティングの未来と日本〜時代に先回りする戦略をどう創るか〜』KADOKAWA，pp.76-97。

17）https://www.oxfordreference.com/view/10.1093/oi/authority.2011080309543278（2020年11月9日アクセス）

18）岩本明憲（2017）「オムニチャネル時代のNew AIDAモデルとその理論的展開－コミュニケーション・ポートフォリオ・マネジメント－」『Japan Marketing Academy』日本マーケティング学会 カンファレンス・プロシーディングス，vol.6，p.363。https://www.j-mac.or.jp/oral/fdwn.php?os_id＝63（2020年11月10日アクセス）

19）以下の文献を参照した。佐藤尚之（2011）『明日のコミュニケーション「関与する生活者」に愛される方法』アスキー・メディアワークス，pp.148-156。なお，時代と共に変化する消費者の購買意思決定モデル（「マスメディア時代」の「AIDMA」モデル，「インターネット時代」の「AISAS」モデル，「ソーシャルメディア時代」の「SIPS」モデル，「コンテンツ発見時代」の「DECAX」モデル）については，金成洙（2020）『消費者行動論－モノからコト・トキ消費へ－』白桃書房，pp.62-68を参照されたい。

20）鳥山正博監訳・大野和基訳（2017）前掲書，pp.88-91。

21）Maslow, A. H.（1954）*Motivation and Personality*, Harper & Row, pp.80-106.

第2章 | マーケティング・マネジメント・プロセスと戦略策定

学習の要点

❶ マーケティング・マネジメント・プロセス（8つのステップ）について理解する。

❷ 事業ミッション（われわれの事業は何か，誰が顧客なのか，われわれの事業はどうあるべきなのかなど）について理解を深める。

❸ マーケティング環境の分析（外部環境分析，内部環境分析，ビジネスの市場環境分析）について理解する。

❹ STP（セグメンテーション，ターゲティング，ポジショニング）の進め方を学習する。

❺ マーケティングの4P（企業側の視点，または売り手）と4C（顧客側の視点，または買い手）の違いについて学ぶ。

キーワード

▶ マーケティング・マネジメント・プロセス
▶ SWOT分析
▶ クロスSWOT分析
▶ 3C分析
▶ セグメンテーション
▶ ターゲティング
▶ ポジショニング
▶ マーケティング・ミックス（4P）
▶ 4C

1 マーケティング・マネジメント・プロセスとは①

　マーケティング・マネジメント・プロセスとは，コトラー（2016）が提唱したもので，マーケティング戦略を効率的かつ効果的に進めていくための管理活動である。

　マーケティング・マネジメント・プロセスの主な流れは，図表2-1に示されている8つのステップから構成されている。このプロセスでは，まず企業における①事業のミッションを明確にし，市場と企業の現状を把握するために，②外部環境の分析と，③内部環境の分析，④目標の設定や，⑤戦略の策定，それを具体的に実行するための，⑥プログラムの作成，⑦実行，さらにその結果を追跡し，⑧上記の①〜⑦と成果との間に生じるズレの改善や調整を遂行することが求められる（フィードバックとコントロール）。

図表2-1　マーケティング・マネジメント・プロセス（ビジネス単位）

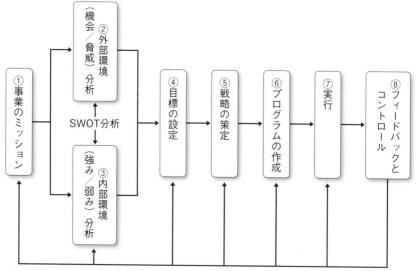

出所：Kotler, P. and Kevin Lane Keller（2016），*Marketing management, Global Edition,* Pearson. p.70を一部修正。

マーケティング・マネジメント・プロセスの最初のステップは，①事業のミッションであるが，各事業単位は広域な企業ミッションの中で独自のミッションを定めなければならない[1]。事業ミッションはビジネスが始まった時点では明確であるが，時が経つにつれ当初のミッションが，市場環境の変化や新製品の開発に伴って不明確になる場合は少なくはない。この場合，組織は改めてミッションを探索しなければならない。ドラッカー（Drucker, 1974）によれば，「われわれの事業（内容）は何か」「誰が顧客なのか」「顧客にとって価値があるのは何か」「われわれの事業はどうあるべきなのか」という問い[2]に対して答えることであると指摘している。これらの質問は，実際には常に難しい質問なので，正しい答えがはっきりと存在していないことの方が多い。

　しかし，成功企業は終始こうした問いに対して徹底的に考え抜き，わが社のあるべき姿を明らかにしている。例えば，ある事業所向けの厨房用冷凍・冷蔵庫の製造会社が，わが社のミッションは「事業所をターゲットとし，最先端で業界トップクラスの省エネ性能を搭載した冷凍・冷蔵庫を提供して，顧客から選択される売り手となることを目指す」と定義したと仮定しよう。このミッションから，一般家庭との取引，最低価格，非厨房用冷凍・冷蔵庫への参入によって勝とうとしていないことが理解できる。

　次は，主として環境の分析と戦略の策定とに焦点を当てて詳しく検討してみよう。

2 マーケティング環境の分析－マーケティング・マネジメント・プロセスの②〜④－

1. SWOT分析

　企業や組織が環境を観察する主な目的は，自社にとっての新しいマーケティング機会を見つけ，脅威を明確にすることである。多くの場合，マーケティングによって機会を見つけ，発展させ，そこから利益を上げている。マーケティ

ング環境の分析でもスタンフォード大学が1960年代に開発したSWOT分析という用フレームワークがよく利用される。SWOT分析とは，強み（<u>S</u>trength），弱み（<u>W</u>eakness），機会（<u>O</u>pportunity），脅威（<u>T</u>hreat），という4つの要素の頭文字をつなげ，SWOT分析と呼ぶ。

- 自社の強み（Strength）は何か。
- 自社の弱み（Weakness）は何か。
- 自社の市場機会（Opportunity）は何か。
- 自社の脅威（Threat）は何か。

　SWOT分析は，外部環境分析と内部環境分析に分けることができる。外部環境分析（市場の機会と脅威の分析）では，自らの利益を上げる能力に影響を与える主要なマクロ環境要因（人口動態，経済，政治，文化など）とミクロ環境要因（顧客のニーズやウォンツ，競合他社の戦略や業績など）を分析対象とする。この分析を通して，業界や関連産業の動向，自社のポジショニング，トレンドなどが明確になる。
　内部環境分析（自社の強みと弱みの分析）では，外部環境を理解した後，それらが影響を及ぼしている現在の社内環境がどのような状況にあるのかを把握することが肝要である。個々の企業にとっての強みと弱みという経営資源のレベルの問題が影響するからである。内部環境要因としては，経営資源（人，モノ，金，情報）をベースに，とりわけマーケティングの戦略，製品やサービスの特性，市場シェア，技術革新，社内風土，トップのリーダーシップなどが挙げられる。この要因を用いて，競合他社と比較して相対的に評価を行い，何が自社の強みなのか，または何が自社の弱みなのかを客観的に判断ができ，問題の所在と解明，そして目標指向の発展につながる。すなわち，SWOT分析は，戦略を組み立てる基礎情報をまとめるために用いられるのである。図表2-2は，SWOT分析の特徴を示している。

　上記のSWOT分析では，4つの項目（S・W・O・T）をリストアップするという量を求めているが，クロスSWOT分析は，SWOT分析で列挙された

図表2-2　SWOT分析

	プラス要素	マイナス要素
内部環境 （コントロール可）	S：強み 自社の強み，長所は何か。	W：弱み 自社の弱み，短所は何か。
外部環境 （コントロール不可）	O：機会 自社の市場機会は何か。	T：脅威 自社の脅威は何か。

企業を取り巻く，内部環境の強み・弱み，外部環境の機会・脅威の全体的な評価を行い，それぞれの項目を掛け合わせて，具体的な手立てを講じることが期待できる。

　強み × 機会（SO戦略）：
　　自社の強みによって機会を活かすビジネスは何か。
　強み × 脅威（ST戦略）：
　　自社の強みによって脅威による影響を取り除く方法は何か。
　弱み × 機会（WO戦略）：
　　自社の弱みを改善し，機会を活かす方法は何か。
　弱み × 脅威（WT戦略）：
　　自社の弱みと脅威を最小限にする方法は何か。

　この分析方法によって，自社の強み（strength）を最大限に活かす機会（opportunity）を見つけ，さらに自社の弱み（weakness）をできるだけ克服し，脅威（Threat）を回避するための発想や自社の競争優位性などを明確にすることが可能になる[3]。図表2-3は，クロスSWOT分析の特徴を示している。

内部環境 外部環境	強み（S） 強み5〜10個を提示	弱み（W） 弱み5〜10個を提示
機会（O） 機会5〜10個を提示	強み×機会（SO戦略）： 機会を活かすための自社の強み を使用する戦略を提案。	弱み×脅威（WO戦略）： 自分の弱みを克服するための機 会を活かす戦略を提案。
脅威（T） 脅威5〜10個を提示	強み×脅威（ST戦略）： 脅威を避けるために自社の強み を使用する戦略を提案。	弱み×脅威（WT戦略）： 脅威を避けるために自社の弱み を最小限にする戦略を提案。

出所：Weihrich, H. (1982) "The TOWS Matrix-A Tool For Situational Analysis," *Long Range Planning* 15, no.2, p.60 を参考に作成。

コラム **1** PEST分析

　企業や事業を取り巻く外部環境分析には，PEST分析というフレームワークがよく利用される。PEST分析とは，政治的要因（**P**olitical factor），経済的要因（**E**conomic factor），社会的要因（**S**ocial factor），技術的要因（**T**echnological factor），という4つの要素の頭文字をつなぎ，PEST分析と呼ぶ。PEST分析は，企業や事業に影響を与える政治，経済，社会，及び技術的な要因を評価するために使用される。

　まず，政治的要因は，ビジネスを行う際の政治や法律などにかかわる要因で，例えば法規制の変化，政権，税制，業界団体の傾向，公正競争などが挙げられる。

　経済的要因は，企業や消費者の意思決定などにかかわる要因で，例えば経済成長力，個人消費の動向，物価動向，金利変動，株価動向，為替動向，投資動向などが挙げられる。

　社会的要因は，人口動態や消費者のライフスタイルの変化などにかかわる要因で，例えば人口動態，ライフスタイル，労働組合，宗教，教育水準，価値観，社会的意識，性別による能力発揮の機会の不平等，環境問題などが挙げられる。

　技術的要因は，製品開発やデジタル技術などにかかわる要因で，例えば技術革新，情報技術関連産業の開発の動向，技術の普及，特許などが挙げられる。

　外部環境要因は一般に企業がコントロールできない一方で，マーケターはビジネスを始める前にPEST分析を通して，自社を取り巻く環境の現状分析や今後起こりうる課題などを事前に把握し，検討することができる。図表2-4はPEST分析を描いたものである。

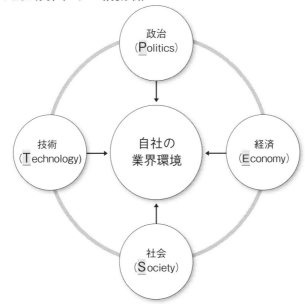

出所：池尾恭一（2016）『入門・マーケティング戦略』有斐閣，p.79。金成洙（2009）「グロー
　　　バル・マーケティング」宮澤永光・城田吉孝・江尻行男編『現代マーケティング−そ
　　　の基礎と展開−』ナカニシヤ出版，pp.211-215。

一方，SWOT分析以外に3C分析という手法もある。

2. 3C分析

　3C分析は，経営コンサルタントの大前研一（1982）が提示したもので，ビ
ジネスの市場環境を分析するマーケティングフレームワークである[4]。

　3C分析とは，市場環境・顧客（Customer），競合環境（Competitor），自
社環境（Company），という3つの要素の頭文字を取って3C分析と呼ばれて
いる。3C分析の主な目的は，3Cの視点から，環境を分析し，鍵となる成功
要因（Key Success Factor：KSF）を見つけることである。3Cを分析するべ
きポイントは，次の通りである（図表2-5参照）。

図表2-5　3C分析

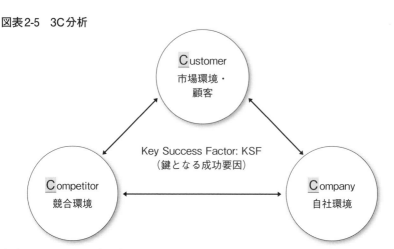

出所：Ohmae, Kenichi（1982）, *The Mind of the strategist: The art of Japanese business*, McGraw-Hill,p.92を参考に作成。

　市場環境・顧客（Customer）は，顧客から構成される市場環境であるが，市場の規模と成長性，ターゲット層，顧客のニーズ，顧客の消費や購買行動，能力などが調査対象となる。この分析によって，自社がその市場で成長できるかどうかを判断することも可能となる。

　競合環境（Competitor）は，競合他社の存在であるが，競合他社の売上高やリソース（resource：人，物，金，情報など），自社製品と比べて価格，品質，サービスなどの相違点，などが調査対象である。この分析によって，自社の強みや弱みなどを知ることもできる。

　自社環境（Company）は，自社が有するリソースであるが，経営理念やビジョン，売上高，自社の強みと弱み，市場シェアと成長率，リソースなどが調査対象となる。この分析によって，競合他社と対比してシーズ（Seeds：技術やノウハウなど）やリソース起点の差別化した自社の独自性を提示することもできる。また，取り組むべき戦略や今後の課題を見つけることも可能となる。図表2-5は，3C分析の特徴を示している。

● 市場環境・顧客（Customer）はどういった「市場の規模」と「顧客」なの

か。

- 競合環境（Competitor）はどういった競合他社なのか。
- 自社環境（Company）はどういった自社の特徴があるのか。

　上記のマーケティング環境の分析を行ったら，次に具体的な目標を設定（マーケティング・マネジメント・プロセスの④）することができる。目標にはさまざまな種類があるが，一般的に1つだけを追求する事業はほとんどなく，複数の目標を追求している。例えば，利益，成長，イノベーション（革新）や新製品比率（全売上高に占める新製品売上高の割合），社会的責任，顧客満足，リスクの縮小，評判を高めるなどが挙げられる。この中で最も一般的な目標は，利益と成長である。

　前者の利益目標の具体的な指標としては，売上高利益率と投資収益率（ROI：Return on Investment）などがある。売上高利益率は，売上高のうち何％を利益として残すことができたのかを表すものである。一方，投資収益率は，いわゆる「投資対効果」と呼ばれるものを数値で示したものである。すなわち，投資額に対する利益の比率を示したものである。

　後者の成長目標の具体的な指標としては，売上高，市場占有率（マーケットシェア），売上高市場成長率などが挙げられる。典型的な事業目標は，一定の期間に，何を，どの程度まで達成しようとしているのかを掲げたものである。例えば，「3年後に年間売上高1,000億円を目指す」「3年で年間市場占有率を20％にする」「3年で10％の売上高市場成長率を保つ」などが挙げられる。日本企業は，アメリカの企業より市場占有率の拡大などの成長目標をより重視し，逆にアメリカ企業はROIをより重視する傾向があると指摘されている。

　また，目標は現実的でなければならない。目標は願望ではなく，事業の機会と強みの分析によって定めるべきである。その他にトレードオフ（trade-off：両立不可能な関係）となる重要な項目として，短期的利益と長期的成長，高成長と低リスク，利益と社会的責任などが挙げられる。これらは両立不可能なものとなるが，このようなトレードオフの目標を選択する場合には，目標間の優先順位を明確にしておく必要がある。[5]

3 STPの設定−マーケティング・マネジ メント・プロセスの⑤−

　自社の効率的かつ効果的マーケティング戦略を展開するためには，市場全体をいくつかのニーズの似ている顧客層に区分し，区分された顧客層のうちどれだけの部分を自社のターゲットとするのかを決定し，そのターゲットにおいて他社よりも自社の価値を高く評価してもらえる独自のポジショニングを行う必要がある。そのためのフレームワークが略語でSTPと表現される，マーケティング戦略である[6]。Sはsegmentation（市場細分化），Tはtargeting（標的顧客の決定），Pはpositioning（自社の位置付けの明確化）の3つの頭文字をとった分析法のことである。

1. 市場細分化（segmentation）

　市場細分化（セグメンテーション）とは，1つの市場においてニーズが互いに異なる消費者グループを識別し，それぞれの特徴を明確にすることであり，マーケット・セグメンテーションともいう。

　例えば，高齢者市場においては医療保険が適用される医療サービス，医療器具，医薬品などの分野の「医療・医薬産業」，介護保険が適用される在宅介護，居住系介護，介護施設などの分野の「介護産業」，日常生活にかかわる食料，家具，被服，教育・娯楽などの分野の「生活産業」という3つがあり，それぞれには高齢者のさまざまなニーズ「健康のまま長生きしたい」「旅行したい」「在宅支援を受けたい」などが入り混じっている[7]。

　市場を細分化するためには，ターゲットとなる市場をいくつかの変数から切り出すための基準が必要である。図表2-6は，市場細分化をどのように行うかの基本的な考え方であり，その一般的な変数には，地理的変数，人口統計的変数，心理的変数，行動的変数の4つがある。それらの主要な変数は，図表2-7に示してある。

図表2-6　市場細分化の基本的な考え方

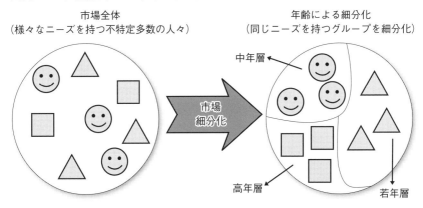

(1)　地理的変数（geographic variables）

　消費者の地域別の環境条件に焦点を当てたものである。エリア・マーケティングの際に利用される変数であり，例えば国，地域の文化，気候，都市などがこの変数に含まれる。

(2)　人口統計的変数（demographic variables）

　消費者のデモグラフィック属性と好みが結びついた側面に焦点を当てたものである。例えば消費者の嗜好や使用頻度，年齢，性別，所得，職業，学歴，宗教，家族構成などがこの変数に含まれる。

(3)　心理的変数（psychographic variables）

　消費者の心理的な側面に焦点を当てたものである。例えば消費者の社会階層，パーソナリティ，ライフスタイル，価値観などがこの変数に含まれる。

(4)　行動的変数（behavioral variables）

　消費者の知識，態度，購買行動や使用状況などに焦点を当てたものである。例えばベネフィット，使用頻度（ヘビーユーザーやライトユーザー）などがこの変数に含まれる。

図表2-7　市場細分化の主要な変数

変数	セグメント例	具体的なフィールド例
地理的変数 （geographic variables）	地域	関東，関西など
	気候	暖かい，寒いなど
人口統計的変数 （demographic variables）	年齢	若年層，中年層，高年層など
	性別	男性，女性など
	所得	低所得者，高所得者など
	教育水準	中卒，高卒，大卒，大学院修了など
	職業	公務員，会社員，管理職，自営業など
	家族構成	単身，既婚など
心理的変数 （psychographic variables）	ライフスタイル	アウトドア志向，スポーツ好きなど
	パーソナリティ	保守的，社交的など
行動的変数 （behavioral variables）	購買頻度	ライト・ミドル・ヘビーユーザーなど
	ベネフィット	経済性，機能性，品質性など
	ロイヤルティ	なし，低・中・高など

出所：Kotler, P.（2001），*A Framework for marketing Management, First Edition,* Prentice Hall, Inc.（恩藏直人監修・月谷真紀訳（2004）『コトラーのマーケティング・マネジメント』ピアソン・エデュケーション，pp.181-188）

　コトラーとケラー（Kotler and Keller, 2016）は，市場細分化を有効なものにする要件として，次の5つを提起している。[8]

① 測定可能性（measurable）：セグメントの規模と購買力を容易に測定することが可能かどうかということである。例えば年齢によって細分化をした場合，若年層，中年層，高年層などの特徴や購買力などを具体的に把握できるかどうかである。
② 利益確保可能性（substantial）：セグメントの規模が十分な利益を獲得できるほどの大きなグループであるかどうかということである。例えば年齢による細分化をした場合，ある年齢層に向けて展開されるコストを上回る利益が得られるかどうかである。
③ 到達可能性（accessible）：特定したセグメントへ容易に接近可能か，セグメントに販売できる効果的ルートやチャネルなどを利用可能かどうかと

いうことである。例えば年齢によって細分化をした場合，ある年齢層の居住地，買物行動などの特定の情報とその年齢層に到達できる販売ルートが利用可能かどうかである。

④ 差別性（differentiable）：各セグメントに異なるマーケティング・ミックス要素とプログラムを提供する際に差別化ができるかどうかである。例えば既婚女性と未婚女性が香水販売に同様の反応をする場合，この両者は別々のセグメントに分ける必要性がなく，両者は同じセグメントに属することになる。

⑤ 実行可能性（actionable）：特定したセグメント向けの効果的なマーケティング活動を実際に展開できるかどうかということである。例えば年齢による細分化をした場合，ある年齢層に対し，製品やサービスを提供していくためのリソース（人，モノ，金，情報など）やシーズ（技術やノウハウなど）が確保でき，マーケティング活動を実行していくことが可能かどうかである。

このうち，②の利益確保可能性と③の到達可能性は，売上や利益に直接的に影響を与える要件であるだけに極めて重要な条件である。

2. ターゲティング（targeting）

ターゲティングとは，セグメンテーションによって切り分けられた市場を評価して，どのセグメントを自社のターゲット（標的市場）とするかを意思決定することである。ターゲットの仕方には大きく3つのタイプがある[9]。その3つのタイプは，図表2-8に示してある。

(1) 無差別型マーケティング

これは市場全体を単一市場として把握し，大量生産，大量販売によって規模の経済を追求し，単一の製品に同じマーケティング・ミックスを提供していく戦略である。例えばiPhone，ペットボトルの緑茶飲料などが挙げられる。

図表2-8　3つのターゲティングの仕方（年齢による細分化の場合）

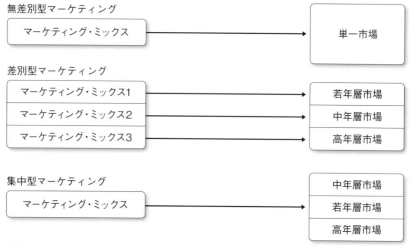

出所：Kotler, P. and Gary Armstrong（1996），*Principles of Marketing, Seventh Edition*, Prentice Hall, Inc. p.250 をもとに作成。

(2)　差別型マーケティング

　これは複数のセグメントを取り上げ，それぞれの市場セグメントに対して適したマーケティング・ミックスを提供していく戦略である。例えばトヨタの電気自動車，ハイブリッドカー，ミニバン，ワゴンなどが挙げられる。経営資源が豊富な大手企業に多く採用されている。

(3)　集中型マーケティング

　これは自社の強みから見て，1つもしくは少数の市場セグメントに注目して，その市場セグメントにマーケティング・ミックスを提供していく戦略である。例えば高級スポーツカーを提供するポルシェなどが挙げられる。高級品メーカーやベンチャー企業などに多く採用されている。

3. ポジショニング
(positioning：自社の位置付けの明確化と差別化)

　ポジショニングとは，ターゲットとする消費者の心の中に，競合他社とは異なる特別なものとして認識させるために自社の製品の特徴やイメージを明確にすることである。とりわけ重要なことは，消費者が企業の提供物をどのように評価するかという点である。企業が自社の製品にあって競合他社にはない差別化された性能，便利な機能，品質などを有していたとしても，それらが消費者の心の中で認識されなければ，企業が考えるポジショニングが消費者に正確に伝わっていないことになる。あるいは消費者は企業の提供物の情報に関心や興味がないかもしれない。いずれにしても，ポジショニングの決定は企業側の視点ではなく，消費者側の視点に立つことが重要である。

　ポジショニングを検討する際に，知覚マップ（perceptual map：パーセプチュアル・マップ）という方法がよく利用されている。この知覚マップは，プロダクトマップやポジショニング・マップとも呼ばれる。このマップによって自社の製品と市場で競合する製品を配置して比較検討する。競合他社との違いを決定する主要な要因を2つか，2つ以上設定し，縦軸と横軸の2軸で分割された4つの象限に自社と競合他社の製品を配置する。図表2-9は標的市場（若年層）と関連してハンバーガーショップを，図表2-10はポジショニング決定に使用される知覚マップの例を描いている。

　そこで，コトラー（Kotler, 2000）はポジショニングの方法として7つを挙げている。[10]

① 製品属性に基づくポジショニング
　製品の特性であり，例えばアサヒスーパードライはキレがある，サントリー・ザ・プレミアム・モルツビールはコクがある。
② ベネフィットに基づくポジショニング
　製品から得られるメリットであり，例えばベンツのSクラスに乗ると爽快感，安心感がある。

③ 用途や目的に基づくポジショニング

　何かの用途や目的に最も適しているものであり，例えば「ヱビスめでたい缶」は，縁起が良いとされる桜鯛をパッケージに大きく描くことで，年末年始にふさわしいめでたさや縁起の良さを強調している。

④ ユーザーに基づくポジショニング

　一部のユーザー集団に最も適しているものであり，例えば任天堂 Wii はターゲットユーザーをファミリー層にすることで成功している。

⑤ 競合他社に基づくポジショニング

　特定の競合他社よりも優れていることであり，例えばソニーの PlayStation は，個人のヘビーユーザー向け製品であるが，任天堂 Wii は家族向けの製品である。

⑥ 製品カテゴリーに基づくポジショニング

　製品カテゴリーを変更することであり，例えばガムをガム売場に陳列すると，ガムとして機能（美味しい，リフレッシュなど）するが，ガムをオーラルケア売場に陳列すると，オーラルケアとして機能（虫歯予防，口臭除去など）する。

⑦ 品質あるいは価格に基づくポジショニング

　最高の価値を提供するものであり，例えば提供する製品の品質と価格をどのようにしたら良いかである。

　ポジショニング・マップは，自社と競合他社とを比較して，自社の位置付けを明確にするツールであるが，企業側ではなく消費者側が必要としている軸かどうかという視点が重要である。

図表2-9　標的市場（若年層）とハンバーガーショップの知覚マップ

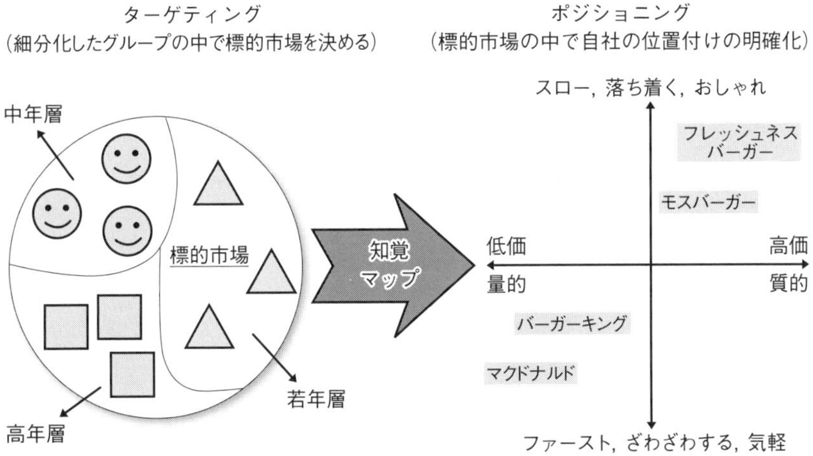

ターゲティング
（細分化したグループの中で標的市場を決める）

ポジショニング
（標的市場の中で自社の位置付けの明確化）

中年層

標的市場

知覚
マップ

若年層

高年層

スロー，落ち着く，おしゃれ

フレッシュネス
バーガー

モスバーガー

低価
量的

高価
質的

バーガーキング

マクドナルド

ファースト，ざわざわする，気軽

....

コラム **2** 製品と商品とブランドの違いは何か

（1）製品は「製造した品物」であり，原料から作られた品物のことである。また，加工して販売するものを指す。

（2）商品とは「商売の品物。売買の目的物たる財貨」であり，商いを目的とした品物のことである。さらに加工せずに販売するものを指す。よって農産物は製品ではなく，商品である。

（3）ブランドとは銘柄，商標と訳されることもあり，特に高級品として有名な商品を指す場合もあるが，一般的に他者・他社との識別や差別化の手段として用いられる，名前・記号・象徴などが統合されたものである。

出所：Goo 国語辞書　https://dictionary.goo.ne.jp/srch/（2019年5月3日アクセス）
....

図表2-10 ポジショニング決定に使用される知覚マップ

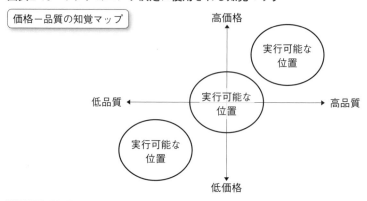

価格－品質の知覚マップ

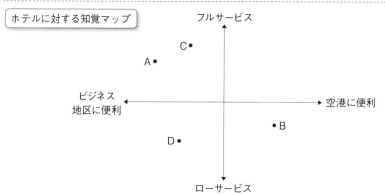

ホテルに対する知覚マップ

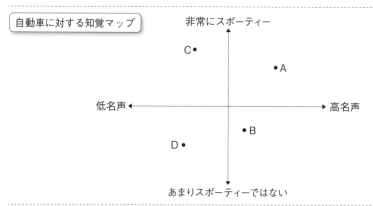

自動車に対する知覚マップ

出所：Marshall, G. W. and Johnston, M. W.（2019）*Marketing Management 3e*, Mc Graw Hill Education, p.203.

4 マーケティング・ミックスの策定－マーケティング・マネジメント・プロセスの⑤～⑧－

1. 4つのP

　環境分析（SWOT）とマーケティング戦略（STP）が設定されると，対象市場に適合したマーケティング手段の組み合わせが検討される。マッカーシー（McCarthy, 1960）は，複数のマーケティング手段を集約して製品（product），価格（price），流通（place），販売促進（promotion）の頭文字をとった4Pというフレームワークを提唱した。この4つの要素（4P）を適切に組み合わせることをマーケティング・ミックスと呼ぶ。図表2-11は，マーケティング・ミックスの4つのPを描いている

　このマーケティング・ミックスは，企業が標的市場でマーケティング目的を達成するために用いるマーケティング・ツール（4P）である。具体的にいうと，標的市場に対してWhat（何を：product），How much（いくらで：price），Where（どこで：place），How（いかに：promotion）販売するのかを検討することによって，より効果的なマーケティング展開が可能になる。はたまた，企業は対象市場に対して望ましいマーケティング・ミックスを構築した上で，競合他社と比較してみれば，自社の何が課題で，何が競争優位性を有しているのかを理解できる。

⑴ 製品（product）
　製品開発は，対象とする市場（標的消費者）を決め，その欲求にあう製品やサービス（ベネフィット）を開発し，市場化する活動である。例えば品質，製品特性，付属品，スタイル，パッケージデザイン，ネーミング，サイズ，アフターサービス，ブランド，保証，返品などが挙げられる。

⑵ 価格（price）
　価格設定は，標的消費者に価値を判断してもらう明確なメッセージであり，

図表2-11　マーケティング・ミックスの4つのP

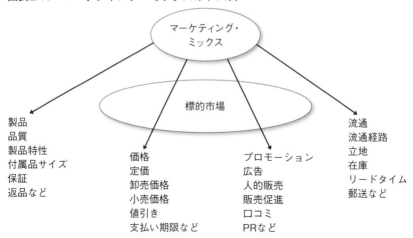

出所：Kotler, P. and K. L. Keller（2016），*Marketing management, Global Edition, Pearson*, p.47
　　をもとに作成。

消費者がどれくらいの水準なら，買ってもらえるかを考えて値段を決める活
動である。価格は，企業の収益や消費者の購買意思決定に大きく左右される
ため，競合他社がどのような価格で販売しているかも重要である。例えば定
価，卸売価格，小売価格，値引き，支払い期限などがある。

(3)　流通（place）

　チャネル構築は，標的消費者に製品を効率的に届けるためにどのような流
通経路（卸，小売）が良いか，新たに開拓した方が良いかなどを決める活動
である。企業は製品の特性，消費者の特性，競合環境などを総合的に考慮に
入れて，最適な流通チャネルを選択し，構築する必要がある。例えば流通経
路，販売地域，在庫管理，リードタイムなどがある。

(4)　販売促進（promotion）

　プロモーション活動は，標的消費者に適切な情報（製品の長所）を適切な
方法とタイミングで伝え，消費者の需要を喚起する活動である。例えば広告，
販売促進，人的販売，口コミ，POP（Point Of Purchase advertising：購買

図表2-12　マーケティングの4P

4P	内容	例
Product （製品）	対象とする市場を決め，その欲求にあう製品やサービスを開発し，市場化する活動。	品質，製品特性，付属品サイズ，保証，返品など。
Price （価格）	標的消費者にどれくらいの水準なら，買ってもらえるかを考えて値段を決める活動。	定価，卸売価格，小売価格，値引き，支払い期限など。
Place （流通）	標的消費者に製品を効率的に届けるために流通経路や立地などを決める活動。	流通経路，販売地域，在庫管理，リードタイムなど。
Promotion （販売促進）	標的消費者に適切な情報（製品の長所）を伝え，消費者の需要を喚起する活動。	広告，人的販売，販売促進，口コミ，POP，PRなど。

時点広告），PR（Public Relations：広報）などである。図表2-12は，マーケティング4Pの内容と例を示している。

　以上のマーケティングの4Pは，マーケティングを推進していく上で極めて有効なフレームワークである。

2. 4つのC

　かつて，ドラッカー（Drucker, 1974）は，マーケティングの目的は，セリングを不要にすることであるとしている。この意味は，顧客を理解し，顧客のニーズにあった製品やサービスを提供すれば，自然に売れていくということである。平久保（2005）は，顧客満足なくして企業は存続できないと示唆している。企業は長期にわたって顧客を満足させることができなければ，繁栄はおろか生き残ることはできなくなる。満足した顧客が企業に利益をもたらすのである[12]。こうして考えてみると，マーケティングや企業の最優先課題は「顧客満足」であり，顧客の視点が極めて重要であることが理解できる。

　以上のように，マーケティングは，顧客のニーズと行動の理解を重視しつ

図表2-13　4つのC

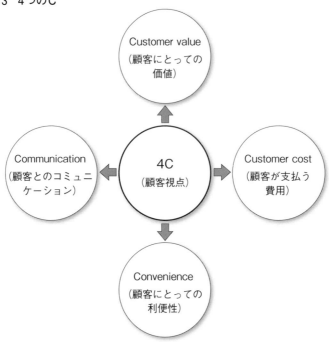

つ，市場の動向（顧客の動き）に焦点を当てることが重要である。

　ラウターボーン（Lauteborn, 1990）によると[13]，4Pは企業側（売り手）の視点でマーケティングを捉えたものであるが，4Cは顧客側（買い手）の視点に置き換えて説明でき，顧客中心の4Cの検討から入るべきだと指摘している。すなわち，顧客価値（customer value），顧客コスト（customer cost），利便性（convenience），コミュニケーション（communication）を強調している。図表2-13は，顧客側視点の4Cを描いている。

(1)　顧客価値（customer value）

　顧客価値は，顧客に価値を生み出すパフォーマンスである。顧客から見て企業が提供するサービス価値であり，それは顧客のニーズやウォンツに対して満足する価値を創造することである。例えば，顧客が商品・サービスを購

入し，使用を通して得られるメリットや価値，そして感動，他社との差別化
による高付加価値化などが挙げられる。

⑵　顧客コスト（customer cost）

　顧客コストは，顧客が製品やサービスを手に入れるために支払う費用であ
る。価格設定は企業の方針を基に，顧客の意思決定と競争相手の価格設定な
どをベースに行う。例えば，製品やサービスの購入のために顧客が負担する
費用や時間，そして労力などが挙げられる。

⑶　利便性（convenience）

　利便性は，顧客の購買時の利便性の確立である。顧客が製品やサービス業
を手に取りやすい便利な場所や利用するのに簡単なチャネルの両方から検討
する必要がある。例えば，誰でも簡単に製品やサービスに関するすべての情
報が得られる便利さ，買い物のためにショップに足を運ばずとも，24時間い
つでも利用できるオンラインショップの便利さなどが挙げられる。

⑷　コミュニケーション（communication）

　コミュニケーションは，従業員と顧客との双方性のあるコミュニケーション
の手段である。多くの製品やサービスから選んでもらうためには顧客とのコ
ミュニケーションを通じて信頼関係を構築し，製品やサービスのリピーター
やファンになってもらうことが重要である。例えば，顧客からの苦情に対す
る適切な対応によるリピーターの獲得，アフターサービスなどの顧客からの
コミュニケーションにも適宜の対応などが挙げられる。

3. 4Pと4Cの相違

　この4Pと4Cは，基本的には同じ要素（what：何を，how much：いくら
で，where：どこで，how：いかに）の議論であるが，明らかに異なる点は
施策を考える視点である。図表2-14は，4Pと4Cの特徴を示している。
　4Pは企業側（売り手）の視点での施策である。

図表2-14　4Pから4Cへ

4P（企業視点）	4C（顧客視点）
Product （何を売るのか）	Customer value （顧客が受け取る価値）
Price （いくらで売るのか）	Customer cost （顧客が支払う費用，時間，労力）
Place （どこで売るのか）	Convenience （顧客が購入しやすい環境）
Promotion （商品情報をいかに伝えるのか）	Communication （顧客が求める情報や声に対応）

- Product　　：企業は何を売るのか。
- Price　　　：企業はいくらで売るのか。
- Place　　　：企業はどこで売るのか。
- Promotion　：企業は商品情報をいかに伝達するのか。

　一方，4Cは顧客側（買い手）の視点での施策である。
- Customer value　：顧客が受け取る価値は何か。
- Costomer cost　：顧客が支払う費用，時間，労力はどれくらいか。
- Convenience　　：顧客が購入しやすい環境であるのか。
- Communication　：顧客が求める商品情報を届けているのか，顧客の声に対応するのか。

　上記のように，4Pと4Cは両方の視点や望んでいることがそれぞれ異なっており，相反するという見解もあるが，企業は自社と顧客両方の視点から，自社の「目標の設定」と「マーケティング戦略の策定」をすることが必要である。なぜならば，マーケティングの本質は，企業側の視点から顧客の問題を発見し，解決手段を提案（顧客にとって良いものであると気づかせる）することによって顧客満足を実現するための活動や考え方であるとしているからである。それは企業側の視点ではあるが，そこには顧客の視点から問題を捉える発想が基本に置かれている[14]。

事業単位で「マーケティング戦略」と「マーケティング・ミックス」が構築されたら，次はプログラムが作成（マーケティング・マネジメント・プロセスの⑥）される。例えば，技術でリーダーの地位を獲得しようと決定したら，研究開発部門を強化したり，技術情報を集めたりして，自社の技術的リーダーシップの広告を制作するプログラムを組まなければならない。その後は「実行（マーケティング・マネジメント・プロセスの⑦）」されるが，予期せぬ環境変化によりマーケティング・マネジメント・プロセスの一部を見直して，修正しなければならない場合がある。これが「フィードバックとコントロール（マーケティング・マネジメント・プロセスの⑧）」である。[15]

コラム ❷ ビッグマーケティング（big M）とリトルマーケティング（little M）の区別

　マーケティングにおいて戦略的かつ戦術的な分野をどのように調和させることができるのか。戦略と戦術は，自転車の両輪のように並んで共存したり，時折互いに交差したりする。しかし，目標と特性は根本的に異なる。

　マーシャルとジョンストン（marshall and Johnston, 2019）は，組織内の2つの次元からマーケティングを示唆しているが，最初の次元は大文字のビッグマーケティング（Marketing）で，もう1つの次元は小文字のリトルマーケティング（marketing）として名付けて区別している。図表2-15は，二次元の関係を示している。

　ビッグマーケティングは，ビジネス戦略の中核を担うものであり，企業は内部能力，市場，競合他社，そして他の外部要因などを的確に把握することによって将来的な経営戦略を成功に導くことができる。こうしたアプローチを戦略的マーケティング（strategic marketing）と呼び，最高の組織レベルが組織のパフォーマンスを向上させるために，企業レベルで長期的な視座からマーケティングへ投資することをいう。

　ビッグマーケティングには，第1章で紹介した「AMAのマーケティングの定義」の相当な要素が含まれており，これらの要素である顧客価値，交換，顧客関係，及び組織とその利害関係者への利益のコアコンセプトはすべて，本質的に極めて戦略的であり，企業のコアビジネス哲学を形成するのに役に立つものである。このように，ビッグマーケティングの概念は，マーケティングの影響を最大化するために組織レベルにいくつかの重要な行動指針を提示している。

図表2-15　戦略的と戦術的マーケティング

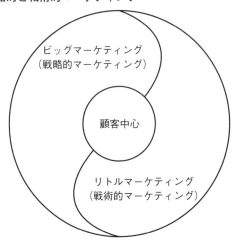

ビッグマーケティング
（戦略的マーケティング）

顧客中心

リトルマーケティング
（戦術的マーケティング）

出所：Marshall, G. W. and Johnston, M. W.（2019）*Marketing Management 3e*, Mc Graw Hill Education, p.15.

　一方，リトルマーケティングは，ビッグマーケティングと対照的に機能的または運営上の手段であり，企業とその利害関係者に寄与するものである。したがって，リトルマーケティングは戦術的マーケティング（tactical marketing）と呼ぶ。このように，リトルマーケティングがビッグマーケティングの日常的な運用と実行を表す傾向がある。例えば，ブランドイメージをはじめ，営業担当者，広告のメッセージ，顧客サービス，製品の特徴とパッケージ，選択された流通経路に至るまで，すべてがリトルマーケティングである。

　コトラー（Kotler, 2016）は，戦略的マーケティングは，＜価値の選択＞である「市場細分化」「標的化」「ポジショニング」（STP）という3つ（2章の❸を参照）を指し，戦術的マーケティングは＜価値の提供＞である「製品やサービス開発」「価格設定」「流通の開発」と＜価値の伝達＞であるセールスフォース（salesforce），販売促進，広告などの「プロモーション」であると指摘している。すなわち，4Pか4C（2章の❹を参照）であろう。

出所：Marshall, G. W. and Johnston, M. W.（2019）*Marketing Management 3e*, Mc Graw Hill Education, pp.15-17；Kotler, P.（2000）*Marketing Management: Millennium Edition, Tenth Edition*, Prentice Hall, Inc.（恩藏直人監修・月谷真紀訳（2001）『コトラーのマーケティング・マネジメント　ミレニアム版』ピアソン・エデュケーション，pp.108-110）

1️⃣ 関心のある企業を1つ取り上げ，その企業がどのようなマーケティング戦略（STP）を展開しているのかを考えてみよう。

2️⃣ ある特定の企業を取り上げ，その企業を自社としてマーケティング環境の分析（SWOT分析と3C分析）をしてみよう。

3️⃣ マーケティングにおける4つのPと4つのCは，どのように違うかを具体的な例を挙げて考えてみよう。

● 注

1) 以下の文献を参照した。金成洙（2020）『消費者行動論－モノからコト・トキ消費へ－』白桃書房，pp.11-27。Kotler, P., and K. L. Keller（2016）*Marketing management, Global Edition*, Pearson, pp.70-79.

2) Drucker, P. F.（1974）*Management: Tasks, Responsibilities, Practices*, Harper & Row, Publishers Inc.（野田一夫・村上恒夫監訳（1974）『マネジメント（上）』ダイヤモンド社，pp.122-152）

3) Weihrich, H.（1982）"The TOWS Matrix-A Tool For Situational Analysis," *Long Range Planning* 15, no.2, pp.54-66.

4) Ohmae, Kenichi（1982年）*The Mind of the strategist: The art of Japanese business* New York ; Tokyo : McGraw-Hill, pp.91-98.

5) 以下の文献を参照されたい。尾上伊知郎著（2001）「戦略的マーケティングの構図」（社）日本マーケティング協会編『マーケティング・ベーシックス－基礎理論からその応用実践へ向けて－第2版』同文館，pp.29-31。Kotler, P.（2001）*op. cit.*（恩藏直人監修・月谷真紀訳（2001）前掲書，pp.101-102。石井淳蔵・栗木契・嶋口充輝・余田拓郎（2004）『ゼミナール　マーケティング入門』日本経済新聞社，pp.45-46。

6) Kotler, P.（2001）*A Framework for marketing Management*, Prentice Hall, Inc.（恩藏直人監修・月谷真紀訳（2004）『コトラーのマーケティング・マネジメント』ピアソン・エデュケーション，pp.58-78）

7) みずほコーポレート銀行産業調査部（2012）「高齢者向け市場〜来るべき「2025年」に向けての取り組みが求められる〜」『特集：日本産業の中期展望－日本産業が輝きを取り戻すための有望分野を探る－』産業調査部，Vol.39，No.2，pp.50-65。

https://www.mizuhobank.co.jp/corporate/bizinfo/industry/sangyou/pdf/1039_03_03.
（2019年3月24日アクセス）

8）Kotler, P., and K. L. Keller（2016）*op. cit.*, p.285.

9）Kotler, P., and G. Armstrong（1996）*Principles of Marketing, Seventh Edition*, Prentice Hall, Inc. pp.250-254.

10）Kotler, P.（2000）*op. cit.*（恩藏直人監修・月谷真紀訳（2001）前掲書，pp.375-378）。Mothersbaugh, David L and D. I. Hawkins（2016）*Consumer Behavior: Building Marketing Strategy, Thirteenth Edition.* Mc Graw Hill., p.560.

11）Kotler, P. and K. L. Keller（2016）*op. cit.*, p.47.

12）以下の文献を参照した。Drucker, P. F.（1974）*op. cit.*（野田一夫・村上恒夫監訳（1974）前掲書，p.100）。平久保仲人（2009）『消費者行動論』ダイヤモンド社，p.14。

13）Lauterborn, R.（1990）"New Marketing Litany: 4Ps Passe; C-Words Take Over", *Advertising Age*, October 1, p.26.

14）田口冬樹（2017）『マーケティング・マインドとイノベーション』白桃書房，p.8。

15）Kotler, P.（2000）*op. cit.*（恩藏直人監修・月谷真紀訳（2001）前掲書，pp.105-108）

第Ⅱ部

マーケット分析編

第3章 消費者行動分析

学習の要点

❶ 消費とは何か，消費者はどういう人なのかを理解する。

❷ 消費者行動の領域について理解を深める。

❸ 各学問分野における消費者行動論を理解する。

❹ 心理学という視点から消費者行動の理論とモデル（モチベーション・リサーチ，ハワードとシェスのモデル，消費者情報処理の概念モデル，マザーズボーとホーキンスの消費者行動の包括的概念モデル）を学習する。

キーワード

▶ 消費

▶ 消費者行動

▶ 消費行動と購買行動

▶ モチベーション・リサーチ

▶ S-Rモデル

▶ S-O-Rモデル（ハワードとシェスのモデル）

▶ 消費者情報処理の概念モデル

▶ マザーズボーとホーキンスの消費者行動の包括的概念モデル

▶ 消費文化理論（CCT）

1 消費と消費者行動とは

1. 消費とは

　社会経済活動の中で，消費は，経済活動の3大セクターの1つであり，生産→流通→消費という流れを形成している。すなわち，消費は生産と流通と共に社会全体の経済活動の中で極めて重要な役割を果たしている。

　そこで消費という言葉を調べてみよう。広辞苑（2020）によると，消費とは，「①費やしてなくすること。使いつくすこと。費消。②（経）（consumption）欲望の直接・間接の充足のために財やサービスを消耗する行為。生産と表裏の関係をなす経済現象」[1]と指摘している。

　一般的に消費者行動論での消費の捉え方は，後者の意味で使われている。すなわち消費は，「人々のニーズやウォンツを満たすために商品やサービスを購入，使用，処分するプロセス」である。

　また，消費の対象を家計（世帯）の消費として捉える場合がある。この捉え方は，現代社会では，人々は個人の意思だけで自由に行動することはゆるされず，いろいろな制約やしがらみの中でしか行動できないのも事実で，人は1人では生きていけないということであり，家族の一員として生活している面が極めて強いという考え方である。すなわち，個人というより「家計」（世帯）単位で消費を捉えた方が良いという立場である[2]。

　上記のように，われわれの消費は家計（世帯）のために行っているといえるが，個人のために消費をする場合もある。しかし，どの商品やサービスが個人のための消費で，どの商品やサービスが家計（世帯）のための消費なのかは明らかにされていない。すなわち，人々は時には個人のために消費をしたり，時として家計（世帯）のために消費をしたり，時折個人と家計（世帯）両方のために消費したりしている。以上のことから，本書では，消費＝個人の消費or/and家計（世帯）の消費という定義にしたい。

2. 消費者とは

　上述した消費は，個人や家計（世帯）が何らかのニーズやウォンツを満たすために商品やサービスを購入，使用，処分するプロセスであると捉えている。消費者とは「消費＋者」である。すなわち，消費者とは個人や家計（世帯）が何らかのニーズやウォンツを満たすために商品やサービスを購入し，使用，処分する人のことを指す。

　一方，消費者は消費の目的によって2つに大別される。1つは最終消費を目的に購入し，使用したり消耗したりする人を最終消費者（final consumer）と呼び，個人や家計（世帯）が該当する。もう1つは，生産や再販売を目的として部品，製品，それに機械設備などを購入する消費者を生産（産業）財消費者と呼ぶ。同じ商品でも個人や家計（世帯）の使用目的で購入されるときは最終消費者，企業の使用目的で購入されるときは生産（産業）財消費者に分類される。例えば，パソコンでも個人や家計（世帯）用に購入する消費者は最終消費者であり，ビジネスの目的のために購入する消費者は生産（産業）財消費者に分類される。一般に消費市場でのB to C（business to consumer：企業と消費者の取引）やC to C（consumer to consumer：消費者と消費者の取引）が前者の最終消費者で，ビジネス市場でのB to B（business to business：企業と企業の取引）やB to G（business to government：企業と政府の取引）が後者の生産（産業）財消費者になる。

　消費者（consumer）の類似語として顧客（customer），ユーザー（user），クライアント（client：依頼人）などが挙げられる。Goo国語辞書の小学館提供の『デジタル大辞泉』を見ると，まず消費者は「商品・サービスを消費する人」であり，顧客は「ひいきしてくれる客。得意客」を指し，ユーザーは「商品の使用者。利用者」であり，クライアントは，「得意先。顧客。特に広告代理店が広告主をさしていう語。また，弁護士，会計士，建築家が依頼人をさしていうこともある」としている（図表3-1参照）。以上のことから，消費者とユーザーは比較的類似しており，顧客とクライアントは極めて似ているといえよう。したがって，本書では消費者と顧客を使い分けるが，消費者はユーザーを含む概念であり，顧客はクライアントを含む概念としたい。

図表3-1　消費者，顧客，ユーザー，クライアントの意味

消費者（consumer）	商品・サービスを消費する人。
顧客（customer）	ひいきしてくれる客。得意客。
ユーザー（user）	商品の使用者。利用者。
クライアント（client）	得意先。顧客。特に広告代理店が広告主をさしていう語。また，弁護士，会計士，建築家が依頼人をさしていうこともある。

出所：Goo国語辞書　https://dictionary.goo.ne.jp/srch/（2019年3月15日アクセス）

3. 消費者行動とは

　消費者行動について考えてみよう。

　消費者行動研究者のエンゲルら（Engel *et al.*, 1990）は，「消費者の意思決定プロセスをはじめ，製品やサービスの獲得，消費，処分に直接的に関わる諸行動」[5]であると示唆している。

　シフマンとウィセンブリット（Schiffman & Wisenblit, 2015）は，消費者行動は「消費者が自分の欲求を満たすために商品やサービスを探索，購入，使用，評価，処分する過程の中で行う活動」[6]と述べている。

　以上のことから，消費者行動とは「消費者が自分のニーズやウォンツを満たすために商品やサービスを購入，使用，評価，処分する過程の中で行う活動」であるといえよう。

　周知のように購入と購買の違いは，購買（buying）とは，単に買うという行為であるが，購入（purchase）とは，努力して買う行為である[7]。

　それでは，消費者行動の中身を詳しく検討してみよう。消費者行動の分類は，図表3-2に示されるように消費行動と購買行動という2つに大別される[8]。

(1) 消費行動（経済的側面に注目）

　われわれは生きていくために働いている。働いて報酬を得て生活に必要な商品やサービスを購入している。そして働いて得た報酬から未来の消費のために貯蓄をしている。消費行動では人々の収入（所得）は消費と貯蓄に配分（消費性向と貯蓄性向）される。さらに消費支出は消費項目別支出に配分（10

図表3-2　消費者行動の分類

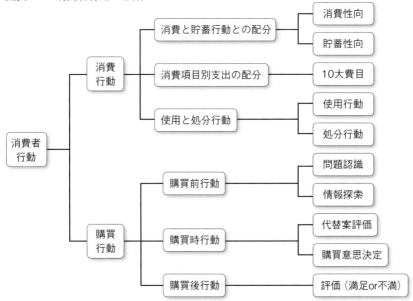

出所：金成洙著（2020）『消費者行動論　モノからコト・トキ消費へ』白桃書房，p.7。

大費目）されるが，この10大費目の内訳は，食料費，住居費，光熱・水道費，家具・家事用品費，被服及び履物費，保健医療費，交通・通信費，教育費，教養娯楽費，その他の消費支出費である。

コラム ❶ 消費構造の変化（2014年〜2020年）

　図表3-3は，2014年から2020年にいたるまでの7年間の消費構造と消費支出（10大費目）を示している。2020年の世帯平均で見ると，世帯人員が2.57人，有業人員が1.54人，世帯主の年齢が47.6となっている。

　2020年平均の消費支出は262,359円と，2014年に比べ20,450円減少したが，10大費目の中で，2014年に比べて増加した費目を見ると，食料，家具・家事用品，保健医療である。これは食料品の値上げや家具・家事用品の中，一般家具，家事雑貨，家事用消耗品が実質増加となった。また，公的年金保険料と健康保険料などの保険料率が

引き上げられたことが推測される。一方，2019年に比べて著しく減少した費目を見ると，被服及び履物，交通・通信，教養娯楽，その他の消費支出（諸雑費，こづかい，交際費，仕送り金）であるが，これらは新型コロナウィル感染症の影響などによるものであると推測される。

図表3-3　消費構造と消費支出（10大費目）の変化

（単位：円）

項目	2014年	2015年	2016年	2017年	2018年	2019年	2020年
世帯人員	2.74	2.71	2.68	2.66	2.65	2.60	2.57
有業人員	1.49	1.52	1.52	1.52	1.55	1.53	1.54
世帯主の年齢	46.4	46.9	46.6	47.1	47.9	47.8	47.6
可処分所得	381,929	381,193	376,576	382,434	400,964	416,980	431,992
黒字	101,120	104,626	108,287	111,299	125,258	136,449	169,633
消費支出	280,809	276,567	268,289	271,136	275,706	280,531	262,359
食料	63,874	66,217	65,523	65,136	66,950	67,342	67,012
住居	23,085	21,757	21,783	21,159	20,855	21,783	22,535
光熱・水道	19,651	19,150	17,233	17,671	18,471	18,225	18,124
家具・家事用品	8,878	8,913	8,916	8,884	9,366	9,831	10,820
被服及び履物	12,198	12,192	11,175	11,403	11,286	11,208	9,297
保健医療	9,745	9,472	9,505	9,926	10,267	10,827	10,731
交通・通信	46,126	43,080	41,672	42,079	45,055	46,679	41,177
教育	13,156	13,083	13,749	13,503	13,573	12,873	11,301
教養娯楽	28,044	27,486	27,497	27,034	27,160	28,219	23,983
その他の消費支出	56,051	55,218	51,237	54,342	52,721	53,542	47,381

注：①1世帯当たりの1か月間における消費支出（総世帯のうち勤労者世帯）の平均である。
　　②黒字とは，可処分所得から消費支出を差し引いた額である。黒字の内訳は財産，土地家屋借金，預貯金，保険，有価証券，その他である。
　　③その他の消費支出とは，諸雑費（理美容サービス，理美容用品，身の回り用品，たばこ，他の諸雑費），こづかい，交際費，仕送り金である。
出所：総務省『家計調査』　https://www.stat.go.jp/（2021年2月5日アクセス）

消費者行動研究の主な目的は，この10大費目がどのような要因によって行われているのかを分析することとなる。この要因として「購買前行動」「購買時行動」「購買後行動」など，いろいろなものが考えられる。

消費行動は，消費と貯蓄行動だけではなく，購買した商品やサービスを使用し，最終的に処分で終わる。このような商品・サービスの購買後における使用方法の意思決定を「使用行動」といい，保管や廃棄・リサイクルなどの意思決定を「処分行動」という。前者の商品やサービスの使用方法は，新しい商品やサービスの開発，あるいは改良につながる。例えば，ネスレ社のキットカットやTOTOのシャンプードレッサーなどである。近年の消費者行動研究においては消費者の「使用行動」との関連で分析の重要性が高まっている。後者の保管や廃棄・リサイクルなどについても環境・資源問題や人々の健康と安全との関連で「処分行動」に焦点を当てる研究も増加している。

(2)　購買行動（マーケティング側面に注目）

購買行動は，消費者が購買に関連する製品カテゴリー，ブランド，店舗（リアル店舗かバーチャル店舗か），立地場所（距離，時間，手間など），どの場所から購入（小売店舗の選択：業種かの業態かのレベルでの利便性），支払い方法などが実際にどのような状況や要因によって選ばれているのかを分析し，考察する。例えば，商品やブランド選択，店舗選択，購買数量・頻度決定などである。このような購買行動は，意思決定の視点から購買前行動，購買時行動，購買後行動という3つに大きく分類される。

① 購買前行動

購買前行動は，「問題認識」と「情報探索」に分けられる。前者の「問題意識」は「理想の事柄」と「現実の事柄」との間に隔たりが存在することで，その隔たりが解決されるべき問題であると認識することである。私たちは毎日のように理想と現実の違いに悩みながら生きている。自分の目の当たりにしていることが現実であり，自分の思い描いたことが理想である。例えば，「現実の事柄」として住むための住居，お腹が空いた，喉が渇いたなどを感じた消費者は，「理想の事柄」としてのマイホームの購入，満腹，喉を潤すなどである。

後者の「情報探索」は，購入しようとする商品やサービスにおいて，どのような商品やブランドがあり，各々はどのような特性を有しているのか，いくらで購入できるのか，などを調べることである。情報探索にはこれまでの記憶内の経験や知識などを探索する「内部探索」とWebサイトやオピニオンリーダー，そして専門雑誌などを探索する「外部探索」に分けられる。

② 購買時行動

購買時行動は，「代替案評価」と「意思決定（選択と購入）」に分けられる。前者の「代替案評価」は，消費者が情報探索（内部情報と外部情報）によって得たさまざまな情報をベースに自分のこれまでの経験や知識と照らし合わせて代替案として商品を比較，評価することである。例えば，レストランというサービスカテゴリーで考えてみれば，消費者のニーズやウォンツ，目標と購買動機と結びついたサービス品質として，味，利便性，信頼性，店のスタッフ，店の外観や雰囲気などが考えられる。消費者はあるサービスを評価する場合，そのサービスのある1つの属性だけでなく複数の属性に着目している。複数の属性（多属性）に対する評価を統合したものがそのサービスに対する全体的態度になる。これが評価基準の1つである多属性態度モデルである。

後者の「意思決定（選択と購入）」は，消費者が代替案評価で形成した商品やサービスに対する態度に従って特定の商品やサービスを意思決定（選択と購入）することである。

③ 購買後行動

購買後行動は，消費者が意思決定（選択と購入）した商品やサービスを使用することにより，評価し，代金に見合った満足を得たり，不満を抱いたりすることである。評価基準は，商品やサービスに対する顧客の購入前の期待と，購買後の知覚される評価（客観的評価）との相対によって，顧客満足の水準が決まるというわけである。すなわち，顧客満足度は顧客があるものを受けてから評価するものであり，顧客が購入前に抱く期待の大きさと購入後の売り手の成果（客観的評価）との相対によって決まる。換言すれば，満足度は顧客の購入前の期待と購入後の知覚される成果によって判断されるのである。

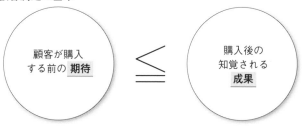

　こうした観点に立つと，顧客に焦点を合わせた満足に対する評価基準は，購入前の期待と購入後の知覚される成果（あるいは結果）という2つの尺度で表すことができる。すなわち，顧客が購入する前の期待に比べ成果がより大きければ大きいほど，あるいは等しければ顧客が満足を得ることができるということである（図表3-4参照）。評価によって次回の購入機会は影響を受けることになる。

2 消費者行動研究

1. 各学問分野における消費者行動論

　シフマンとウィセンブリット（Schiffman & Wisenblit, 2015）は，消費者行動の研究は「心理学（Psychology）」「社会学（Sociology）」「文化人類学（Anthropology）」「コミュニケーション（Communication）」という4つの分野から行われていると指摘している。[9]

　まず心理学（Psychology）は，人の心を研究し，行動に影響を及ぼす心理的要因（欲求，性格，知覚，学習（経験），態度など）を研究する学問である。

　社会学（Sociology）は，社会（家族，同僚，社会階層など）の発展，構造，機能，問題を研究する学問である。

　文化人類学（Anthropology）は，人間社会間の文化と発展（文化的価値と下位文化）を比較研究する学問である。

図表3-5　学際的研究としての消費者行動

学際的研究分野	内容
心理学	意思決定論，学習，知覚，パーソナリティ（気質や性格），態度など。
社会学	家族，準拠集団，社会階層，パーソナル・インフルエンスなど。
文化人類学	文化，下位文化，比較文化など。
コミュニケーション	ソーシャルメディア，モバイル広告，テレビ，新聞，雑誌など。

　コミュニケーション（Communication）は，個人または媒介を通して情報を伝達し，交換する過程と説得戦略を使用する方法について研究する分野である。

　上記のように，われわれの行動は，生きていくための消費と購買行動に深くかかわるため「心理学」の研究と，消費者は社会の一構成員としての種々の集団に参加または関係しているため「社会学」の研究と密接に関係している。また，コトラー（Kotler, 2016）は消費者の購買行動に影響を与える要因の中で，「文化的要因」が最も広範かつ深い影響力を有している[10]と指摘している，「文化人類学」の研究，今や，われわれの消費生活に欠かせない情報関連の「コミュニケーション」の研究が進められてきた。こうした学際的研究が消費者行動をそれぞれ説明し，解明してきた（図表3-5参照）。

　消費者行動を理解するためには，学際的研究からの視点を盛り込んだ「統合型消費者行動論」が必要とされる。ところが，これまでの消費者行動研究は，心理学的研究がメインストリームとなっている。それは，心理学は人間行動と消費者の購買意思決定に直接的に関与していたからに他ならない。したがって，この章では，心理学という視点から消費者行動の理論とモデルを概観したい。

2. 消費者行動と心理学

　消費者行動の萌芽的研究は1900年代に遡るが，直接的な消費者行動研究に関する心理学的研究は1950年代に遡る。その当時の代表的な研究はモチベー

ション・リサーチである。[11]

(1) モチベーション・リサーチ（動機調査）

　モチベーション・リサーチは，消費者のニーズやウォンツを明らかにし，何が動機となり，購買意思決定されたかの調査であり，投影法や深層面接法などを用いて欲求構造を引き出し，その意味を解釈しようとする技法である。投影法は，意味のあいまいな絵などを見せて解釈させ，パーソナリティや欲求を知ろうとする心理診断の技法のことをいう。深層面接法は，インタビュアーと調査対象者が1対1で面接を行い，商品の購買動機などについて詳しく調べることをいう。すなわち，消費者はなぜ商品を購入するのか，なぜ，特定のブランドを選ぶのかといった動機を分析するために，フロイト（1856-1939）の精神分析学的な手法を利用し，消費者の表面に表れないで内部に隠れて存在している動機を探ろうとしたのである。

　フロイトは，意識の背後に無意識があると考え，行動の真の原因をそこに求めたのである。人の心は，無意識的（あるいは無自覚的）な心的過程が進行する中で，必要なときに必要な情報だけが意識に現れるという形で機能している。フロイトは，人の心をエス（またはイド），エゴ，スーパー・エゴの3つの領域に分けている。[12] 図表3-6は，フロイトの精神分析理論（人の3つの心）を示している。

① エス（Es）

　エス（イド）は，無意識の世界のことで，露骨な性的欲求，自分や物を破壊したい欲求など，衝動的，反社会的，本能的動因といった最も原初的な心の部分のことである。エスは外界の現実を考えず，道徳的規範を無視し，盲目的にただひたすら快感を求めようとする心である（快感原則）。エスは第3者ともいう。例えば，〜が欲しい，〜がしたいなどである。

② エゴ（Ego）

　エゴは，主に意識できる自分のことで，エスの本能とスーパー・エゴの道徳的規範とを仲介する意識的なパーソナリティの側面のことである。エゴは外界を知覚し，適当なときまで欲求満足を延期したり，衝動をコントロールしたりするなど，エスの欲求を効率よく満たそうとする心である（現実原則）。

図表3-6　フロイトの精神分析理論（人の3つの心）

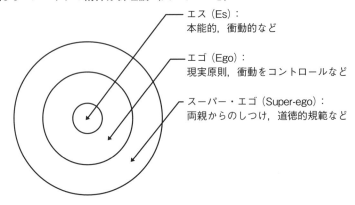

エス（Es）：
本能的，衝動的など

エゴ（Ego）：
現実原則，衝動をコントロールなど

スーパー・エゴ（Super-ego）：
両親からのしつけ，道徳的規範など

エゴは自我ともいう。例えば，〜をした方が良いだろうなどである。

③ スーパー・エゴ（Super-ego）

　スーパー・エゴは，両親からの要求や禁止が内面化された道徳的規範や良心，理想のことである。スーパー・エゴは，エス（イド）と正反対で，社会のルール，道徳や倫理など，社会的に容認される行動が良いと考える心である。スーパー・エゴは超自我ともいう。例えば，〜をすると人に迷惑がかかるからやってはダメ！などである。

　このモチベーション・リサーチ（動機調査）は，消費者に購買のための社会的に承認される理由付けを与えなければならないときに，企業のマーケターによって活用された。[13]

　　＊エス：消費は経済の源泉である。消費は美徳である。
　　＊エゴ：生きていくためにある種の消費は必要である。
　　＊スーパー・エゴ：消費をやめよう。倹約しよう。

　1960年代に入ると，心理学的消費者行動の包括的（統合的）概念モデルが多く見られた（Nucosia, 1966; Engel, Kollat & Blaclwell, 1968；Howard & Sheth, 1969）。その中で，新行動主義（S-O-Rモデル）の影響を受けたハ

図表3-7　ワトソンのS-Rモデル（行動主義）

ワードとシェスモデル（Howard & Sheth, 1969）が代表的な包括的（統合的）概念モデルである。このモデルの特徴は，現代心理学はもとより現代の消費者行動論にも継承されている点である。

⑵　ハワードとシェスのモデル

　ハワードとシェスモデルは，消費者行動，とくに消費者の購買意思決定を包括的（統合的）に扱った代表的な研究であり，そのモデルの基本思想は，ワトソン（Watson, J. B.）の行動主義の刺激（Stimulus）－反応（Response）モデルに基づいている。

　ワトソン（1878-1958）は，「行動主義者の見た心理学」（1913）という論文で，行動主義を宣言し，行動主義心理学は，一定の刺激（S）に対して反応（R）を測定して，両者の間の関係を明らかにしようとしたため，S－R心理学とも呼ばれた。ワトソンは，人間や動物の行動はすべて生まれつきの反射と条件反射に還元できると考え，「刺激（S）－反応（R)」の形成・結合の関係を基に人や動物の行動を説明しようとした。しかし，同じ刺激を与えても，生ずる反応（行動）は，主体の側の内的状態などによって，必ずしも同一でないことに気づく。つまり，「刺激（S）」と「反応（R)」を直結させることが適切ではなくなる，「心がない心理学」が誕生したのである[14]（図表3-7参照）。

　一方，コトラー（Kotler, 2016）は，消費者行動を理解するための最も基本的なモデルは，刺激（Stimulus）－反応（Response）モデルであると指摘している[15]。すなわち消費者への刺激（価格，広告など）とそれに対する反応（銘柄や店舗の選択・購買）という2つの側面を捉え，その反応関係が説明・予測に役に立つという考え方である。

図表3-8　トールマンとハルのS-O-Rモデル（新行動主義）

| 刺激
（Stimulus） | 生活体
（Organism） | 反応
（Response） |

（心が見える内的要因：「動因」，「興奮」，「知識」など）

　そこで，トールマン（Tolman, E. C）は，刺激（独立変数）とそれによって生ずる反応（従属変数）とをつなぐ「生活体（内在行動決定因）」を媒介変数として，S-O-R（Stimulus- organism-Response）図式を提唱した。S-O-R図式で，Oにあたる概念を厳密に規定して，行動の法則を作ろうとしたのが，ハル（Hull, C. L）である。彼はパブロフの条件付けの過程を検討して，条件付けが成功するには，まず動物に空腹という「要求need」が生じている状態が必要だと考えた。そして，特定の反応が生じやすくなるのはそれによって要求が満足されるからだという「強化説」を唱えた。彼はさらに「動因」「習慣強度」「興奮」「制止」「期待」「知識」などの媒介変数（内面要因）を，研究方法の客観性を維持する形で導入した（図表3-8参照）。トールマンとハルの理論は「新行動主義」といわれ，特にハルの理論は心理学に強い衝撃を与え，心理学の研究に一時期大きな影響を及ぼした。[16]

　S-O-Rモデルは，刺激に対して消費者の心理的内面要因を加え，消費者の反応がどのように起こるかを分析しようというモデルである。すなわち，消費者の心的プロセスを理解しようとするモデルである。

　その後，このS-O-Rモデルは，ハワードとシェスモデル（Howard & Sheth, 1969）として展開し，S-O-Rの包括的（統合的）概念モデル（購買意思決定に関する初期の代表的なモデル）が提案された（図表3-9参照）。

　ハワードとシェスモデルは，①入力（刺激）変数，②知覚と学習の構成概念（媒介変数），③出力（反応）変数という3つの異なるセクションから構成

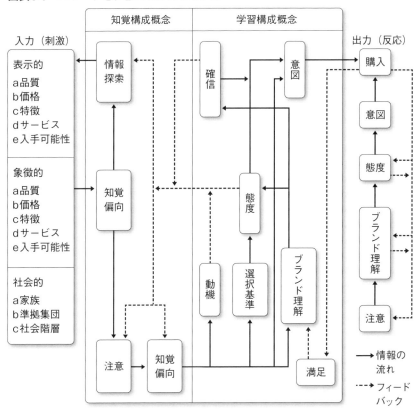

図表3-9　ハワードとシェスのS-O-Rモデル

知覚構成概念	学習構成概念

入力（刺激）

表示的
a品質
b価格
c特徴
dサービス
e入手可能性

象徴的
a品質
b価格
c特徴
dサービス
e入手可能性

社会的
a家族
b準拠集団
c社会階層

情報探索

知覚偏向

注意

知覚偏向

確信

動機

選択基準

態度

ブランド理解

満足

意図

出力（反応）

購入

意図

態度

ブランド理解

注意

→ 情報の流れ
---→ フィードバック

出所：J. A. Howard & J. N. Sheth（1969）, *The Theory of Buyer behavior*, John Wiley & Sons, Inc., p.30.

されている。

　まず，①入力（刺激）変数は，3つに分類される。表示的刺激は，製品やブランドそれ自体の品質，価格，特徴，サービスなどの情報である。象徴的刺激は，言語やビジュアルによるマスメディア（広告）などの情報である。社会的刺激は，消費者の購買意思決定にかかわる口コミ（友人や家族など）などの情報である。とりわけ表示的刺激と象徴的刺激は，企業のマーケティング活動からの刺激である。

　②仮説構成概念（媒介変数）は，知覚構成概念と学習構成概念に分けられ

る。知覚構成概念は，3つの刺激（表示的，象徴的，社会的）からの情報の獲得と意味付けに関係している。これは「情報探索」「注意」「知覚偏向」から構成されている。学習構成概念は，意味付けられた情報をベースに概念形成し，購買意思決定に影響を与える。これは「動機」「態度」「確信」「意図」「選択基準」「ブランド理解」「満足」から構成されている。

③最後の出力（反応）変数は，消費者のさまざまな反応であり，これは「購入」「意図」「態度」「ブランド理解」「注意」から構成される。

概略すると，消費者は実物のブランド，広告，口コミなどの刺激から情報を習得し，さらに情報を探索したり，注意を向けたりして態度が形成される。好意的態度が形成されると，購買行動が起きる。購買後は購買前の期待水準によって満足または不満足が決まり，その新たな情報が学習構成概念の変数にフィードバックされ，ブランドに対する知識や信念が修正あるいは強化される。

このモデルには次のような特徴がある。①企業のマーケティング活動と口コミによる刺激がどのような反応を起こすのかに着目した刺激−反応モデルである。②消費者は刺激に対して反応をするだけで，受動的な存在であり，能動的存在ではない。③S-O-Rモデルでは，刺激と反応を結ぶ媒介変数として，とりわけ「態度」が決定され，その結果満足または不満足の反応を行っているとされる。④S-O-Rモデルが登場する中，「態度」が注目され，「態度」をはじめとする媒介変数の重要性が認識されるようになった。[17]

1970年代に入ると，消費者行動に新しいパラダイムともいうべき消費者情報処理理論が登場する。

(3) 消費者情報処理プロセス

図表3-10，消費者を情報処理系として捉えるもので，シフリンとアトキンソン（Shiffrin and Atkinson, 1969）を参考に阿部（1984）が描いた消費者情報処理の基本構図である。本構図は，まずインプットされる「外部情報（ブランド，価格，サービス，広告など）」が最終的にアウトプットとしての行動（銘柄や店舗の選択，購入など）にどのように結び付いていくかを，情報処理メカニズムを通して解釈しようとするものである。[18]

図表3-10 消費者情報処理の概念モデル

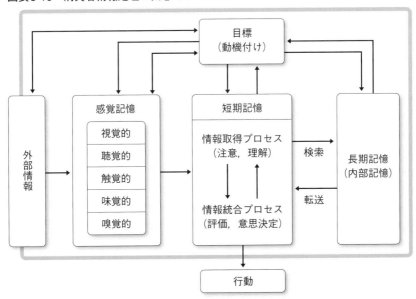

出所:阿部周造(1984)「消費者情報処理理論」中西正雄編著『消費者行動分析のニュー・フロンティ
ア－多属性分析を中心に－』誠文堂新光社,p.122をもとに一部修正。

　すなわちこのモデルは,外部情報は五感(視覚,聴覚,触覚,味覚,嗅覚)
である「感覚記憶」を経由して「短期記憶」に転送され,一方内部情報から
自らの記憶「長期記憶(経験・知識など)」を取り出し,短期記憶に転送す
る。また,情報処理プロセスを管理する「動機付けである目標」に重要な役
割が与えられている。そして,作業記憶である短期記憶では,「情報取得プ
ロセス」と「情報統合プロセス」に大別され,前者の「情報取得プロセス」
では追加情報の探索や取得が行われ,そして後者の「情報統合プロセス」で
は個々の情報の統合と評価や判断といった意思決定が行われている。さらに,
一連の情報処理活動の結果は,長期記憶内に保持される。

　この情報処理行動には,人間の記憶機能が果たす役割と能動的な情報処理
を行う特性が組み込まれている。とりわけ,一時的な作業領域としての「短
期記憶」は容量の限界があるが,大量情報の永続的保管庫としての「長期記
憶」は容量には限界がなく,そこに貯蔵される内部情報(知識)の度合いに

よって，消費者行動に個人差が生まれるのである。

1980年代に入ると，前述のような認知心理学の視点だけではなく，解釈主義の研究，精緻化見込みモデルなどがみられる。1990年代に入ると，消費者情報処理理論にベースを置くブランド知識構造の研究が活発化していく。2000年代に入ると，脳科学研究，神経科学研究などの消費者の情報処理と脳の活動部位との関係の研究[19)]，消費者文化理論などがみられている。

コラム **2** 消費文化理論（Consumer Culture Theory：CCT）

CCTは，アーノルドとトンプソン（Arnould and Thompson, 2005）が学会誌『Journal of Consumer Research』に掲載された論文「Consumer Culture Theory（CCT）：Twenty years of Research（消費文化理論：20年にわたる研究）」で提唱した呼称である。

CCTとは，消費文化の複雑さを解明しようとする探究の分野であり，ここでいう文化とは，グローバリゼーションや市場資本主義より幅広い社会歴史的なフレームの中に存在する多数の重なり合う文化的な諸集団であるとしている。CCTの観点からは，消費文化とは，物質的，経済的，象徴的，社会的リレーションシップまたはコネクションにまたがる境界のダイナミックなネットワークとして捉えられている。CCTは，4つの研究領域から構成されている。

1）消費者のアイデンティティプロジェクト（consumer identity projects）

消費者は，自らアイデンティティを形成していく人である。市場に出回る商品やサービスは，象徴的な資源の源として，消費者のアイデンティティ形成に影響を及ぼす。すなわち，市場は消費者のアイデンティティ構築に必要不可欠な構成要素である。例えば，タトゥー文化，美に関する消費と経験，ブランドを通しての自己表現などが挙げられる。

2）市場文化（marketplace cultures）

CCTでは，文化の担い手としての人々の伝統的な人類学的見方とは対照的に，消費者は文化の生産者と見なされている。すなわち，消費者は文化の影響を受けるという受動的な存在（伝達者）ではなく，自ら文化を創るという能動的存在（生産者）であると見なされている。例えば，サブカルチャー，シェアなどが挙げられる。

3）消費の社会歴史的なパターン（the sociohistoric patterning of consumption）

消費の社会歴史的なパターンは，階級，コミュニティ，民族，性別などが消費者の選択や行動にどのような影響を与えてきたのかを，制度的かつ社会的構造の側面から検討する領域である。すなわち，消費社会とは何か，そしてそれはどのように形成さ

れ，維持されているのかという，議論である。例えば，社会階級と消費との構造的な関係，特に労働者階級に属する消費者の選択肢がいかにあるかを示すなどである。

4）マスメディアによる市場イデオロギーと消費者の解釈戦略
（mass-mediated marketplace ideologies and consumers' interpretive strategies）

このプログラムでは，広告やマスメディアに描かれる消費者のアイデンティティとライフスタイルの理想の支配的な表現を，暗黙のうちに受け入れるものから，これらのイデオロギーの指示から意識的に逸脱しようとする消費者の存在までもが想定されている。すなわち，消費者は商業的に発せられたメッセージに対して，受動的な存在だけではなく，自ら解釈し，どのような批判的な反応を抱くかについて焦点が当てられる。例えば，北インドにおける反コカ・コーラ運動（水資源の過剰抽出により，深刻な水資源不足と，それに伴う健康被害にあっていると訴えるもの）などが挙げられる。

　しかし，上記の研究プログラムは，プログラム間の関連性や相互関係を示していないことから，アーノルドとトンプソン（2007）は，4つの研究プログラムを再検討した上で，この分野の新たな発展として，研究プログラム間の融合・連携を示すことで，CCT研究の新たな可能性と方向性を示唆した。

　4つの研究プログラムは，それぞれ独立しているというよりも，むしろ相互に関係しているという。すなわち，ある研究が1つの研究プロジェクトに分類されるというよりも，2つ以上にまたがることもあると示唆している。図表3-11，下から始まる反時計回りに進む矢印の方向に4つの研究プログラム間の相互関係を示している。

　①の矢印は，イデオロギーによる消費者のアイデンティティ，目標，そして欲求の形成である。特に過去10年間のCCT研究の特徴の1つであるが，支配的イデオロギーと消費選択との相互関係について弁証法的な見方が広がっている。例えば，電力の購入を正当化する支配的なイデオロギーの押し付けに対して，太陽光エネルギーなどを購入するケースがある。こうした競合的なイデオロギーからスマートグリッドなどの消費選択が生まれる可能性がある。

　②の矢印は，構造とエージェンシーの緊張である。この視点でのCCT研究の特徴は，社会的再生産とアイデンティティ形成との関係を論題にしている。すなわち，個々人は，階級，性別，民族，そして社会構造の他の側面（慣習や志向性）を超えるために消費文化を用いることができるのかを論題にしている。例えば，トルコのヘアサロンで勤めている従業員は，ほとんど教育を受けてないが技術を持っており，教養のある富裕層の顧客にサービスを行う。こうした顧客との関係を構築することによって，アイデンティティの再構築または社会階層を抜け出し上昇移動するかもしれない。

図表3-11　CCTの全体構造

グローカル化とグ
ローバルフローの
「スケープ」

構造とエージェン
シーの緊張

消費の社会歴史的なパターン：

階級，民族，性別，その他の慣習化
された社会的カテゴリーによる消費
の形成，弱体化した文化的資源の条
件下での消費，社会経済的階層を通
したパワー関係の制度化と再生産。

③

②

市場文化：

ブランドコミュニティに埋め
込まれた社会文化的ダイナミ
クス，ファンコミュニティ，
消費者のミクロカルチャー，
消費サブカルチャー，社会
的つながりと社会的関係の仲
介者としての市場。

**消費者のアイデンティティ
プロジェクト：**

アイデンティティプレイ，ボ
ディイメージと自己表現，
ジェンダーのパフォーマン
ス，象徴的特質，拡張された
自己，文化的矛盾の交渉，消
費の経験的次元。

④

①

**マスメディアによる市場
イデオロギーと消費者の解釈戦略：**

散漫で，創造的で，物質的な，市場
における消費者イデオロギーの表
現，消費者によるメディアの積極的
な活用やヘゲモニーに関するコード
についての批判的で対抗的な読み込
み，ダイナミックな協調行動，グ
ローバル化するメディアスケープと
消費スケープの影響。

市場媒介的なネッ
トワークと埋め込
まれた消費

イデオロギーによ
る消費者のアイデ
ンティティ，目標，
そして欲求の形成

出所：Arnould, E.J. and Thompson, C.J. (2007). Consumer Culture Theory (and We Really
Mean Theoretics) :Dilemmas and Opportunities Posed by an Academic Branding
Strategy, *Consumer Culture Theory of Research in Consumer Behavior*, Vol.11,
pp.3-22. 吉村純一（2017）「消費文化理論と流通機構の解明」木立真直・佐久間英俊・
吉村純一編著『流通経済の動態と理論展開』同文館出版，p.74を一部修正。

③の矢印は，グローカル化とグローバルフローのスケープ（scape:風景）である。グ
ローカル化（glocalization）とは，地球規模で物事を考えながら，ある地域に根付いて
活動することであり，企業が海外諸国に進出し（globalization：グローバル化），その
土地に溶け込む（localization：ローカル化）ことをいう。スケープには，民族的スケー
プ，メディア的スケープ，技術的スケープ，金融的スケープ，イデオロギー的スケー
プという５つの次元に分類される。例えば，グリーンランドの若者文化におけるグロー
カリゼーションの様式についての調査などがある。

④の矢印は，市場媒介的なネットワークと埋め込まれた消費である。交換ネットワー
クが，社会的関係，遂行的アイデンティティ，社会的実践，そして消費体験を仲介す
る。例えば，インターネットを介して不特定多数の人々から少額ずつ資金を調達する
クラウドファンディングが挙げられる。

上記のように，アーノルドとトンプソンのCCT研究は，個々の研究プロジェクトご
とに展開することができるし，２つ以上の研究プロジェクトを同時に展開することもで
きるため，ある研究プロジェクトが抱えている問題点に対してどのような解決策が適
するか，また今後進むべき方向性の展望が他の研究手法より容易に発見できると推測
される。

出所：詳しくは以下の文献を参照されたい。Arnould, E. J. and C. J. Thompson (2018) *Consumer Culture Theory*, SAGE Publications. pp.3-4. 吉村純一（2017）「消費文化理論と流通機構の解明」木立真直・佐久間英俊・吉村純一編著『流通経済の動態と理論展開』同文舘出版．pp.68-87。金成洙著（2020）「韓流と消費文化理論（CCT）に関する一考察」『マーケティングフロンティアジャーナル』北方マーケティング研究会，第11号，pp.60-69。

次の消費者行動モデルとして，購買意思決定プロセスの動態性を考察す
る上での視点やフレームワークを提示した，マザーズボーとホーキンス
（Mothersbaugh & Hawkins, 2016）の消費者行動の包括的概念モデルを概観
する。

⑷ マザーズボーとホーキンスの消費者行動の包括的概念モデル

マザーズボーとホーキンスモデル（Mothersbaugh & Hawkins, 2016）は，
「外部影響」「内部影響」「自己概念とライフスタイル」「意思決定プロセス」

という4つの基本要素から構成されている[20]。

① 外部影響

　外部影響は，大規模のマクロ集団の影響から始まり，それより小さいミクロ集団の影響によって構成されていく。例えば，文化，下位文化，人口統計，社会的地位，準拠集団，家族という順である。内部影響要因と外部影響要因の間に両方向の矢印があるが，これは各影響要因が相互作用することを意味する。

② 内部影響

　内部影響は，知覚から始まるが，この知覚プロセスは，個人がある刺激を受けてその刺激に意味を付与するプロセスである。内部要因は，知覚，学習，記憶，動機，個性，感性，態度で構成されている。

③ 自己概念とライフスタイル

　自己概念とライフスタイルは，本モデルの中心軸の役割を果たしている核心概念である。

　自己概念は，個人が自身に対して持つ考えと感情のことである。それは，自分の知覚と感情である。またライフスタイルは，個人が自分の自己概念を実行する方式であり，過去の経験，生来の特性及び現在の状況によって決定される。この自己概念とライフスタイルは，ニーズと欲望を創り出すが，これは消費者意思決定プロセスを誘引する状況と相互作用する。

④ 消費者の意思決定プロセス

　消費者のニーズと欲望は，消費者の意思決定プロセスの1つかそれ以上のレベルを誘引する。この消費者意思決定は，問題の知覚（喉が渇いた）と機会（これは面白そう）によって生じる。そして，このプロセスは，問題の認識→情報探索→代替評価及び選択→店舗選択と購買→使用，処分，購買評価という順となる。

　マザーズボーとホーキンスモデルは，「自己概念（self-concept）」と「ライフスタイル（lifestyle）」を中核として，「外部」と「内部」要因から影響を受け，その後「自己概念」と「ライフスタイル」が形成され，「ニーズ（needs）と欲望（desires）」を創り出し，「ニーズと欲望」が「意思決定プロセス（decision

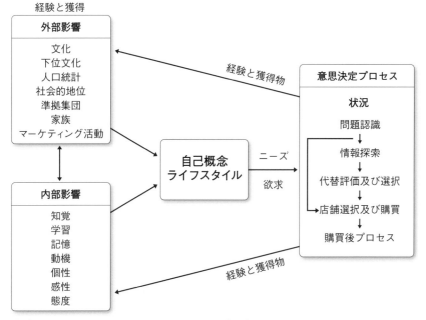

図表3-12　マザーズボーとホーキンスの消費者行動の包括的概念モデル

経験と獲得

外部影響

文化
下位文化
人口統計
社会的地位
準拠集団
家族
マーケティング活動

経験と獲得物

意思決定プロセス

状況

問題認識
↓
情報探索
↓
代替評価及び選択
↓
店舗選択及び購買
↓
購買後プロセス

**自己概念
ライフスタイル**

ニーズ

欲求

内部影響

知覚
学習
記憶
動機
個性
感性
態度

経験と獲得物

出所：Mothersbaugh, David L. and Del I. Hawkins（2016），*Consumer Behavior: Building Marketing Strategy*, 13th Edition., Mc Graw Hill, p.25をもとに作成。

process）：問題認識→情報探索→代替評価及び選択→店舗選択と購買→購買後プロセス」に影響を与える。その結果，消費者意思決定プロセスを通して得た経験と獲得物は，「外部」と「内部」に影響を与えるというフィードバック・ループを組み込んだ包括的概念モデルである。

　具体的にいえば，マザーズボーとホーキンスモデルの構造は，まず各個人が自己概念を開発し，そして多様な内部影響要因（主に心理的かつ肉体的）と外部影響要因（主に社会的かつ人口統計的）に基盤をおいたライフスタイルを開発する。こうした自己概念とライフスタイルはニーズと欲望を創り出し，これらのニーズと欲望の多くはそれを満たすために消費意思決定を求める。各個人が意思決定問題の状態に直面すると，消費者意思決定プロセスが活性化される。このようなプロセスとそれが生み出す経験や購買（獲得物）

は，内的・外的特性に影響を与えることによって，消費者の自己概念とライフスタイルが形成されることになる。

　消費者は，消費者自身に対する観点（自己概念）を持っており，与えられた資源のもとで特定のマナー（ライフスタイル）で生活しようと努力している。消費者自身の見解と生き方は，内部要因（個性，価値，感性，そして記憶など）と外部要因（文化，年，友人，家族，そして下位文化など）によって決定される。また，消費者の見解と生き方は，消費者が日常的に接する数多くの状況をもたらすニーズと欲望を招くのである。図表3-12は，このようなマザーズボーとホーキンスの消費者行動の包括的概念モデルを表したものである。

　マザーズボーとホーキンスモデルの特徴として，①まず各個人の自己概念とライフスタイルは，外部と内部要因から影響を受ける，②こうした自己概念とライフスタイルは，ニーズと欲望を形成し，消費者意思決定プロセスに影響を与える，③そして，消費者意思決定プロセスから得た経験と獲得物は，外部と内部要因に影響を与えるというフィードバック・ループを組み込んだ包括的概念モデルである。

■　**演習問題** ···

1　消費行動と購買行動の違いは何か，それぞれの内容について考えてみよう。

2　フロイトの精神分析理論（エス，エゴ，スーパー・エゴ）について事例を用いて考えてみよう。

3　自分の購買行動で，モチベーション・リサーチ，ハワードとシェスモデル，消費者情報処理の概念モデル，マザーズボーとホーキンスモデルをそれぞれ用いて，最近購入した商品例をそれぞれ考えてみよう。

● 注

1) 新村出編著（2020）『広辞苑　第7版』岩波書店，p.1451。

2) 黒田重雄・金成洙編著（2013）『わかりやすい消費者行動論』白桃書房，pp.4-9。

3) 杉本哲夫編著（2012）『新・消費者理解のための心理学』福村出版，p.12。

4) Goo国語辞書　https://dictionary.goo.ne.jp/srch/（2019年3月15日アクセス）

5) Engel, J.F., R. D. Blackwell, and P. W. Miniard（1990）*Consumer Behavior, Sixth Edition,* Chicago: Dryden Press, p.3.

6) Schiffman, Leon G. and Joseph L. Wisenblit（2015）*Consumer Behavior, Eleventh Edition,* Pearson Education Limited, p.30.

7) 黒田重雄・金成洙編著，前掲書，p.6。

8) 以下の文献を参照されたい。青木幸弘（2011）『消費者行動の知識』日本経済新聞出版社，pp.43-46。杉本哲夫編著（2012）前掲書，pp.13-14。黒田重雄・金成洙編著（2013）前掲書，pp.26-27。金成洙著（2020）『消費者行動論　モノからコト・トキ消費へ』白桃書房，pp.7-11。

9) Schiffman, Leon G. and Joseph L. Wisenblit（2015）*op, cit.,* p.47.

10) Kotler, Philip and Kebin Lane keller（2016）*Marketing Management, Fifteenth Edition,* Global Edition, Pearson. p.179.

11) 杉本哲夫編著（2012）『新・消費者理解のための心理学』福村出版，pp.33-55。

12) 長谷川寿一・東條正城・大島尚・丹野義彦（2005）『はじめて出会う心理学』有斐閣アルマ，pp.6-7，pp.131-137。

13) 黒田重雄・金成洙編著，前掲書，p.43。

14) 今井四郎・大黒静治編著（1991）『心理学入門』アカデミア，pp.7-23。

15) Kotler, Philip and Kebin Lane keller（2016）*op. cit.,* p.187.

16) 長谷川寿一，前掲書，pp.16-18。今井四郎，前掲書，pp.7-23。

17) 詳しくは以下の文献を参照されたい。Howard, J. A. & J. N. Sheth（1969）*The Theory of Buyer behavior,* John Wiley & Sons, Inc., pp.46-48. 日本マーケティング協会編（2001）『マーケティング・ベーシックス〈第二版〉』同文館，pp.77-79。

18) 阿部周造（1984）「消費者情報処理理論」中西正雄著『消費者行動分析のニュー・フロンティア－多属性分析を中心に－』誠文堂新光社，p.122。

19) 青木幸弘・新倉貴士・佐々木壮太郎・松下光司著（2012）『消費者行動論－マーケティングとブランド構築への応用』有斐閣アルマ，pp.78-79。

20) Mothersbaugh, David L. and Del I. Hawkins（2016）*Consumer Behavior: Building Marketing Strategy, Thirteenth Edition.,* Mc Graw Hill, pp.24-28.

第**4**章 マーケットデータ分析

学習の要点

❶ 消費者調査プロセス（調査目的を設定する方法，二次資料を収集する方法，定性調査の方法と定量調査の方法，定性調査方法と定量調査方法を融合する方法，資料を分析し，調査結果を報告する方法）を理解する。

❷ 二次データ（内部二次データ，外部二次データ）の入手方法と一次データ（定性調査と定量調査）の調査目的と収集方法を学習する。

❸ 基本的な統計手法（単純集計，クロス集計，相関分析，多変量解析）の考え方について学習する。

キーワード

▶ 消費者調査
▶ 一次データと二次データ
▶ 定性調査と定量調査
▶ グループ・インタビュー（集団面接法）
▶ 単純集計
▶ クロス集計
▶ 相関分析
▶ 多変量解析
▶ 重回帰分析
▶ 判別分析
▶ クラスター分析
▶ 因子分析
▶ 共分散構造分析

1 消費者調査とは

　消費者調査については，シフマンとウィセンブリット（Schiffman & Wisenblit, 2015）に倣い，まず探索的研究と二次データ（内外の既存データ収集）について考察する。次に当面の調査問題のために考案され，収集された新しい調査データで定義される一次調査（primary research）について説明する。消費者調査には大きく分けて定性調査（qualitative research）と定量調査（quantitative research）がある。定性調査は，主にグループ・インタビュー，深層面接法，投影法で構成される。定量調査には，観察調査，実験法，質問法などが含まれる。

　消費者調査プロセスについて①調査目標の設定，②二次データの収集，③一次調査のデザイン，④定性調査と定量調査の融合，⑤データ分析と調査結果の報告，という5段階に分けてそれぞれの特徴について概観する[1]。

1. 第1段階：調査目標の設定

　調査目標の設定は，消費者調査の過程における最初の段階であり，最も難しい段階である。その内容は，調査の目的を明確に定義することである。例えば，ノートパソコンの市場を細分化することなのか，オンラインショッピングの経験がある消費者に対する態度を明らかにすることなのか，サプリメントをオンラインで購買する世帯の比率を知りたいのか，などの具体的な目標設定が必要である。

　調査の目的が，新製品または販促プログラムのテーマに対する新しいアイディアを提案することであれば，調査者は定性調査を活用する。定性調査は，グループ・インタビュー，インタビュアーと調査対象者が1対1で面接を行う深層面接法で構成される。また研究の目的が，①多くの消費者の意識や行動，傾向値などを調べるとき，②特定のブランドを購入する消費者の特性，ブランドに対する忠誠度や満足度などを調べるとき，などの場合は定量調査を実施する。

多くのマーケターは，大規模な定量調査を実施する前に，定性調査を活用する。その理由は，定性調査の結果が大規模な定量調査の目標をより正確に定義してくれるからである。

2. 第2段階：二次データの収集

　消費者調査過程での第2の段階は，何らかの目的のためにすでに収集された既存のデータ（公開されたデータ）を探すことである。二次データを探索する理由は，単に現在の疑問に部分的または全体的に答えを与えてくれる有用な情報が存在するかどうかを確かめてみるのが妥当であるからである。調査は実査による方法が最も良いのであるが，人手や時間，人件費などの制約があり，既存データがある場合はこれで間に合わせた方が得策である。

　二次データ（既存データ）は大きく分けると，①内部二次データ，②外部二次データの2つに分けられ，前者は社内データ，後者は社外データということになる。

(1) 内部二次データの入手方法

　内部情報またはデータは，すでに他の目的で収集された企業の内部情報などで構成される。

① 販売管理，販売実績などの分析データによる調査データ

　営業部や販売部などで行っている需要予測，顧客の嗜好動向，売れ筋商品，地域別，顧客別，得意先別，販売チャネル別，事業別，商品グループ別などの販売調査，分析結果を参考にする。

② 自社で行った標的市場調査結果や顧客管理データなどの調査データ

　得意先や仕入先などから得た情報，地域情報，顧客情報，消費者情報などを活用する。

(2) 外部二次データの入手方法

　外部二次データは，企業や組織外から得られるもので，さまざまな形態がある。あるデータは無料で公共図書館や大学図書館などを通じて見つけるこ

とができる一方，低コストまたは高コストで利用できるデータもある。

① **政府・官公庁・地方公共団体が行った調査データ**

　大半は比較的に低コストで利用できる。これには総務庁「家計調査年報」，経済企画庁「国民経済白書」「経済白書」，中小企業庁「中小企業の経営指標及び原価指標」，環境省「環境白書」，経済産業省「商業統計表・工業統計表」，地方公共団体の経済・消費・産業の調査データなどがある。

② **銀行や大学，その他の公共・民間の研究所が行った調査データ**

　みずほ，産業技術，野村などの総合研究所，大学の研究所などが行った調査データがある。

③ **業界団体・経済団体が行った調査データ**

　日経連，ジェトロ，経団連，商工会議所，百貨店協会，日本チェーンストア協会などが行った調査データがある。

④ **民間のマーケット・リサーチ会社，コンサルティング会社が行った調査データ**

　帝国データバンク，マクロミル，矢野経済研究所などが行った調査データがある。

⑤ **新聞・雑誌・情報誌・専門書などで発表された各種記事・調査データ**

　日経流通新聞，日経産業新聞，日経経済新聞などの専門紙，市販されている経済・商業・業界誌などの消費トレンド性の強い雑誌や専門書などがある。

⑥ **オンライン検索サービスで接近可能なデータ**

　日本の論文を探す「CiNii Articles」，大学の本を探す「CiNii Books」，総合学術電子ジャーナルサイト「J-STAGE」，Google Scholar などがある。

3. 第3段階：一次調査（primary research）のデザイン

　図表4-1は，二次データを収集した上で，定性調査を伴う左のパスと定量調査を伴う右のパスの2つに分かれることを表している。この分岐は，調査の目的を反映する。新しいアイディア（製品のポジショニングやリポジショニングなど）を得ることが調査の目的である場合には，定性調査が行われる。一方，技術的，定量的な情報が必要な場合は，定量調査が必要である。

図表4-1　消費者調査プロセス

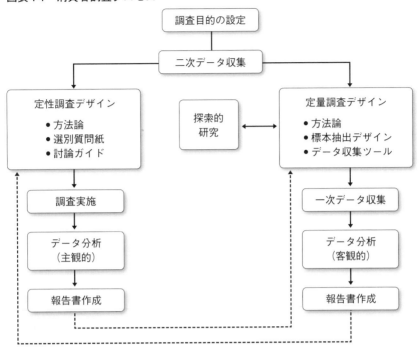

出所：Schiffman, Leon G. and Joseph L. Wisenblit（2015），*Consumer Behavior, Eleventh Edition*, Pearson Education Limited, p.405.

コラム **1** 4つの測定尺度

　調査対象からデータを収集するためには，各サンプルの状態に関する測定尺度を設定する必要がある。この測定尺度については，次の4つのいずれかに分類される。また①名義尺度と②順序尺度を質的データといい，③間隔尺度と④比例尺度を量的データともいう。

① 名義尺度（nominal scale）
　血液型（A＝1，B＝2，AB＝3，O＝4），性別（男性＝1，女性＝2）などの固有の順序が備わっていない変数の尺度である。1，2・・・という数字は単にそれぞれを区別するための分類記号にすぎない。すなわち，それらの数字は順序を意味しているわけではない。

② 順序尺度（ordinal scale）

　順位尺度とも呼ぶ。数字は大小関係にのみ意味を持ち，固有の順序である。例えば，1位，2位，3位とか，英検1級，2級，3級などのように順序のあるデータのことである。態度調査で用いる「1.まったくそう思わない，2.あまりそう思わない，3.どちらでもない，4.少しそう思う，5.とてもそう思う」のような回答肢も順序尺度である。

③ 間隔尺度（interval scale）

　順序性があって，数値間が等間隔の尺度を示す。すなわち，順序尺度のうち，数値間が等間隔になっている尺度である。例えば，−2，−1，0，1，2でも良いし，3，6，9，12，15でも良い。こうした等間隔に配置される数値と数値の間には連続性がないことも間隔尺度の特徴でもある。温度や年齢などで用いられる。

④ 比率尺度（ratio scale）

　比列尺度とも呼ぶ。数値間が等間隔で，年齢，収入，購入量など絶対的原点（0）を有するデータのことで，大小関係にも，比にも，差にも，意味があるような尺度である。例えば，年齢について，「ちょうど100歳の人はちょうど50歳の人の2倍生きた」というように，比を考えることに意味がある。

出所：小田利勝（2012）『ウルトラ・ビギナーのためのSPSSによる統計解析入門』プレアデス
　　　出版，pp.19-22。

　　　　　　　　　　　　　　　　　　　　　　　　　　　　　　　　　　

(1)　**定性調査**

　定性調査の収集方法には，代表的なものとして3つの方法がある。すなわち，グループ・インタビュー（集団面接法），深層面接法，投影法である。これらについて簡単に概観する。

① グループ・インタビュー（group interview）

　これは，調査員が5〜10人の被調査員（消費者・顧客など）を1つの部屋に集め，ある商品の購買動機や商品のイメージなどについて，通常2時間ほど話し合ってもらい，多様な発言の収集と分析を目指すものである。

　このグループ・インタビューで，製品についての人々の情報，消費者の知覚や使用状態に関する価値のある情報などが得られる。新しいアイディアやコンセプトが企業の標的市場によって受け入れられるか否かは，このグループ・インタビューによってまずテストされる。

② 深層面接法（depth interview）

　これは，1対1の面接とも呼ばれ，調査するものと調査されるものが，1人につき20分〜60分の時間をかけて，気楽で柔軟な雰囲気の中で対話を図り，はっきりしない商品の購買動機や態度などを心理面からつかんでその本音を探ろうという方法である。この深層面接法は，マーケターにとって製品のポジショニング，リポジショニング，製品開発，リ・デザイン（高度な次元で「完成されたデザイン」を，さらに「最適化」すること）などに関する価値の高いアイディアを提供してくれる。

③ 投影法（projective technique）

　これは，比較的に曖昧な刺激や状況を設定して，被調査員からの自由な反応（解釈や判断・表現）を得て，それを分析することで被調査員の性格，欲求，特徴などを把握しようとするものである。この曖昧な刺激や状況には「文章完成法」「文字（語句）連想法」などが利用される。例えば，「文章完成法」では，「私が学校の食堂で食事をする時は必ず（・・・・）を食べる。なぜならば（・・・）だからである」といった形に完成させる。

⑵　**定量調査**

　定量調査には，代表的なものとして3つの方法がある。すなわち，観察調査，実験法，質問法である。これらについて簡単に概観する。

① 観察調査（observational research）

　これは，何らかの対象について調査員の観察によって情報を収集，記録，分析する方法である。例えば，スーパーマーケットの店内に立って買い物客の動線を調べたり，特定の繁華街や交差点に立って，通行量や交通量を調査したりするものである。この観察調査は，オリジナル・データが得られるという大きな利点があるが，調査に時間や費用がかかることや購入動機のような心理的・内面的な把握はできない欠点もある。

② 実験法（experiment）

　実験法（experiment）または因果関係研究（causal research）は，さまざまな要因間の原因と結果の関係を明らかにすることができる。例えば，因果関係を明らかにするために設計された実験を通じて，パッケージデザイン，異

なる価格，プロモーションなど，さまざまなタイプの変数が販売に与える相対的な効果をテストすることができる。テスト・マーケティングともいえる。この実験法は，製品に対する消費者の反応や売り上げを予測できる利点もあるが，多額な費用や時間と人手がかかる欠点もある。

③ 質問法（survey method）

　これは，調査員が被調査員に質問し，実施する方法である。この質問法は，主要なものとして，対面調査，電話調査，郵便調査，インターネット調査などを挙げることができる。これらについて簡単に以下に述べる（図表4-2参照）。

a 対面調査（personal interview survey）：調査員と被調査員が対面して質問し，回答をしてもらう。この調査は，主にパブリックスペース（公共空間）またはショッピングモール内で実施される。

b 電話調査（telephone interview survey）：調査員が電話をかけて質問し，回答してもらうことでデータを収集する方法である。通常，あらかじめ用意された質問紙に沿って質問を実施し，その回答を質問紙に記入する。

c 郵便調査（mail survey）：質問アンケート用紙を被調査員の家や事務所に郵送し，一定期間後に記入して送り返してもらう方法である。

d インターネット調査（internet survey）：インターネット上の調査画面に，被調査員がアクセスし，回答する調査手法であり，マーケティング調査の分野で中心に急速に普及している。対面や郵送など人手を介して回答を収集する調査手法と比べ，費用対効果が高い調査方法である。

(3)　定量調査のデータ収集手段

① 質問紙：郵便やオンラインなどを通して選定された被調査員に質問紙を送り，自己回答で進行するか，または対面や電話などを通して調査員と進行する。

② 態度測定ツール：これは調査員が被調査員に製品または製品属性のリストを提示し，これに対する被調査員自身の感情または評価を提示してもらう際に利用するツールである。これにはリッカート尺度法，SD法，順位法が

図表4-2　郵便調査，電話調査，対面調査，オンライン調査の長所と限界点

	郵便	電話	対面	インターネット調査
費用	低い	中間	高い	低い
速度	遅い	敏速	遅い	早い
応答率	低い	中間	高い	自体選択
地域的柔軟性	卓越	優秀	難しい	卓越
面接者偏向	解答なし	中間	高い	解答なし
面接者監督	解答なし	容易	難しい	解答なし

出 所：Schiffman, Leon G. and Joseph L. Wisenblit（2015），*Consumer Behavior, Eleventh Edition,* Pearson Education Limited, p.416.

ある（コラム**2**参照）。

③ **顧客満足度測定**：製品やサービスに対する顧客の満足の度合を測定することである。

④ **標本抽出及びデータ収集**：母集団は集団のすべてであるが，標本抽出（サンプリング）は母集団の一部を抽出することである。母集団すべてから情報を得るのはほとんど不可能であるため，調査員は標本を利用する。標本抽出の次の段階はデータ収集である。

....

コラム 2 討論ガイドと質問方法について

① 討論ガイド（discussion guide）
　深層面接または標的集団面接のセッション中に，被調査員とやり取りする質疑の流れを整理してくれる段階別要約書である。

② リッカート尺度法（likert scales）
　ある質問項目に対して「非常に好き」「やや好き」「どちらともいえない」「やや嫌い」「非常に嫌い」のような5段階評価で回答をしてもらう質問方法である。4段階，7段階，9段階にする場合もある。

③ SD法（semantic differential scales）
　ある質問項目に対して「安全な－危険な」「好き－嫌い」といった対をなす形容詞を両極に置き，回答をしてもらう質問方法である。5段階や7段階などがある。

④順位法（ranking method）

　ある質問項目に対して複数の選択肢を用意し，被調査員の嗜好などを順位付けして回答してもらう質問方法である。選択肢のすべてに順位を付ける完全順位法と上位のみ順位を付ける一部順位法がある。

出 所：Schiffman, Leon G. and Joseph L. Wisenblit（2015）*Consumer Behavior, Eleventh Edition*, Pearson Education Limited, pp.409-423.

4. 第4段階：定性調査と定量調査の融合

　マーケターは，定性的要素と定量的要素の両方を含む調査プロジェクトを頻繁に利用している。例えば，新しいアイディアを見つけ，プロモーション戦略を開発するために定性調査の結果を利用して，複数の販促物に対する消費者の反応の程度を推定するために定量調査を通じて検証する。定性調査によって得られた消費者の理解と定量調査によって可能となった予測値を融合することによって，どちらかのアプローチだけを活用する場合よりも，消費者行動のより豊かで安定したプロファイルを得ることができる。

　実際に多くの消費者行動研究は，一連の相互に関連した定性調査と定量調査を同時にまたは一度か二度の定性調査と定量調査を行き交って順次に遂行される。

　心得ておくべきことは，マーケティング志向の企業で行われるほとんどの消費者調査では，単独の研究ではなく，定性調査（主に集中面接または深層面接）と定量調査（主に質問調査または実験形態）が混在した一連の研究で構成されることである。

5. 第5段階：データ分析と調査結果の報告

⑴　学習目標1：調査目標を設定する方法を理解する。

　消費者調査過程の最初の段階であり，最も難しい点は，調査の目的を正確に定義することにある。それは，調査の目的を正確に明示することにより必要な情報が適切に収集され，試行錯誤を避けることができるからである。

⑵　**学習目標２：二次データを収集する方法を理解する。**

　二次データは，目的としている調査とは異なる目的で収集した既存の情報である。二次データを探索する理由は，現在利用可能な情報が当面の調査の質問に対する答えを一部あるいは全部与えることができるかを確かめてみるのが合理的であるからである。二次データには，内部二次データと外部二次データがある。とりわけ，外部データの主な出所は政府や，専門的で学術的な刊行物の記事などである。

⑶　**学習目標３：定性調査の方法と定量調査の方法を理解する。**

　調査の目的が，新製品アイディアまたは販促テーマを提示することであれば定性調査を活用する。定性調査はグループ・インタビュー（集団面接法），深層面接法，投影法で構成される。一方，調査の目的が標的市場の人口統計学的特性の把握，特定ブランドに対する購入者の特性や忠誠度などを知るためであれば定量調査を活用する。定量調査は観察調査，実験法，質問法などを含む。

⑷　**学習目標４：定性調査と定量調査をどのように融合するかを理解する。**

　マーケターは，定性的要素と定量的要素が融合された調査プロジェクトを頻繁に利用している。例えば，新しいアイディアを見つけ，販促戦略を開発するために定性調査の結果を利用して，複数の販促物に対する消費者の反応の程度を推定するために定量調査を活用する。多くの場合，定性調査から得たアイディアは定量調査を通して検証される。定性調査と定量調査を融合することにより効率的で質の高い調査を行うことができる。

⑸　**学習目標５：データを分析し，調査結果を報告する方法を理解する。**

　定性調査では，通常，調査員は被調査員から得られた回答を分析する。定量調査では，被調査員から得られた回答をコーディング（符号化する）した後，統計的に分析される。

　定性調査と定量調査の両方の調査報告書には，調査結果の簡単な総合報告と適用された方法論の詳細な記述と企業への提案が含まれる。

2 データ分析の諸手法

　多く研究者やマーケターは，ある商品やサービスに対する消費者の好みや購買意思決定などを，総合化して対象を説明したり，ある仮説のもとで予測したり，または仮説モデルを構築したりするために，定量的な調査・研究をよく行う。定量的な調査・研究で使用される統計手法には数多くのものがあるが，ここでは基本的な統計手法の考え方について説明していく。統計手法としては，単純集計，クロス集計，相関分析，多変量解析などがある[2)]。その際に使用される代表的な統計解析ソフトは，SPSS，SASなどである。

1. 単純集計 （grand total）

　単純集計とは，最も基本的は集計手法であり，個々の質問ごとに集計をとり，各質問の回答の分布を見ることができる集計である。この集計では，表，円や棒グラフなどグラフの形に被調査員の回答の分布をまとめたり，最大値，最小値，平均値などといった各種統計量を計算したりする。

　単純統計の目的は，各質問を集約して全体像を把握することである。例えば，消費者の好きなブランドは単純にブランドAが何％であり，ブランドBが何％であるという集計方法である（図表4-3参照）。

2. クロス集計 （cross tabulation）

　クロス集計とは，2つの質問以上を掛け合わせて集計する手法であり，それによってデータの傾向を推測したり，質問間の関係性を分析したりする。

　例えば，質問紙に記された男女別，年齢別，職業別，来店頻度などのさまざまな質問をクロスすることによって，被調査員の特徴や性質を明確にすることができる（図表4-4参照）。

図表4-3 単純集計の例（Q：消費者の好きなブランドは　回答者：200人）

ブランド名	実数	比率（ある特定のブランドを選んだ人の数／総数＝％）
ブランドA	120人	60%
ブランドB	80人	40%

図表4-4 クロス集計の例（韓・中国小売店における個人属性に関する基本統計）

属性	区分	韓国の都市店舗　N=179	中国の都市店舗　N=140
性別	女性	144（80%）	92（66%）
	男性	35（20%）	48（34%）
年齢	20代以下	13　（7%）	42（30%）
	30代	74（41%）	42（30%）
	40代	2　（1%）	30（21%）
	50代以上	90（50%）	26（19%）
職種	学生	8　（5%）	10　（7%）
	専業主婦	105（59%）	26（19%）
	会社員	28（16%）	67（48%）
	公務員	10　（6%）	11　（9%）
	専門職	10　（6%）	10　（7%）
	自営業	18（10%）	16（11%）
訪問回数	1週間に2回以上	60（34%）	0　（0%）
	1週間に1回	83（46%）	61（44%）
	半月に1回	34（19%）	55（39%）
	1か月に1回以下	2　（1%）	24（17%）

出所：黒田重雄・金成洙編著（2013）『わかりやすい消費者行動論』白桃書房，p.207を一部抜粋。

3. 相関分析 (Correlation analysis)

　相関分析とは，2つの変数間の関係についてどの程度の関係の強さがあるのかを数値化する分析手法である。相関係数とは相関関係の強さを表す数値で，－1から＋1までの数値をとる。相関係数が1に近づくほど，変数間の相関関係が強くなり（図表4-5参照），逆に0に近いほど相関関係が弱くなるということを意味する。単に相関係数と呼ぶ場合は，ピアソンの積率相関係数を指す。

　また，相関係数の値がプラスであれば「正の相関」があるといい，マイナスであれば「負の相関」があるという。正の相関関係の場合には，一方の項目が増えると，もう一方も増えるという関係（例えば，身長と靴のサイズ）を示し，負の相関関係の場合には一方の項目が増えると，もう一方は減るという関係（例えば，欠席日数とテストの成績）を示す。

4. 多変量解析 (multivariate analysis)

　多変量解析とは，3つ以上の変数間の関連性を同時に分析する手法である。ここではいろいろな手法について簡単に説明するが，実際にこれらの手法を利用する際には，専門書を熟読してもらいたい。

(1)　重回帰分析 (multiple regression analysis)

　回帰分析は，変数間の因果関係を説明する分析手法で，予測や要因の分析などで用いられる。説明変数が1つの回帰分析は単回帰分析と呼ぶが，説明変数が2つ以上の回帰分析は重回帰分析と呼ぶ。説明変数は独立変数とも呼ばれるが，従属変数は，基準変数，目的変数，被説明変数などとも呼ばれる（図表4-5参照）。

　従属変数は，説明変数によって説明・規定しようとするものであり，説明変数は従属変数を予測したり，従属変数との関連性を説明したりするために適用される。

図表4-5 相関係数が1のとき

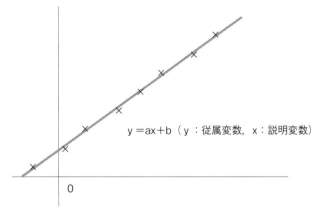

$y = ax + b$（y：従属変数，x：説明変数）

出所：内藤統也監修・秋川卓也著（2005）『文系のためのSPSS超入門』プレアデス出版，p.69。

⑵ 判別分析（discriminant analysis）

　判別分析は，ある個人，物，現象など（回答データ）がどの分類（グループ分け）に属するかを判別する（予測）目的で用いられる分析手法である。判別分析では，あらかじめどのデータがどのグループに属しているか明らかにされた分析結果に基づいて，回答データがどのグループに属するかを予測・説明することになる。

　従属変数が定性データで，説明変数が定量データとなるが，グループの相違を予測・説明するために用いる分析手法である。

⑶ クラスター分析（cluster analysis）

　クラスターとは，集団（グループ）や群れのことを指す。さまざまなデータの中から似たもの同士（データ間の距離が互いに離れているもの同士，相関係数が近いもの同士など）を，いくつかのグループに分類する手法である。

　クラスター分析も判別分析と同様にデータを分類（グループ分け）する目的で用いられる分析手法である。判別分析は，あらかじめグループ分けがなされている諸ケースから，まだグループ分けされていないケースがどのグループに所属するかを判別（予測）する分析手法である。しかし，クラスター分析

はまだ明確にされていないグループを類似度に基づいて，いくつかのグループに分類する手法である。

(4) 因子分析（factor analysis）

　因子分析とは，測定できる複数の因子（変数）から共通因子（直接的に観測できない潜在因子）を探り出すための分析手法である。因子分析は，観測されていない潜在因子を説明変数とし，観測できる因子を従属変数としている。

　因子分析は，探索的因子分析と確認（検証）的因子分析という2つに大別される。前者の探索的因子分析は因子についての明らかな仮説がなく，観測因子の背後にどのような共通因子（潜在変数）があるかを探るための分析である。一方，後者の確認（検証）的因子分析は観測因子がどのような因子に規定されているかをあらかじめ想定して，その想定（仮説）を検証するための分析である。数多くの研究では，まず探索的因子分析を行った後，確認的因子分析を行う。こうしたことから，単に因子分析というときは，探索的因子分析だけを示すことが多い。[3]

(5) 共分散構造分析（covariance structure analysis）

　共分散構造分析とは，観測変数（直接観測し，数値化した変数）と潜在変数（直接的に観測されないが，仮定上の重要な要素となる変数）の因果構造をモデル化し，そのモデルに沿って分散共分散行列（分散の概念を多次元に拡張した行列）を求める分析手法である。統計手法的には，上記の重回帰分析（パス解析）と因子分析を組み合わせた分析手法である。

　欧米では，SEM（structural equation modeling：構造方程式モデリング）と呼ばれる。近年，レポート，大学院の修士論文や博士論文における実証研究で共分散構造分析の手法を用いていることが多く見られる。

■ **演習問題** ....

1. 消費者調査プロセスは，①調査目標の設定，②二次データの収集，③一次調査のデザイン，④定性調査と定量調査の融合，⑤データ分析と調査結果の報告，という5段階に分けられるが，それぞれの特徴について考えてみよう。

2. 概観する一次データと二次データの違いについて考えてみよう。

3. 定性調査と定量調査の特徴を検討してみよう。

4. 関心があるブランドを1つ選び，そのブランドのデータの収集と分析を行って，自分なりの仮説を立ててみよう。

● 注

1) 以下の文献を参考にした。Schiffman, Leon G. and Joseph L. Wisenblit (2015) *Consumer Behavior, Eleventh Edition,* Pearson Education Limited, pp.404-427. 奥本勝彦・林田博光編著 (2004)『マーケティング概論』中央大学出版部，pp.73-89。三宅隆之 (1999)『現代マーケティング概論』同文館，pp.73-93。

2) 詳しくは以下の文献を参照されたい。小田利勝 (2012)『ウルトラ・ビギナーのためのSPSSによる統計解析入門』プレアデス出版，pp.31-191。上田拓治 (2016)『マーケティングリサーチの論理と技法　第4版』日本評論社，pp.127-188。内藤統也監修・秋川卓也著 (2005)『文系のためのSPSS超入門』プレアデス出版，pp.63-158。黒田重雄・金成洙編著 (2013)『わかりやすい消費者行動論』白桃書房，pp.68-70。

3) 足立浩平 (2012)『多変量データ解析法－心理・教育・社会系のための入門』ナカニシヤ出版，pp.75-113。

第5章 競争構造と競争戦略の分析

学習の要点

❶ 業界の競争構造を把握するポーターの5つの競争要因（新規参入業者，競争業者，買い手，供給業者，代替品）を学習する。

❷ 各事業の競争戦略の選択と評価として，ポーターの3つの基本戦略，アンゾフの成長マトリックス，BCGのポートフォリオ，コトラーの市場地位別戦略という枠組みを学習する。

❸ 価値概念，価値連鎖，そして価値連鎖の構成要素と役割を学習する。

キーワード

▶ 競争構造
▶ 競争戦略
▶ 参入障壁
▶ 撤退障壁
▶ 基本戦略
▶ 成長マトリックス
▶ 多角化戦略
▶ ポートフォリオ
▶ 戦略事業単位（SBU）
▶ 市場地位別戦略
▶ ニッチャー
▶ 価値連鎖

第3章の消費者行動分析と第4章のマーケティングの分析によってマーケットの基本的な考え方やフレームワークに加え，次は事業ごとの競争戦略が検討されることになる。この競争戦略分析の前段階において，戦略分析の基礎情報を提供するのが，当該事業の競争構造の分析である。

1 競争構造の分析とは

　ポーター（Porter, 1980）は，業界の収益性に影響を与える競争要因として，新規参入業者（新規参入業者の脅威），競争業者（業界間の敵対関係），買い手（買い手の交渉力），供給業者（売り手の交渉力），代替品（代替品・サービスの脅威）という5つを挙げている[1]。

　図表5-1にみられるように，5つの競争要因は，水平的競争要因と垂直的競争要因に分けられる。前者の水平的競争要因には売り手（供給業者）と買い手（消費者・組織）という2つの要因があり，後者の垂直的競争要因には，新規参入業者，競争業者，代替品という3つの要因がある。この図表の注目すべき特徴は，企業の競争相手は，目前の業界内の競合他社「競争業者」や常に取引関係にある「売り手」と「買い手」だけではなく，潜在的参入者「新規参入業者」や業界外の製品「代替品」までをも考察されることにある。

1. 新規参入業者の脅威（threat of new entrants）

　これは，既存市場に新たな参入者が現れることで，競争が激化する脅威のことである。既存事業をベースに新規事業を立ち上げる場合や，他社を買収取得という手段で他のマーケットから業界へ参入する場合（事業多角化という）などがある。これは参入障壁と密接にかかわっている。

　参入障壁とは，業界外の企業が参入しようとするときに，その障害となる障壁のことをいう。参入障壁が高いと，新規参入が少なく，業界内の競争は緩やかなものになり，業界の利益率は高いものになる。代表的な参入障壁と

図表5-1　ポーターの5つの競争要因

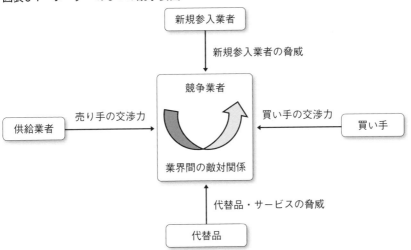

出所：Porter, M. E.（1980）*Competitive Strategy: Techniques for Analyzing Industries and Competitors,* Free Press.（土坤岐・中辻萬治・服部照夫訳（1982）『競争の戦略』ダイヤモンド社，p.18）

して，5つが挙げられる。

- **規模の経済性**：事業の規模や生産量を高めることで製品1個を生産するコストが減少していくことである。
- **製品差別化**：製品の機能や品質，デザイン，アフターサービス，販売方法など，価格以外の部分に特徴を持たせることで，他社製品との違いをアピールすることである。
- **巨額の資額**：競合するのに巨額の投資が必要な場合である。
- **流通チャネルの確保**：既存のメーカーと流通業者が昔からの取引関係，またはチャネルが特定のメーカー1社だけとの専属契約などによってタイアップしていると，新規参入業者自ら流通チャネルをつくらないといけない。
- **政府の政策**：政府は，許認可制度などで，参入を制限したり，禁止したりする。例えばトラック輸送業，鉄道，アルコール販売，ガソリン車の新車販売禁止方針（地球温暖化対策の一環として，2030年代半ばに禁止する方

向）などがこれに当たる。

2. 業界間の敵対関係（rivalry among existing firms）

　これは，市場における競合企業間の競争（価格，コミュニケーション，新製品の導入，顧客サービスや保証条件の拡大など）が厳しいかどうかということである。とりわけ価格競争は，企業間で差別化戦略が十分に行われていない場合や供給量が需要量よりも大きい場合などに生じる。価格競争が進むと，企業の利益が減り，経営が圧迫され，以前よりも苦境に落ち込むことになる。これは撤退障壁と密接に関連している。

　撤退障壁とは，業界で競争している企業がその業界から撤退しようとするときに，その障害となる障壁のことをいう。代表的な撤退障壁として，4つが挙げられる。

- 資産がある業種用に特化：特定の業種や特定の立地だけにしか利用できない資産は，移動や他への流用のためのコストが高くなる。例えば，セメント産業，鉄鋼業などである。
- 戦略的関連性：企業内のある事業部門を撤退させると，他の事業部門に対して，共同利用の設備，イメージ，マーケティング能力などで不利益を被ることがある。
- 感情的障壁：企業経営者が今の業界こそ自社の本業だという意識や自分自身のプライド，従業員への思いやりなどの理由から撤退したくないという気持ちがこれに当たる。
- 政府及び社会からの制約：雇用機会を減らし，地域社会や経済に打撃を与えるということから，政府が撤退を止めさせたり，徹底を考え直すように働きかけをしたりする。

　一方，コミュニケーション合戦は，需要を拡大したり，製品差別化の水準を高めたりして，同業他社すべての利益につながるといわれている。

　この撤退障壁と前述の参入障壁は，概念としては別のものであるが，互い

図表5-2 参入障壁と撤退障壁

出所：Porter, M. E.（1980）*Competitive Strategy: Techniques for Analyzing Industries and Competitors*, Free Press.（土坤岐・中辻萬治・服部照夫訳（1982）『競争の戦略』ダイヤモンド社，p.40を一部修正）

に関連付けて考えられることが多い。ポーターは，撤退障壁と参入障壁の大小の関係を図表5-2のように示している。

① **参入障壁と撤退障壁が小さい場合**：平凡そのもので魅力がない事業である。新規参入が多いが，撤退も多い。安定的ではあるが，見返りが乏しいのが特徴である。例えば，輸入ビジネス，カフェなどである。

② **参入障壁が小さく，撤退障壁が大きい場合**：参入が容易だから，経済情勢が良くなると，新規参入者が群がる。しかし，経済情勢が悪くなっても撤退が難しく，収益は低下を続ける。一番参入してはいけない業界である。見返りが低く，リスクも大きいのが特徴である。例えば，IT関連ベンチャー（ITバブル崩壊）である。

③ **参入障壁と撤退障壁が大きい場合**：収益の可能性は大きいが，リスクも大きい。参入は起こりにくいが，業績の悪い事業者も業界内に留まっている。見返りは高いが，リスクも大きいのが特徴である。例えば，自動車産業，ビール業界，携帯電話などである。

④ **参入障壁が大きく，撤退障壁が小さい場合**：競合他社が少なく，撤退する時の費用が安い業界である。業界全体の利益という観点からすると，収益

性が良く，廃業する時の費用も少ない業界であるので，最も魅力的業界である。安定的であり，見返りも大きいのが特徴である。例えば，士業（弁護士，公認会計士，行政書士，税理士など）である。

3. 代替品・サービスの脅威 (threat of substitute products or services)

　これは，既存の製品やサービスと同様またはそれ以上の優れた価値を有する，新しい製品やサービスが現れる脅威のことである。特に代替製品やサービスの価値が価格に対比して大きければ大きいほど，業界の収益に圧力をかけられる。

　また，より費用対効果の高い代替品やサービスが出現すると，収益性は低くなる。例えば，白砂糖（血糖値と大きく関係している）の代替品として，精製されていない黒糖やきび砂糖などがある。白砂糖に比べてミネラルやビタミンなどの栄養素を豊富に含んでいる点が特徴である。さらに，アガペシロップ（アガペという植物から抽出），パームシュガー（ヤシの樹液から採取する甘味料），ココナッツシュガー（ココナッツの樹液から採取）も近年人気を集めている。この他にもキャラメルシロップやメープルシロップなどが挙げられる。

4. 買い手の交渉力 (bargaining power of buyers)

　これは，顧客のバイイングパワー（購買力）のことである。例えば，イオンやイトーヨーカ堂などのような大手流通業者がこれに該当する。メーカーに対して買い手の交渉力が強い場合，売り手に値引きを要求したり，品質の向上や質の高いサービスなどを要求したり，売り手同士を戦わせたりして，売り手の収益性を低下させる。その結果，産業の投資と革新に有害な影響を及ぼす恐れがある。[2] さらに，メーカーの製品計画にまで影響することもあり，流通業者からの要望に応えた製品が製造されたり，仕様の変更を招いたりすることもある。以下のような市場環境が存在すると，買い手の交渉力は強く

なる。その代表的な例として，以下の4つが挙げられる。

- 買い手が集中していて，売り手の総取引量のうちの大部分が特定の買い手によって購入される。買い手の取引が結果に重大な影響を与えるため，大量購入をする買い手の力は特に大きいのである。例えば，コーン精製や大量生産の化学製品などである。
- 買い手が購入する製品が差別化されないものである。買い手はいつでも代替品が見つけられるので，売り手同士は厳しい競争になる。例えば，アルミ押出成型品が該当する。
- 買い手が川上統合に乗り出す姿勢を示す。買い手が部分的に川上統合をするとか，部品はいつでも「内製できる」という意思表示を示すと，買い手側は交渉上，有利になる。例えば，大手自動車メーカーのGMやフォードなどが挙げられる。
- 買い手が十分な情報を持つ。買い手が消費者動向，生産動向，新製品開発動向，代替製品動向，市場価格などについて十分な情報を持つと，情報不足の場合よりも買い手の交渉力は強くなる。

5. 売り手の交渉力（bargaining power of suppliers）

これは，製品やサービスを提供する供給業者（仕入先）である。売り手の交渉力が強くなると，買い手にとって高い価格で購入するため，収益性は低下傾向にある。以下のような条件があると，売り手の交渉力は強くなる。その代表的な例として，以下の4つが挙げられる。

- 売り手の業界が少数で，買い手の業界より集約されている。多数競合の買い手業界に売り手は品質，サービス，価格などの取引条件の面で有利になる。例えば，パソコンメーカーにCPU（中央演算処理装置）を最初の段階から提供するインテル社は，交渉力の高い代表的な売り手である。
- 売り手の製品が買い手の事業にとって重要な購入品である。その製品が買い手の生産工程におけるコアになる場合である。つまり，その製品が買い

手にとってなくてはならないほど重要な場合，売り手は強大な力を発揮できる。

- 売り手の製品が差別化された特殊製品の場合，他の製品に変更すると買い手のコストが増加する。製品の差別化が大きく，仕入先のスイッチング・コスト（変更コスト）が高ければ，売り手の力は強大になる。
- 売り手が今後確実に川下統合に乗り出すという姿勢を示す。川上の売り手が川下の買い手の業界に新規参入を示す状態のことである。これによって売り手は，買い手に対して強い交渉力を持つことができる。

2 競争戦略の分析

　5つの競争要因を分析することによって，業界の競争構造が理解できたら，次は各事業の競争戦略の選択が行われる。ここでは，ポーターの3つの基本戦略，アンゾフの成長マトリックス，BCGのポートフォリオ，コトラーの市場地位別戦略といった4つの戦略を取り上げる。

1. ポーターの3つの基本戦略

　上記の5つの競争要因に対応する場合，ポーター（1980）は，企業が競争相手に打ち勝つための基本戦略として，コスト・リーダーシップ戦略，差別化戦略，集中戦略といった3つを挙げている[3]。以下で詳しく説明することにする（図表5-3参照）。

(1) コスト・リーダーシップ戦略（overall cost leadership）
　最初の基本戦略は，競合他社よりも低価格で製品を供給することで競争優位を確立していく戦略である。すなわち，「同業者よりも低コストを実現する」という戦略である。このコスト・リーダーシップ戦略は，「規模の経済性」や「経験曲線」と密接にかかわっている。前者の「規模の経済性」は，事業規模

図表5-3　3つの基本戦略

競争優位

低コスト　　　　　　　　　　差別化

	コストの リーダーシップ戦略	差別化戦略
	集中戦略 （コスト）	集中戦略 （差別化）

広いマーケット

競争範囲

狭いマーケット

出所：Porter, M. E.（1980）*Competitive Strategy: Techniques for Analyzing Industries and Competitors*, Free Press.（土坤岐・中辻萬治・服部照夫訳（1982）『競争の戦略』ダイヤモンド社，p.61を一部修正）

を大きくすることで，単位当たりの生産コストが低下し，競争上有利になる効果のことである。後者の「経験曲線」は，経験（または累積生産量）が蓄積されることによって，生産当たり単位コストが一定の比率で減少する関係を示した曲線である。一般に累積生産量が2倍になるごとに，単位コストが10～30％低下するとされるが，この比率は業界や製品によって異なる。この関係をグラフ化したのが，図表5-4である[4]。

　製品やサービスのコモディティ化が進展した現代社会では，消費者は低価格の製品を購入することが多い。そのため，企業にとって低価格の政策は非常に重要である。

　低コストをねらう戦略を実行するためには，まず原材料（部品や材料など）が有利に仕入れできること，効率の良い規模の生産設備に積極的に巨額の投資による大量生産をすること，相対的に高い市場シェアの確保をすることなどが必要である。

　低コストの地位が確保できると，安定した利益が得られるようになり，蓄積された利益によって，新しい設備や機械への再投資ができる。その再投資

図表5-4　経験曲線

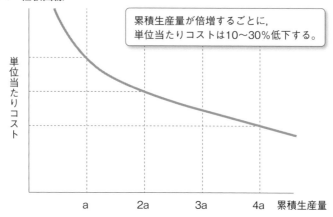

累積生産量が倍増するごとに，
単位当たりコストは10〜30％低下する。

単位当たりコスト（縦軸）
累積生産量（横軸）

a　　　2a　　　3a　　　4a

出所：石井淳蔵・栗木契・嶋口充輝・余田拓郎（2004）『ゼミナール　マーケティング入門』日本
　　　経済新聞社，p.152。

が原価面でリーダーシップを維持することができるのである。

(2)　差別化戦略（differentiation）

　第二の基本戦略は，自社の製品やサービス，ブランド・イメージ，品質，技術，コミュニケーション活動，アフターサービス，デザイン，販売チャネルなどの面で他社から差別化を図り，独自の市場を形成して優位な地位を獲得する戦略である。

　差別化に成功すると，前述の5つの競争要因に対抗できる安全な地位を確保できるため，同業他社からの攻撃を回避できる。また，同業他社は自社の特有性に対処しようと努力を惜しまないために，これが自社の参入障壁になるのである。

　一方，差別化が行き過ぎると，特定のニーズやウォンツだけに応えるため，市場シェアの確保や拡大が厳しく，ビジネスとしての収益につながらないこともある。

⑶ **集中戦略（focus）**

　最後の基本戦略は，特定の顧客ニーズや特定の種類の製品，そして特定の地域などに資源を絞り込むことで，その市場内での競争優位性を確保する戦略である。すなわち，市場全体を細分化し，一部のセグメントに企業の経営資源を集中させる戦略である。

　集中戦略には「コスト」集中戦略と「差別化」集中戦略がある。前者は低コストを目指す戦略であり，後者は差別化を目指す戦略である。要するに，ターゲットを広く捉えるよりも，狭く捉えた方が「低コスト」や「差別化」の面でより効果的かつ効率的に集中できるという前提から，これらの戦略が出てくるのである。標的顧客のニーズやウォンツ，そして需要を十分に満たすことで低コストや差別化が達成できたり，両者とも達成できたりもする。差別化戦略の例として，ポルシェやフェラーリなどは，ターゲットを超高級スポーツカー市場に集中させている。

2. アンゾフの成長マトリックス

　アンゾフ（Ansoff, 1957）は，企業の成長の方向性を分析するフレームワークとして，図表5-5のような成長マトリックス（製品−市場マトリックス）を提示している。

　図表5-5に見られるように，企業の持続的成長の方向性は，製品と市場という2次元によって4つの戦略に分類される[5]。

⑴ **市場浸透（market penetration）**

　市場浸透とは，既存製品を既存市場に提供し続けながら成長を図ることである。例えば，新しい用途を発見（シリアルをスナックとして食べる），1回当たりの使用量や使用頻度の増加（髪を二度洗う），などが挙げられる[6]。

⑵ **市場開発（market development）**

　市場開発とは，既存製品を新しい市場に導入することによって成長を図ることである。例えば，20代の女性向け製品を10代の女性に訴求するという

図表5-5　アンゾフの製品-市場マトリックス

製品

	既存製品	新製品
既存市場	市場浸透 （既存市場で既存製品を 販売して成長）	製品開発 （既存市場で新製品を 販売して成長）
新市場	市場開発 （新規市場で既存製品を 紹介）	多角化 （成長のために新製品で 新規市場に進出）

市場

出所：Ansoff, H. L.（1957）"Strategies for Diversification," *Harvard Business Review*, Vol. 35, No.5, p.114を加筆。

「新市場セグメント戦略」，日本から世界へという「地理的拡大戦略」などが挙げられる。

⑶　製品開発（product development）

　製品開発とは，新しい製品や改良した製品を既存市場に導入することによって成長を図ることである。例えば，スマートフォンに新機能が追加，または品質やデザインなどの点で新しいアイテムを加えるなどが挙げられる。

⑷　多角化（diversification）

　多角化とは，新しい製品を親市場に提供することによって成長を図ることである。これには企業の既存の製品や市場との関連性の程度によって関連多角化と非関連多角化の2つに分類される[7]。関連多角化は，既存事業との何らかのシナジー効果（synergy effect：相乗効果）が得られるような関連性のある新な分野へ進出することである。例えば，サントリーのアルコール飲料市場から清涼飲料市場への進出などが挙げられる。非関連多角化は，既存事業とのシナジー効果を得ることができない新たな分野へ進出することである。

例えば，小売業のイオンによるリフォーム産業や金融事業（イオン銀行）への進出などが挙げられる。

....

コラム **1** パレートの法則とロングテールの法則

パレート（Pareto）の法則とは，イタリアの経済学者であるヴィルフレド・パレート（Pareto, V.1848～1923）によって提唱されたもので，80対20の法則とも呼ぶ。例えば，ある店の売上の80％は，20％の商品で生み出しているというものである。この法則は，現在でも多くのビジネスで援用されている。これに対して，アメリカのジャーナリストであるクリス・アンダーソン（Anderson, C. 2006）は，パレートの法則の概念を覆した，インターネット販売で役に立つロングテールの法則を提唱した。

ロングテール（the long tail）の法則とは，インターネット販売では，あまり売れないニッチ商品群の売上合計額が，売れ筋の商品の売上を上回るというものである。年に1個か2個しか売れないような死に筋商品でもいろいろな種類を持っていれば，膨大な数のアイテムの販売が可能になり，全体として売れ筋の商品の売上を上回るということである。すなわち，あまり売れない商品でもそれを求める人がいるので，それらの売上を合計すると，巨額の儲けになるという考え方である。例えば，アマゾンでも売れない8割の商品が売上の3分の1を占めている。多くのオンライン店舗（グーグル，eBayなど）が該当する。

図表5-6は，ロングテール（販売量の分布曲線）を描いたものであり，売れ行き順に商品を横軸に並べ，売上を縦軸にとったものである。ロングテールの名前の由来は，販売量の多い順に左から右へと商品を並べたグラフにしていくと，売れ筋商品が恐竜のヘッドで，あまり売れない商品群が長く伸びている様子が恐竜の長いしっぽのように見えることから，ロングテールと呼ばれている。

パレートの法則はリアル店舗で活用できるが，ロングテールの法則はバーチャル店舗で活用できるといえよう。

図表5-6　ロングテール（販売量の分布曲線）

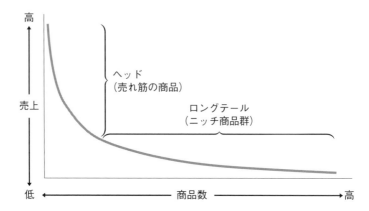

出所：Anderson, Chris（2006），*The Long Tail: Why the Future of Business Is Selling Less of More,* Hyperion Books.（篠森ゆりこ訳（2006）『ロングテール－「売れない商品」を宝の山に変える新戦略－』早川書房，pp.70-76を参考に作成）

3. BCGのポートフォリオ

　現在多くの企業は，持続的な成長と発展に向けて多角化する傾向にある。そこで，重要なのは，企業の経営資源には限りがあるため，自社の複数事業間に最適な経営資源の配分を決定しなければならない点である。その決定において，代表的な分析がボストン・コンサルティング・グループ（Boston Consulting Group：BCG）のポートフォリオ（成長／市場シェア・マトリックス）である。

　ポートフォリオとは，書類入れ，ファイルなどの意味であるが，マーケティングでは，複数事業，またはSBU（Strategic Business Unit：戦略事業単位）を利益最大化のための投資対象として見て，企業内の複数事業（あるいは製品やブランド）が企業全体の成果にどのくらい貢献するかを評価するツールである[8]。

　BCGのポートフォリオは，米国のボストン・コンサルティング・グループによって開発された経営手法である。この分析方法は，図表5-7に示され

図表5-7　BCGのポートフォリオ

出所：Kotler, P.（2000）*Marketing Management: Millennium Edition, tenth edition*, Prentice Hall, Inc.（恩藏直人監修・月谷真紀訳（2001）『コトラーのマーケティング・マネジメント　ミレニアム版』ピアソン・エデュケーション，p.88を一部加筆）

　ているように複数の事業を全体として管理するための手法であり，当該市場の市場成長率（縦軸）と当該市場の相対的市場シェア（横軸）という2つの軸（高低）に基づいて，企業内の複数事業を「問題児」「花形」「金のなる木」「負け犬」という4つに分類している。市場成長率は，当該事業の年間成長率を示している。市場成長率の高低を分類する基準は，10％である。すなわち，0％～10％までが低成長であり，10％～20％までが高成長である。

　一方，相対的市場シェアは，当該事業の最大の競争他社のシェアに対する当該事業のシェアを示している。相対的市場シェアの高低を分割する基準は，1.0である。すなわち，1以下が低シェアであり，1以上が高シェアである。例えば，相対的市場シェアが10であれば当該事業が市場リーダー（1位）であり，2位企業の10倍のシェアを占めていることを示しており，相対的市場シェアが0.1であれば，当該事業のシェアが市場リーダーのシェアの10％であることを意味している。

　換言すれば，業界1位のある事業のシェアが60％であり，業界2位のある事業のシェアが6％だとすると，業界1位の相対市場シェアは60/6＝10で，2

位企業の10倍のシェアを占めていることを示している。一方，業界2位の相対市場シェアは6/60 = 0.1であるので，当該事業のシェアが市場リーダーのシェアの10%であることを意味している。日本の自動車業界の売上高＆シェア（2020年）を例に挙げると，業界1位のトヨタ自動車のシェアが45.5%（299,299億円）で，業界2位のホンダが15.2%（99,590億円）であるため，トヨタ自動車の相対市場シェアは45.5/15.2 = 2.99で，ホンダの相対市場シェアは15.2/45.5 = 0.33ということになる。[9]

(1) **問題児（problem child）**：市場の成長率は高いが，相対的市場シェアは低い事業である。多くの現金が必要（人材確保，設備投資，工場建設，広告費など）であるが，積極的な投資によって事業を拡張し，シェアを拡大し続けて「スター」になる可能性も秘めている。しかし，そのまま放置すると，「負け犬」になる。企業は積極的に投資をすべきか，撤退すべきかを検討しなければならない。基本戦略は，主として成長戦略である。

(2) **花形（star）**：市場の成長率が高く，相対的市場シェアも高い事業である。自社の競争力が競合他社に比べて高いものの，常に新規参入業者の脅威にさらされている。そこで，現在の地位を維持するための努力や追加投資を持続していく必要がある。シェアの維持や競合他社の攻撃を退けるために自ら稼いだ資金を当該事業に再投資することが望ましい。基本戦略は，主として維持戦略である。

(3) **金のなる木（cash cow）**：市場の成長率は低いが，相対的市場シェアは高い事業である。企業内での現金を創出する重要な資金源である。市場の成長率が低下している状況であるため，将来の成長性は期待できないものの，現在の当該事業のシェアは高く，事業経営が安定している。大きなキャッシュ・フロー（一定期間内の資金の流れ）をもたらしている事業である。積極的な投資はできず，基本戦略は，主として収穫戦略である。

(4) **負け犬（dog）**：市場の成長率も相対的市場シェアも低い事業である。現金

支出の可能性が大きく，撤退候補事業である。将来の成長性もなく，自社の相対的市場シェアも低く，顧客からも離れていく事業である。ここでは，積極的な投資を行えず，市場からの撤退や売却も含めて，今後の事業展開と進むべき事業の方向性を検討する必要がある。基本戦略は，主として撤退戦略である。

　成功する事業にはライフサイクルがある。多くの場合，新規事業の最初は「問題児」からスタートし，「問題児」が成功すれば「花形」がいる高成長市場へ参入する。その後は，成長が鈍化することによって「金のなる木」となり，そして最後は「負け犬」となる。通常，「金のなる木」から得られた資金を企業の将来のために「花形」事業に投資をしてシェアを拡大または維持するか，「問題児」事業に投資をするかのいずれであるが，投資の目的は将来の「花形」を育成することである。

　BCGのポートフォリオは，あまりにも単純で，他の重要な要素を考慮していない点や外部から現金を稼ぐことができる可能性を考慮していない点などの欠点が指摘されているが，市場成長率と市場の相対的市場シェアという2次元で構成され，これらは容易に入手可能な情報であり，複数事業間の最適な経営資源の配分を意思決定する有効な経営手段であるといえる。

4. コトラーの市場地位別戦略

　コトラー（Kotler, 2000）は，市場における競争地位によって，マーケティングの戦略がそれぞれ異なると指摘している。市場における競争上の地位は，

図表5-8　仮想の市場地位

(%)

リーダー	チャレンジャー	フォロワー	ニッチャー
40%	30%	20%	10%

出所：Kotler, P. (2000) *Marketing Management: Millennium Edition, tenth edition*, Prentice Hall, Inc.（恩藏直人監修・月谷真紀訳（2001）『コトラーのマーケティング・マネジメント　ミレニアム版』ピアソン・エデュケーション, p.282）

	特徴	基本戦略	マーケティングミックスの方向
リーダー	● 企業力がある ● 最大のシェアをとっている	● 全体市場拡大 ● 市場シェアの防衛（維持）	● 中高品質製品のフルライン ● 広範なチャネル戦略 ● マス広告によるブランド確立 ● 高シェアによる規模の利益
チャレンジャー	● 企業力がある ● シェアは2〜3番手 ● 挑戦姿勢をとる	● 挑戦の戦略 ● 差別化 ● シェアの追撃	● リーダーとの差別化を狙った商品構成 ● 特徴を持たせたチャネル ● ブランド訴求と機能追及 ● タイミングを計った集中展開
フォロワー	● シェアは3番手以下 ● 挑戦姿勢よりも模倣姿勢が強い	● スピード対応 ● 同質化	● 中低価格に寄せた商品ライン ● 価格訴求型チャネル ● 広告宣伝よりも，営業・販促に注力 ● 市場チャネルをすばやく追求
ニッチャー	● 特定市場に強い ● その領域で名声を得ている	● 特定市場 ● 集中化 ● 顧客満足維持	● 特定市場のフルカバー ● 限定型チャネル ● マインドシェアを高める説得 ● 特定市場での優位性確保

出所：水口健次（1983）『マーケティング戦略の実際』日本経済新聞社，p.150を加筆修正。

リーダー，マーケット・チャレンジャー，マーケット・フォロワー，マーケット・ニッチャーといった4つの類型に分類される[10]。図表5-8はある市場の仮想の市場地位を，図表5-9は各々の地位別にとるべき戦略をそれぞれ提示している[11]。

(1)　マーケット・リーダー（Market Leader）

　マーケット・リーダー企業は，業界で1社存在している。その業界において最大のマーケットシェアを保有している企業である。リーダーの基本戦略は，全体市場の拡大，市場シェアの防衛（維持）などが挙げられる。まず，全体市場の拡大であるが，全体市場の規模が拡大すればするほどリーダーの取り分は最も多くなる。その方法としては，前述の「アンゾフの成長マトリックス」のうち，「市場浸透」戦略と「市場開発」の「新市場セグメント戦略（使ったことがない人々）」と「地理的拡大戦略（別のところに住んでいる人々）」の3つがある。

次の市場シェアの防衛であるが，リーダーは特にマーケット・チャレンジャーの攻撃から常に市場シェアの維持に努めなければならない。相手が外国企業の場合もあれば国内企業の場合もある。最も有効な対抗戦略は，絶え間ないイノベーションである。すなわち，新しい製品の開発，顧客サービスの改善，流通面での効率化，コストの削減の面で業界をリードし，競争優位と顧客満足を向上させることである。

　リーダー企業の代表例としては，自動車業界ではトヨタ，コンビニ業界ではセブン−イレブンなどがある。

⑵　マーケット・チャレンジャー（Market Challenger）

　マーケット・チャレンジャー企業は，業界で第2位や第3位などの地位にある企業である。度々2番手企業と呼ばれる。チャレンジャーの基本戦略は，市場シェアを拡大すべく積極的にリーダーや同規模，そして小規模などの競合他社を攻撃することである。代表的な攻撃方法として，正面攻撃，側面攻撃，迂回攻撃といった3つの攻撃戦略がある。まず正面攻撃では，競合他社の製品，サービス，広告，価格などと真正面から競り合うことである。攻撃戦の大原則は，攻撃対象の弱点を正しく理解し，そこにチャレンジャーの経営資源を集中させることにある。

　側面攻撃は，真正面からの攻撃ではなく，市場セグメントの変化によって生じる隙間を見つけ，その市場ニーズを満たし，魅力的なセグメントに成長させる戦略である。側面攻撃は，本来のマーケティングの意義と整合性があり，特に競合他社より経営資源が少ない企業にとっては極めて魅力的な戦略である。成功率は正面攻撃よりもはるかに高い。

　迂回攻撃は，直接的な攻撃ではなく間接的な攻撃方法である。これは競合他社を迂回して，より接近しやすい市場をターゲットにする。これには，既存製品とのシナジー効果が得られない非関連製品への多角化，未開拓の市場への進出などが挙げられる。

　上記の3つの攻撃戦略に共通する点は，競合他社との徹底した「差別化」を実現することである。具体的な攻撃戦略は，競合他社より，価格引き下げ，高品質かつ高価格設定，より多くの種類の製品を販売，製品改良，サービス

向上，新しい流通チャネルの開拓，広告プロモーションの強化などが挙げられる。

チャレンジャー企業の代表例としては，ホンダや日産，ファミリーマートとローソンなどがある。

⑶ マーケット・フォロワー（Market Follower）

マーケット・フォロワー企業は，3番手以下の地位にある企業である。これは，マーケット・リーダー企業に対抗するより，リーダー企業に追随していく戦略である。フォロワーの基本戦略は，リーダーやチャレンジャー企業の売れ筋製品を素早く模倣して，迅速に同様の製品を市場に投入することである。すなわち，フォロワー企業はリーダーやチャレンジャー企業の成功モデルに対して「同質化」を図るという戦略である。

この戦略の魅力は，リーダー企業の戦略を模倣し，開発のリスクやプロモーションのコストを抑えることができるため，比較的に短期間で高い収益を上げることができる点である。一般的には，フォロワー企業は，リーダー企業の製品の特徴や成功モデルを模倣し，同様の製品をリーダー企業よりも低価格で提供し，低価格を特に好む消費者の支持を得ることができる。

そうはいっても，フォロワー企業の戦略は「同質化」だけではない。フォロワーは，度々リーダーやチャレンジャーの主な攻撃対象となるため，競争環境の変化に応じて「同質化」から「差別化」を図ったり，高品質と高サービスを保ったりしなければならない。フォロワー企業は，リーダーやチャレンジャーの強烈な報復を避けるための工夫と努力が求められる。

フォロワー企業の代表例としては，マツダと三菱自動車，ミニストップとデイリーヤマザキなどがある。

⑷ マーケット・ニッチャー（Market Nicher）

マーケット・ニッチャー企業は，大企業が関心を示さないニッチ（niche：隙間）を見つけ，そのニッチ市場において高いシェアを占めている企業である。市場に参入する企業は，当初，大企業がねらわないような小さい市場や見逃している領域，ビジネス対象としない分野をターゲットにすることで，大

企業との競争を避けている。ニッチャー企業は，業界全体でのマーケット・シェアは極めて小さいが，特定のニッチ市場でリーダーになる道を選んでいる。ニッチャー企業の基本戦略は，ある特定の市場と顧客のニーズに自社の持つ経営資源を集中させることである。

　ニッチャー企業がニッチ市場で成功するためには，特定顧客集中化戦略，特定技術集中化戦略，統合化戦略といった3つの取り組みが必要である[12]。まず特定顧客集中化戦略は，自社の強みを発揮できる市場を特定顧客に限定し，そこに経営資源（ヒト，モノ，カネ，情報）を集中させる戦略である。例えば，老人ホーム，動物病院などがある。

　次の特定技術集中化戦略は，自社の強みを発揮できる特殊技術を活かせる分野に限定し，そこに経営資源を集中させる戦略である。例えば，小型・精密モーター（日本電産株式会社），生体認証（NEC）などがある。

　最後の統合化戦略は，上記の2つの統合的戦略で，特定の顧客のために，経営資源と特殊な技術を適用して，他に追随を許さないユニークな製品やサービスを提供する戦略である。例えば，老人ホームに特殊な浴槽などを生産販売している株式会社メトス，またアマゾンはオンライン書店というニッチ市場からサービスを開始したが，現在は書籍以外のあらゆる商品を取り扱う総合的ネット通販ビジネスやインターネットモールを展開する多国籍テクノロジー企業へと成長してきた。

　また，超高級スポーツカーを生産販売しているフェラーリやポルシェ，小型車と軽自動車を集中生産しているスズキ，セイコーマート（北海道地方を中心に店舗展開），ポプラ（中国地方を中心に店舗展開）などが挙げられる。ただ，ニッチャー企業は，リーダー企業やチャレンジャー企業がその市場に本格的に参入する場合もあるので，ニッチ市場に独自の技術を活かした新たな製品やサービスを提供するとか，複数のニッチ市場を有していることが必要である。すなわち，独自の技術を有することや2つ以上のニッチを開拓することが，リーダー企業やチャレンジャー企業の攻撃からのリスク回避策であり，危機から自社を守る最大の防衛策になるだろう。

コラム **2** ブルー・オーシャン戦略

　ブルー・オーシャン（blue ocean：青い海）は，まだ生まれていない市場，未知の市場空間である。未開拓の市場空間であるため，企業は新たに需要を掘り起こそうとする。利益の伸びに大いに期待ができる。ブルー・オーシャンの中には，これまでの産業の枠組みを超えて，新しく創造されるものもあるが，大多数は，既存の産業を拡張（レッド・オーシャンの延長戦）することによって生み出される。ブルー・オーシャン戦略とは，血みどろの競争が展開されるレッド・オーシャンから抜け出し，バリュー・イノベーション（value innovation：価値と革新）を土台に競争のない市場空間を生み出して競争を無意味にするというものである。

　一方，レッド・オーシャン（red ocean：赤い海）は，既存の市場空間である。各社がしのぎを削って，限られたパイを奪い取ろうとする。競合他社が増えるにつれて，利益や成長の見通しは厳しくなっていく。製品のコモディティ化が進み，競争の激しさが増す。図表5-10は，ブルー・オーシャン戦略とレッド・オーシャン戦略の主な特徴を示してある。

図表5-10　ブルー・オーシャン戦略とレッド・オーシャン戦略の違い

レッド・オーシャン戦略	ブルー・オーシャン戦略
既存の市場空間で競争する	競争のない市場空間を切り開く
競合他社を打ち負かす	競争を無意味なものにする
既存の需要を引き寄せる	新しい需要を掘り起こす
価値とコストの間にトレードオフの関係が生まれる	価値を高めながらコストを押し下げる
差別化，低コスト，どちらかの戦略を選んで，企業活動すべてをそれに合わせる	差別化と低コストを共に追求し，その目的のためにすべての企業活動を推進する

出所：Kim, W. Chan and Renee Mauborgne（2015）*Blue Ocean Strategy: Expanded Edition,* Harvard Business school Publishing Corporation.（入山章栄監訳・有賀裕子訳（2020）『〔新版〕ブルー・オーシャン戦略』ダイヤモンド社，p.64）

　また，ブルー・オーシャン戦略では，ブルー・オーシャンを切り開くために4つのアクションという手法を編み出した。4つのアクションとは，4つの問いを通して，業界の従来の戦略ロジックやビジネスモデルを刷新するためのものである。その4つのアクションは，図表5-11に示してある。

図表5-11　4つのアクション

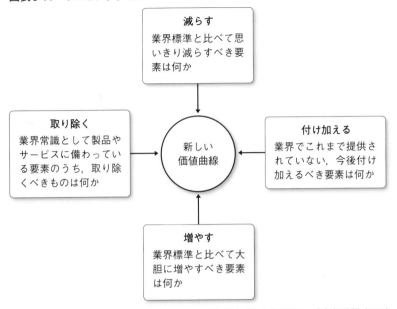

出所：Kim, W. Chan and Renee Mauborgne（2015）*ibid.*（入山章栄監訳・有賀裕子訳（2020）
同上書，p.78）

3 ポーターの価値連鎖

　価値は，マーケティングの核心要素の1つである。マーシャルとジョンスト
ン（Marshall and Johnston, 2019）は，顧客観点からの価値は，顧客が提供
物から受け取る「便益」の束と，それを購入する際に顧客が負担する「コス
ト」との比率であるとしている[13]。経営の神様といわれる，ドラッカー（1974）
は，顧客が買うのは製品ではなく，もともとの欲求の充足感を買うので，顧
客が購入するのは常に価値であると指摘している[14]。その際，ポーター（porter,
1985）が『競争戦略論』の中で提唱した価値連鎖（value chain）が参考にな
る[15]。

図表5-12　ポーターの価値連鎖

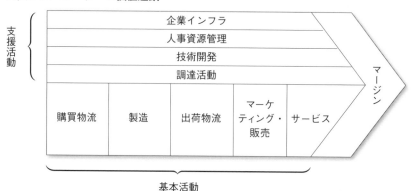

出所：Porter, M. E（1985），*Competitive Advantage*, Free Press.（土岐坤・中辻萬治・小野寺武夫訳（2019）『競争優位の戦略』ダイヤモンド社，p.49を一部修正）

　価値連鎖とは，企業のすべての活動から顧客価値を創出する手法であり，具体的には製品の設計から，製造，販売，流通，支援サービスに至るまでの諸活動である。これらのすべての活動は，図表5-12で示すように，価値連鎖という形で描いたものである。

　価値連鎖では，価値方程式の2つの側面である，「便益」と「コスト」を創造または影響を与える9つの価値創造活動（value-creating activities）によって価値を作り出している。こうした価値創造活動は，5つの基本活動と4つの支援活動で構成される。基本活動は，価値創出に直接関係している活動であり，支援活動は基本活動が継続して行われるように支援する活動である。

　まず5つの基本活動は，次の通りである。
① 購買物流：生産のために原材料を購買する活動である。例えば，原材料の仕入れ，品質検査，保管などである。
② 製造：原材料を通して最終製品を生産する活動である。例えば，機械の操作，アセンブリ，機器のメンテナンスなどである。
③ 出荷物流：最終製品を出荷し，保管し，顧客の手に届けるまでの活動である。例えば，郵送，受注処理などである。

④ マーケティング・販売：企業が製品を買える手段を提供し，顧客が購入したくなるように仕向ける活動である。例えば，広告，販売促進，流通チャネルの選択などである。

⑤ サービス：販売前後に顧客満足を得るための活動である。例えば，アフターサービス，技術者訓練などである。

4つの支援活動は，以下の通りである。

① 企業インフラ：本社経営，企画，財務，経理，法務，対政府取引に関する業務，品質管理などの活動である。

② 人的資源管理：社員を訓練させ，適材適所に配置し，維持する活動である。例えば，社員の募集，エンジニアの採用，労働組合との交渉などである。

③ 技術開発：顧客の便益のために技術を確保して使用する活動である。例えば，製品設計，情報システム開発，市場調査などである。

④ 調達活動（購買物の機能）：企業が社外からの物品やサービスの調達・購入するための活動である。例えば，エネルギー，他の部品，コンサルティング，管理者などである。

　価値連鎖がうまく運営されると，顧客は高品質の製品，定時配送，販売後の迅速なサービスなどのような，よく調整された価値連鎖の結果を経験することになる。しかし，価値連鎖の中で1つの活動だけでもうまく運営されないと，新規顧客の獲得や忠誠度の高い顧客を維持することが困難になる。

　価値活動は，競争優位のための構築ステップではあるが，価値連鎖は個々の独立した活動ではなく，相互に依存した活動のシステムである。すなわち，企業の競争優位の源泉は，価値連鎖を構成する9つの活動をいかにうまく行うか，また価値活動間の調整と依存などから求められる。

コラム **3** VRIO分析

　VRIO（ヴリオ）分析は，バーニー（Barney, J. B. 2002）によって提唱され，企業の経営資源やケイパビリティ（能力）が「強み」であるかどうかを評価するために用いるフレームワークである。VRIO分析とは，Value（経済価値），Rarity（希少性），Imitability（模倣困難性），Organization（組織）という4つの問いの頭文字をつなげ，VRIO分析と呼ぶ。評価は，4つの問いに対してYES（評価できる）かNO（評価できない）かのどちらかを選ぶ。この分析によって，競合他社より自社の経営資源やケイパビリティがどれだけ競争優位を有しているのかを明確にすることができる。すなわち，自社の経営資源やケイパビリティの課題や特徴（強みと弱み）を把握できる。

① 経済価値（Value）に関する問い：
　企業の経営資源やケイパビリティが顧客にとって経済的価値があると認識されているかどうかである。例えば，その経営資源は外部の脅威と機会に適応できるのか。
② 希少性（Rarity）に関する問い：
　企業の経営資源が市場で希少性を有するかどうかの評価である。例えば，その経営資源を持っている企業が少数であるのか。
③ 模倣困難性（Imitability）に関する問い：
　企業の経営資源が簡単に真似できるかどうかの評価である。例えば，その経営資源を競合他社が獲得あるいは開発する際にコスト上の不利に直面するだろうか。
④ 組織（Organization）に関する問い：
　企業の経営資源を効果的かつ効率的に活用できる組織体系や仕組みになっているかどうかの評価である。例えば，その経営資源を活用するために組織的な方針や手続きが整っているだろうか。

　図表5-13はVRIOの質問と評価，そして競争優位の状態を示したものである。これを用いて関心がある企業を取り上げ，分析（評価）してみよう。

図表5-13　VRIOの質問と評価，そして競争優位の状態

<u>V</u>：経済価値はあるか？	<u>R</u>：希少性が高いか？	<u>I</u>：模倣コストは大きいか？	<u>O</u>：組織体制は適切か？	競争優位の状態	経済的なパフォーマンス
NO ━━━━━━━━━━━━━━━━━━━➤				競争劣位	標準を下回る
YES	NO ━━━━━━━━━━━━━➤			競争均衡	標準
YES	YES	NO ━━━━━━━➤		一時的な競争優位	標準を上回る
YES	YES	YES	YES ━━➤	継続的な競争優位	標準を上回る

出所：Barney, J. B.（2002）*Gaining and Sustaining Competitive Advantage, Second Edition,* Pearson Education, Inc.（岡田正大（2005）『企業戦略論（上）基本編』ダイヤモンド社，pp.251-274。特に図表5-9は，p.272の表5-2を参考に作成）

■　**演習問題**

1　成功している企業を取り上げ，成長マトリックスを用いてまとめてみよう。

2　関心のある企業を取り上げ，ポートフォリオを整理した上で，現在何が求められているのかを考えてみよう。

3　ニッチ戦略とは何か。市場のニッチはいかにして見つけ出すかを考えてみよう。

4　バリュー提案は何か。以下のブランドのコアバリュー提案は何だと思うか，自分の考えを論じてみよう。インスタグラム（Instagram），ティックトック（TikTok），ネットフリックス（Netflix），東京ディズニーランド。

5　競合他社より価値連鎖の活動に積極的に投資して管理し，高い利益を創出している企業を例示して，価値連鎖のどの活動（2つまたは3つ）を適切に管理しているのか，どのような点が競合他社より良いのかを考えてみよう。

1) Porter, M. E.（1980）*Competitive Strategy: Techniques for Analyzing Industries and Competitors*, Free Press.（土坤岐・中辻萬治・服部照夫訳（1982）『競争の戦略』ダイヤモンド社，pp.17-54）

2) 住谷 宏（2000）「消費財メーカーと組織小売業との信頼の因果分析」『東洋大学経営論集』第51号，pp.191-215。

3) Porter, M. E.（1980）*op. cit.*（土坤岐・中辻萬治・服部照夫訳（1982）前掲書，pp.55-71）

4) 石井淳蔵・栗木契・嶋口充輝・余田拓郎（2004）『ゼミナール マーケティング入門』日本経済新聞社，p.152。

5) Ansoff, H. L.（1957）"Strategies for Diversification," *Harvard Business Review*, Vol. 35, No.5, pp.113-125.

6) Kotler, P.（2000）*Marketing Management: Millennium Edition*, Prentice Hall, Inc.（恩藏直人監修・月谷真紀訳（2001）『コトラーのマーケティング・マネジメント ミレニアム版』ピアソン・エデュケーション，p.284）

7) 尾上伊知郎（2001）「戦略的マーケティングの構図」日本マーケティング協会編『マーケティング・ベーシックス〈第二版〉』同文館，pp.33-36。

8) Marshall, G. W. and Johnston, M. W.（2019）*Marketing Management* 3e, Mc Graw Hill Education, pp.60-63. Kotler, P.（2000）*op. cit.*（恩藏直人監修・月谷真紀訳（2001）前掲書，pp.87-93）を参照した。

9) https://gyokai-search.com/3-car.htm/（2021年1月15日アクセス）

10) Kotler, P.（2000）*op. cit.*（恩藏直人監修・月谷真紀訳（2001）前掲書，pp.282-310）

11) 水口健次（1983）『マーケティング戦略の実際』日本経済新聞社，pp.149-151。

12) 田口冬樹（2017）『マーケティング・マインドとイノベーション』白桃書房，p.79。

13) Marshall, G. W. and Johnston, M. W.（2019）*op. cit.*, p.55.

14) Drucker, P. F.（1974）*Management: Tasks, Responsibilities, Practices*, Harper & Row, Publishers Inc.（野田一夫・村上恒夫監訳（1974）『マネジメント（上）』ダイヤモンド社，p.133）

15) Porter, M. E（1985）*Competitive Advantage*, Free Press.（土岐坤・中辻萬治・小野寺武夫訳（2019）『競争優位の戦略』ダイヤモンド社，pp.49-77）

第III部

消費者への対応編

第6章 プロダクト戦略

① 製品の概念と分類とは

マーケティングの基本戦略は，顧客価値を創造することである。製品は顧客価値を創造するための必須的な核心要素であり，マーケティングの心臓である。また，製品はマーケティング・ミックスの中でも最も重要な構成要素でもある。

1. 製品の概念

製品とは何であろうか。マーシャルとジョンストン（Marshall and Johnston, 2019）は，製品の概念について，消費者のニーズとウォンツを満たすために価値を伝達する活動であり，こうした活動には商品，サービス，イベント，人，場所，組織，情報，そしてアイデアを包含している[1]と指摘している。

また，レビット（Levitt, 1974）は，製品について，4分の1インチのドリルを購入する消費者は4分の1インチのドリルそのものを購入したいと思っているのではなく，4分の1インチの穴を購入するのだ[2]と論じている。すなわち，消費者が購入するのは，物理的な製品その物体ではなく，価値の期待または製品のもたらす恩恵（ベネフィット）の期待である。以上のことから，消費者が製品を購入するのは，消費プロセスから得られるニーズやウォンツの充足であるといえる。

コトラー（Kotler, 1989）は，製品の捉え方として，製品の核（Core product），製品の形態（Actual product），製品の付随機能（Augmented product）の3つのレベルに大別されると示唆し，下記のように説明している[3]。図表6-1は，製品の3つのレベルを描いたものである。

まず製品の核は，最も基本的なレベルであり，図表6-1で見られるように製品全体の中央に位置付けられる。製品の核とは，消費者が本当に購入するのは何かという問いに答えるものである。例えば，消費者は，化粧品という製品ではなく，綺麗になるという希望を購入している。自動車も同じく，製品ではなく，便利で快適な移動手段という価値を購入している。このレベル

図表6-1　製品の3つのレベル

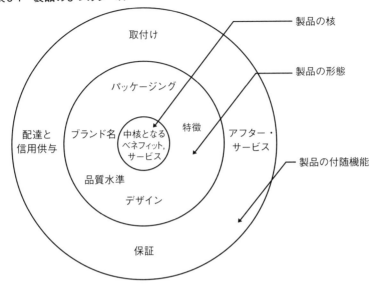

取付け

製品の核

パッケージング

製品の形態

配達と
信用供与

ブランド名　中核となる　特徴　アフター・
　　　　　　ベネフィット,　　　　サービス
　　　　　　サービス

製品の付随機能

品質水準

デザイン

保証

出所：Kotler, P and G. Armstrong（1989）*Principles of Marketing, Fourth Edition*, Prentice Hall,
　　　Inc.（和田充夫・青井倫一（1995）『マーケティング原理』ダイヤモンド社，p.316を一部修正）

は，消費者が何かの問題解決のために必要とするベネフィットのことを指す。
よって，マーケターは製品を売るのではなく，問題解決またはベネフィット
を売るための最大限の努力をすべきである。

　第2のレベルは，問題解決またはベネフィットを売るための具体的な製品
の形態（実態）を表現するレベルである。製品の形態は，品質，特徴，デザ
イン，ブランド名，パッケージングという5つの要素から構成される。例え
ば，ノートパソコンは移動中や移動先で仕事をしたいという問題解決やベネ
フィットを提供するために重量とサイズ，携帯性，CPUやメモリー，機能や
スペックなどの製品の特徴や，洗練されたデザイン，ブランド名，品質水準
などが慎重に設計されている。

　最後のレベルは，上記の製品の核と製品の形態を取り巻いている製品の付加
的サービスを決定することになる。製品の付随機能には取り付け，配達と信
用供与，保証，アフター・サービスが含まれる。例えば，自動車や家電，特

に空気清浄機など高関与製品や高価格の製品は，製品の付随機能が消費者の購買意思決定に影響を与えることが多い。とりわけ自社の製品が競合他社の製品と同品質・同価格・同デザインであればあるほど，この付加的サービスが重要な決め手になる場合が多い。

2. 製品の分類

　製品といっても，数え切れないほどの多くの種類が存在しているが，ある同質性に着目すると，いくつかの類型（タイプ）に分類できる。ここでは，製品の耐久性，製品を利用する目的，消費者の購買慣習の3つに分類してみる[4]（図表6-2参照）。一般的に製品の分類に基づいてマーケティング戦略が異なってくるので，製品の特性や用途などを理解することが肝要である。

⑴ 耐久財，非耐久財（耐久性を基準に分類）

　これは，製品の耐久性に基づいて分類する方法である。すなわち，耐久性があるか否かという相違によって耐久財と非耐久財に分類される。耐久財は，長時間の使用に耐えうる製品である。例えば，家具，テレビ，機械，衣服などが該当する。こうした製品は，対面販売とアフター・サービス，保証などが必要とされるため，それに応じたマーケティング戦略が求められる。また，高価格の製品が多く，購入頻度が低いが，高い粗利益（売上高に対する売上総利益）が多いことなどが特徴として挙げられる。

　一方，非耐久財は，短期（一回か数回）の使用で価値が消滅する製品である。例えば，不織布マスク，日用雑貨品，食品などがこれに含まれる。こうした製品は，購買頻度が高いために，買物利便性の確保や再購買行動の促進効果が最大になるよう，コミュニケーション戦略が必要である。また，比較的に低価格の製品が多く，低い粗利益の設定が多いことなどが特徴として挙げられる。

⑵ 消費財，産業財（利用目的を基準に分類）

　これは，製品を利用する目的に基づいて分類する方法である。この分類方

図表6-2　製品の分類

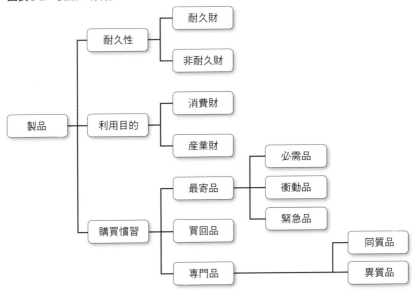

法は，製品が有する特性や概念の違いによって決定されるのではなく，製品を利用する目的の違いによるものである。

　消費財とは，最終消費者が個人や家庭で利用する目的で購入する製品であるのに対して，産業財は，企業や行政または非営利組織が生産や事業営業のために購入する製品である。産業財をビジネス財または生産財ともいう。例えば，同じ電気自動車でも，一般の家庭で使用する目的で購入すれば消費財であるが，企業が営業の目的のために使用する電気自動車はビジネス財になる。すなわち，同一の製品であっても，消費者が購入し利用すれば消費財になるし，組織が購入し利用すればビジネス財として見なすことになる。以上からして，利用目的が異なれば，異なるマーケティング戦略を考慮する必要がある。

⑶　最寄品，買回品，専門品（消費者の購買慣習を基準に分類）

　上記の消費財について，消費者の購買慣習に基づいて最寄品，買回品，専

門品の3つに分類したのがコープランド（Copeland, 1923）である。[5)]

① 最寄品（convenience goods）

　最寄品は，消費者が頻繁に，手軽に，類似品との比較などに対して最小の努力によって購入する製品である。例えば，日用雑貨品や一般食料品などが該当する。最寄品はさらに日常の基礎的消費に基づいて購入される必需品（歯磨き，石鹸，トイレットペーパーなど），その場その場で衝動的に購入される衝動品（ガム，雑誌など），状況が急変した時に購入される緊急品（解熱剤，傘，下痢止めなど）に分けることができる。こうした最寄品は購買頻度が高く，安価で，習慣的に購買，価格や品質比較にそれほど時間や手間をかけない低関与製品が多い。よって，マーケターは消費者が必要とする時にすぐ提供できるように，多数の店舗にこれらの商品を配置することが求められる。

② 買回品（shopping goods）

　買回品は，消費者が製品の選択と購入時に，自分への適合性，品質，価格，スタイルなどの基準で比較購入するため，複数の店舗を回り，いくつかの製品を十分にチェックした上で購入する製品である。例えば，宝飾品，大型家電，衣料，家具などが該当する。こうした買回品は，比較的購入単価が高く，高関与製品であり，時間と手間を惜しまない製品が多い。買回品は，同質品と異質品に分けられる。同質品とは，消費者が品質を同等と見なしているため，マーケターは消費者に対する価格訴求が重要になる。一方，異質品については，豊富な品揃え，デザイン，品質などの差別化，または優れたセールスマンが必要になる。

③ 専門品（specialty goods）

　専門品は，消費者が特定のブランドに愛着や親近感を抱いており，これを購入するために購入努力を惜しまない製品である。専門品は購入者の比較購入を引き起こさない。例えば，ルイ・ヴィトン（仏）やシャネル（仏）などのハンドバッグ，ロールス・ロイス（英）やブガッティ（仏），パガーニ（伊）などの高級乗用車などがこれに含まれる。これらの専門品は，購入単価と購入に伴うリスクが共に高く，購買頻度は上記の最寄品や買回品の2つに比較してさらに低く，特定の店舗やブランドに対するロイヤルティを示すことが多い製品である。したがって，専門知識や専門サービス，またはブランド・

ロイヤルティを高めるためのコミュニケーション戦略が重要となる。

2 製品計画：単一製品からさまざまな製品へ

　これまで製品の概念をはじめ，単一の製品を中心に検討してきた。しかし，多くの企業は一般的に，市場の変化への対応や競合他社の製品との差別化や存続などのために，さまざまな製品を生産している。これらの多くは，既存製品を変更したり，拡張したりしたものである。多くの消費者は，3Mといえば，この会社の象徴ブランドであるポスト・イットだけを思い出すが，実際には1つのアイデアを次のアイデアや用途に結び付けることで，5万5,000種類を超える製品となって，世界の70か国でさまざまな課題を解決している。[6] 以下では，製品グループである製品ラインと企業が取り扱うすべての製品リストである製品ミックスを検討していく。

1. 製品ラインと製品ミックス

⑴　製品ライン（product line）

　製品ラインとは，一企業が販売しているあらゆる製品のうち，機能，使用用途，ターゲット，販売チャネル，価格帯などを同じくする，互いに密接な関係にある製品グループである。また，製品アイテムとは，1つの製品ライン内の個別製品であり，サイズ，色，価格，サービス，重量，品質，あらゆる顧客のニーズに適合などの製品属性が異なる最小単位を指す。[7]

　製品ラインの中では，単一製品に対する戦略だけではなく。ラインのすべての製品に対する戦略も必要である。例えば，3Mは，ポストイットカードなどのポスト・イット製品ごとに，考えられる製品の用途，さまざまなターゲット市場，及びマーケティングメッセージを特定する戦略を策定している。それと同時に，3Mは特定市場向けの個別の製品を組み合わせて，消費者ベースのソリューションカタログを作成している。

企業は，製品ラインのアイテム数のバランスを取ることが重要である。ア
イテムが多すぎると，顧客は個々の製品間の差別化が難しく，さらに複数の
製品の生産に伴うコストの非効率性により，製品ライン全体のマージンが低
下する。一方，アイテムが少なすぎると，企業は重要な市場機会を逃すリス
クがある[8]。

(2) 製品ミックス（product mix）

製品ミックスとは，ある特定の販売者が消費者（顧客）に販売するために
提供する製品ラインとアイテムの集合である[9]。

企業の製品ミックスには，幅，長さ，深さ，整合性という4つの尺度から
構成されている[10]。図表6-3は，3M社の製品ミックスと製品ラインの一部を例
に示したものである。

まず，製品ミックスの幅とは，その企業が有する製品ラインの数を示して
いる。例えば，図表6-3にあるように，3M社の有している製品ラインが3つ
（エレクトロニクス製品，フィルム，飲食店向け製品）だけだとすれば，製
品ミックスの幅は3ということになる。製品ミックスの長さとは，製品ミッ
クス内のアイテム（品目）の合計数を示唆している。例えば，図表6-3が3M
社全体の製品ミックスを示しているとすれば，その広さは36ということにな
る。製品ミックスの深さとは，各製品ライン内で提供されているサイズ，価
格，色などによる個々の製品アイテム数（品揃え数）をいう。例えば，シリ
コーン自己融着テープに2つのサイズ幅（25mm，35mm）があり，サイズ
長さは2種類（1.5m，4.5m，9m）があるので，シリコーン自己融着テープに
は6つ（2×3）の深さがあるということになる。最後に，製品ミックスの整
合性とは，さまざまな製品ラインがその最終用途，生産条件，流通チャネル
などの点において，いかに密接に関連し合っているかということである。

製品ミックスを特徴付ける4つの尺度は，製品戦略上の極めて重要な意味
を有している。企業は以下の4つの方法によってビジネスを成長させること
ができる[11]。

① 新しい製品ラインを加えて，製品ミックスの幅を広げることである。

図表6-3　3M社の製品ミックスと製品ライン

←――――――――――　製品ミックスの幅（ライン名）　――――――――――→

エレクトロニクス製品	フィルム	飲食店向け製品
表面保護テープ331T	仮表示フィルム	グリドルクリーナー
表面保護テープ3326	メタリックフィルム	ハイパッド, 鍋釜用
表面保護テープ331	グラフィックフィルム	グリドルパッド高温用
自己融着テープ130C	オーバーラミネートフィルム	がんこたわし
スコッチキャスト	フィルム クリスタルアート	がんこたわし, 異物混入対策用
ワイヤーコネクタ	フィルム XLシリーズ不透過	グリドルパッド低温用
シリコーン自己融着テープ	フィルム XLシリーズ透過	グリドルパッド高温用
耐炎耐アーク用テープ	フィルム Jシリーズ	スポンジエース
電気絶縁用ビニールテープ117	反射シート 680シリーズ	
電気絶縁用ビニールテープNo.35	反射シート 1500シリーズ	
感圧式カバーテープNo.2668	デュアルカラーフィルム	
感熱式カバーテープNo.2675	ブロックアウトフィルム3635	
帯電防止エンボスキャリアテープ		
導電エンボスキャリアテープ		
ワイヤーコネクタ		
ヒューズホルダー		

製品ミックスの長さ（ブランド名）

出所：https://www.3mcompany.jp/3M/ja_JP/company-jp/all-3m-products/（2021年2月22日アクセス／3M社の製品ミックスの一部である）

② それぞれの製品ラインのアイテムを増やすことである。

③ 個々の製品のバリアント（variant：変型，異なる。例えば，異なるサイズと色1つなど）を増やして，製品ミックスをさらに深くすることである。

④ 製品ミックスの整合性をさらに追及していくことである。

2. 製品ライフサイクル（PLC：product life cycle）

人間は，生まれてから死ぬまでのライフサイクルがあるように，新製品にもライフサイクルがある。すなわち，製品も人間と同じく寿命がある。製品ライフサイクル（以下，PLCと略称する）は，導入期，成長期，成熟期，衰

図表6-4　製品のライフサイクル

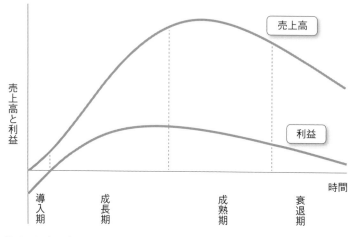

出所：Kotler, P. (2001) *A Framework for marketing Management,* Prentice Hall, Inc.（恩藏直人監修・月谷真紀訳 (2004)『コトラーのマーケティング・マネジメント』ピアソン・エデュケーション，p.212を一部修正）

退期の4段階（市場に導入されてから市場から姿を消すまで）に分けられる。これら段階ごとにマーケティング戦略が異なり，製品がどの段階でどの特徴があり，どういったマーケティング戦略が必要であるのかなどを次のように説明される。[12] 図表6-4は，時間の経過に従って新製品の売上高と利益の動向を示したもので，図表6-5は，製品ライフサイクルの特徴と戦略の概要を示したものである。なお，新製品の売上高と利益を時系列に観察すると，製品によって多少異なるものの，典型的パターンはS字型曲線が一般的である。

(1)　導入期

　この段階の特徴は，新製品が市場に導入されて間もない時期であるため，競合相手は非常に少数であり，製品間の相違は極めて大きい。また，売上高は低い伸びしか示さない。この時期は新製品開発費や製品の市場導入（プロモーションなど）に膨大なコストをかけているため，利益は通常赤字である。

　この時期の戦略は，製品名や品質，効用などが市場で十分に認知されていない時期であるため，マーケティング・ミックスの戦略が重要である。まず

図表6-5 製品ライフサイクルの特徴と戦略の概要

	導入期	成長期	成熟期	衰退期
特性				
売上高	低い伸び	急速に上昇	ピーク	減少
コスト	顧客一人につき高コストか低コスト	顧客一人につき平均的コスト	顧客一人につき低コスト	顧客一人につき低コスト
利益	マイナスから上昇	上昇	高利益から低利益へ	減少
顧客	イノベーター	初期採用者	追随者	遅滞者
競合他社	ほとんどなし	増加	安定から減少	減少
マーケティング目的	製品認知と製品試用の促進	市場シェアの最大化	市場シェアを守りつつ利益を最大化	支出の減少と利益の回収
マーケティング戦略				
製品	基本製品の提供	製品拡張，サービスと保証の提供	ブランドと製品アイテムの多様化	弱いモデルの段階的除去
価格	コストプラス方式の採用	市場浸透価格	競合他社に匹敵する価格か競合他社をしのぐ価格	値下げ
流通チャネル	選択的流通の構築（第9章**2**を参照）	開放的流通の構築	より進んだ開放的流通の構築	選択的流通への回帰：収益性の低い販売店の削減
コミュニケーション（広告）	初期採用者とディーラーにおける製品認知の促進	マス市場における認知と関心の喚起	ブランドの差異とベネフィットの強調	中核となるロイヤル・ユーザーの維持に必要なレベルに縮小
コミュニケーション（販売促進）	製品試用の促進を目的とした大規模な販売促進	縮小して大量の消費者需要を利用	ブランド・スイッチングを促進するために拡大	最小レベルまで縮小

出所：Kotler, P.（2001）*A Framework for marketing Management,* Prentice Hall, Inc.（恩藏直人監修・月谷真紀訳（2004）『コトラーのマーケティング・マネジメント』ピアソン・エデュケーション，p.213を一部修正）

製品戦略では，企業は市場の状況に応じて，製品の機能や品質などの製品調整が必要である。プロモーション戦略では，企業は消費者に製品を知ってもらい購買動機を喚起するような積極的なプロモーション展開が求められる。チャネル戦略は，消費者が比較的に利用しやすいオムニチャネルが有効であり，リアル店舗としては，最初は限定された地域から徐々に拡大していくというチャネル戦略が必要である。最後に価格戦略は，早期のコスト回収をねらう高価格設定の「上澄み吸収価格戦略（skimming pricing strategy）」か，または早期の市場浸透をねらう低価格設定の「浸透価格戦略（penetration pricing strategy）」（第8章の**2**参照）が採用される。

(2) 成長期

この段階においての特徴は，当該製品が市場に導入されて，製品の効用が市場において認知される時期であり，販売促進効果とデモンストレーション効果，そして競合他社の出現（後発企業の参入）などに伴って，製品に対する需要が大きくなる。また，単位当たりの製造コストが低くなるため，売上高の成長が著しくなる。利益も黒字に転換し，早くもピークを迎えることとなる。

この時期の戦略は，製品が市場に認知されて売上高と利益が急速に高まると，多くの競合相手の市場参入や類似品の増加を生み，競争が激しくなるため，先発企業は競争優位の地位を確保するための積極的なマーケット・シェアの拡大が求められる。マーケット・シェアの拡大のためには，マーケティング・ミックスの視点からの検討が重要である。まず製品戦略では，新たな機能の追加や品質の改善，または基本価値よりは便宜価値に焦点を当てた新しいモデルや新製品開発などを通した製品差別化が検討される。プロモーション戦略では，導入期でのプロモーション戦略（主に製品の認知）とは異なる，多くの競合ブランドの中から自社のブランドを選んでもらえるための自社ブランドの訴求（主に自社ブランドの選別）やブランド・ロイヤルティの向上を目指した戦略が求められる。価格戦略においては，大量生産方式による価格の引き下げが推移される。チャネル戦略では，市場の拡大に伴い，販路拡大・開拓が行われる。また自社のブランドを取り扱う販売店のネットワーク

を拡大することが必要とされる。

(3) 成熟期

　この段階の特徴として，消費者の新規需要はほとんどなく，買替需要や買い増しが主流となる。競合相手もいっそう増え，競争はますます厳しく，製品間の相違も次第に小さくなり，製品に対する需要の伸びが次第に弱くなるため，売上高は減少していく。また，利益も間もなく低下し始める。

　この時期の戦略は，市場が拡大しない状況であるため，マーケット・シェアの維持や拡大を目指すことになる。マーケティング・ミックスの観点から検討すると，まず製品戦略では，市場細分化による製品のリポジショニング，製品の新用途開拓，パッケージの変更，モデル・チェンジなどの製品差別化が図られる。プロモーション戦略では，基本機能の広告よりイメージや感情に訴える広告が有効的である。価格戦略では，新規顧客吸引のために割引や価格の引き下げが行われる。チャネル戦略では，新規チャネルの探索や開拓（国内から海外へ進出）などが進められる。

(4) 衰退期

　この段階の特徴は，競合他社の減少，新製品と代替品の出現，消費者ニーズやウォンツの変化などによって，製品市場そのものが縮小していくため，売上高は低下傾向を示し，利益も低下していく。すなわち，新しい製品が確立されることによって，既存の古い製品は市場から姿を消す。

　この時期の戦略は，売上高，利益共に減少していくため，経費の削減と少しでも利益の回収が求められる。そのためには，製品を維持して収穫するか，どのタイミングで市場から製品を廃棄・撤退するか，隙間戦略をねらうかの意思決定をしなければならない。特に製品を維持する場合を，マーケティング・ミックスの観点から考察すると，まず製品戦略では製品ミックスの縮小が必要であり，プロモーション戦略は，経費を削減するために広告を最小限にすることであり，チャネル戦略は販売店を削減が重要である。価格戦略では，さらなる値下げが求められる。一方，隙間戦略[13]をねらう場合は，衰退期が自社だけの衰退ではなく，業界全体としての衰退期であるなら，競合他社

が市場から撤退すれば，限られた隙間市場になる。そこで残された企業は独占状態となり，競合他社や新規参入がない極めてレアなビジネス・チャンスを手に入れることによって，ある程度の利益を享受することができる。

3 新製品開発

　先述したように，人間に寿命があるように製品にも誕生から衰退までの寿命がある。従って，企業が存続し持続的成長を実現していくためには，絶えずに新製品を開発しなければならない。また，企業の現在の製品がどれほど優れていても，長期的に生き残るためには新製品を連続的に市場に投入して収益を上げていく必要がある。ここでは，最初に新製品の獲得方法とカテゴリー分類方法を述べ，次に新製品開発プロセスとロジャースの新製品普及理論について説明する。

1. 新製品の獲得方法とカテゴリー分類方法

　企業は，買収と開発という2つの方法で新製品を獲得することができる。買収の方法には，①他企業を買収する方法，②他企業の特許権を買い取る方法，③他企業が製造しているライセンス（license：免許や許可）を買い取る方法，という3つの買収方法がある。

　一方，開発の方法には，④自社内の研究施設で新製品を開発する方法，⑤外部の研究機関や新製品開発会社と契約して特定の新製品の開発を委ねる方法，という2つの開発方法が挙げられる。企業は，基本的に上記の5つの方法で新製品を獲得することができる。また，新製品を6つのカテゴリーに分類できる。[14]

⑴ これまでにない新製品：まったく新しい市場に新製品を創り出すことである。

(2) 新しい製品ライン：すでに確立されている既存市場に，企業が初めて新しい製品ラインを追加して，参入する新製品である。

(3) 既存の製品ラインへの追加：既存の製品ラインにサイズの幅や長さ，色，味などを加えることにより自社の現行のラインを補う新製品である。

(4) 既存製品の改良や変更：既存製品の性能や機能などを改善や変更，または知覚価値を向上させることにより，既存製品の代替となる新製品である。

(5) リポジショニング：既存市場における自社製品のポジショニングの見直しを行い，新市場または新セグメントを目標とする既存製品のリポジショニングである。

(6) コスト削減：その名前が示すように，製品ミックスの価値志向の製品価格に焦点を当てることが多い低コスト製品を導入するための特定の方法である。一般に，このアプローチには，機能の削除または削減，安価な材料の使用，あるいはサービスまたは保証を変更して，製品をより低価格で市場に提供することである。

....

コラム **1** 新製品の成功と失敗の理由

　新製品の開発は，組織の長期的な成功にとって，非常に重要な要素であるため，企業は新製品開発プロセスに長けていると思うかもしれない。しかし，その答えは，残念ながらそうではない。これまでにない革新的な新製品は全体の10％に満たないとされている。また，世界中のすべての新製品の70〜80％が失敗している。これらの製品の多くが小規模な起業家によって開発されていることは事実であるが，どのような企業であれ，新製品開発に数多くの失敗を経験する。例えば，リーバイスのビジネスウェアやダンキンドーナツのシリアルについて聞いたことがあるのか。恐らく，聞いたことがないだろう。なぜなら，これらの新製品は，マーケティングの成功の実績を持つ企業によって導入されたにもかかわらず失敗したからである。その理由はさまざまであるが，新製品の成功または失敗における企業，顧客，そして競合他社の役割を特定することは可能である。図表6-6は，新製品の失敗の理由をまとめたものである。

図表6-6　なぜ，新製品が失敗するか

企業	顧客	競合他社	環境
● 適切ではない価値提案 ● 間違ったマーケティング・コミュニケーション ● 製品が顧客の期待に応えていない ● 新製品開発の完全な失敗	● 購入優先順位の変化 ● より高い期待	● より積極的な新しい競合他社との競争	● 政府の規制または法律の変化 ● 社会的要求の変化 ● 経済的変化

出所：Marshall, G. W. and M. W. Johnston（2019）*Marketing Management 3e*, Mc Graw Hill Education, p.229.

2. 新製品開発プロセス

　新製品開発は企業の存続を左右するため，非常に重要である。しかし，製品開発には研究開発のための膨大なコストや時間がかかる。そして失敗すれば，企業の存続を危うくするほどの大きな危険にさらされることもある。そのため，緻密な計画に基づく，新製品の考案や開発のための体系的な新製品開発プロセスを設定しなければならない。ここでは新製品開発の手順を8つのステップ[15)]に分けて検討していく。図表6-7は，新製品開発の意思決定プロセスを示している。

(1) アイデア創出

　新製品開発の最初のステップは，アイデアを収集することから始まる。アイデアの情報源としては，組織内と組織外とに大きく2つに分けられる。前者の組織内では，トップ・マネジメント，研究開発部門，生産部門，財務部門，自社営業や販売担当者などの提案や，従業員の複数人（5〜10人）でそれぞれ自由にアイデアを出し合うブレーンストーミング（brainstorming：集団思考，集団発想法）などの技法が利用される。一方，後者の組織外では，消費者，競合他社，取引先企業，大学や民間の研究所，発明家，コンサルタント，広告会社，マーケティング・リサーチ会社，業界専門誌，新聞などがある。

図表6-7 新製品開発の意思決定プロセス

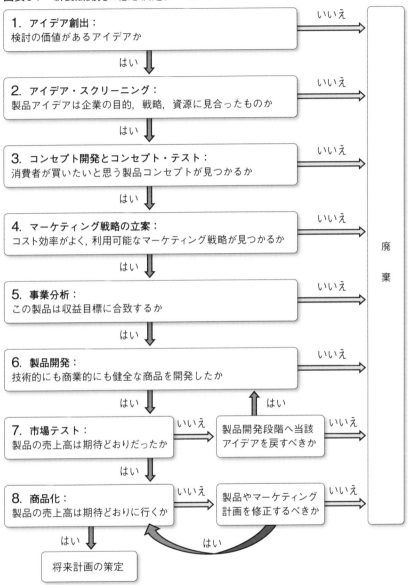

出 所：Kotler, P. (2000) *Marketing Management: Millennium Edition*, Prentice Hall, Inc.（恩 藏 直人監修・月谷真紀訳（2001）『コトラーのマーケティング・マネジメント ミレニアム版』ピアソン・エデュケーション，p.416を一部修正）

⑵　アイデア・スクリーニング

　このステップでは，数多く集められたアイデアから良いアイデアを見つけて，良くないアイデアを除去することである。こうした絞り込みがアイデア・スクリーニングである。アイデア・スクリーニングの基準は，企業が有する経営資源（ヒト，モノ，カネ，情報など）によって異なるが，具体的には，シーズ（seeds：技術やノウハウなど），市場規模・収益性，市場成長の可能性，競争状況，開発の所要時間，合法性，研究開発費などが挙げられる。この段階での注意点としては，ドロップ・エラー（drop error）とゴー・エラー（go error）という2種類のエラーを起こさないようにすることである。前者のドロップ・エラーとは，良いアイデアを何らかの理由で捨てることであり，後者のゴー・エラーは，良くないアイデアを開発段階や商品化段階まで進めてしまうことである。

⑶　コンセプト開発とコンセプト・テスト

　このステップでは，アイデア・スクリーニングで選別された良いアイデアをもとにして製品コンセプトを開発することと，見込み客の新製品に対する反応や評価を確認するためにコンセプト・テストを実施されることである。製品コンセプトとは，誰がターゲットなのか，この製品の機能やベネフィットは何か，消費者はいつこの商品を使用するのかなどを明らかにされる。コンセプト・テストでは，見込み客に象徴的または物理的に提示して，その反応や意見を得ることであるが，提示されるコンセプトが完成品であればあるほど，コンセプト・テストの信憑性が高くなる。

⑷　マーケティング戦略の立案

　このステップでは，コンセプト開発とコンセプト・テストが実施された後に，新製品を市場に導入するためのマーケティング戦略を計画することである。計画の内容は，まず標的市場の規模と構造，製品ポジショニング，商品化後の2年～3年後の目標売上，市場シェア，利益を記述する。そして目標価格，チャネル戦略，初年度のマーケティン予算の概略が決まる。次は，長期的な売上と利益目標，時間の経過に従ったマーケティング・ミックスについ

ての概略が決定される。

⑸ 事業分析

　このステップでは，マーケティング戦略を立案されたら，事業の魅力度に対する本格的な分析（収益性の視点）を行うことになる。市場規模，短期的・中期的・長期的な予算配分とマーケット・シェアの見積り，競合他社の強みと弱み，市場における新製品のポジショニング，製品の売上高などを行い，事業として利益が上がるかどうかを検討する。想定通りの基準値レベル程度の満足な結果が得られたら，次の段階である製品開発へ進むこととなる。ただ，その後に自社を取り巻く環境変化など予期せぬ状況が発生した場合，その時点で事業分析を再確認する。

⑹ 製品開発

　このステップでは，製造部門，技術部門，マーケティング部分などを通して，製品コンセプトを具体化して複数のプロトタイプ（prototype：試作モデル）の開発が行われる。そのプロトタイプは，想定通りの範囲内で生産が可能かどうか，製品アイデアが技術的可能性や商業的にも製品として実現可能かどうかが検討される。また，製造部門（生産テスト，製品を生産するための場所と設備，手順など）と技術部門（製品設計，プロトタイプの計画と予算内の製作など）とマーケティング部分（価値創造と顧客情報の提供，市場でのコンセプトやポジショニングなど）がそれぞれに連携しながら取り組む[16]ことが重要である。

⑺ 市場テスト

　このステップでは，本格的な市場投入前に新製品にブランド名を付け，パッケージを整えてから実際の市場環境のもとで市場テストを実施し，調査などにより成果を検証することになる。これをテスト・マーケティングとも呼ぶ。この市場テストでは，新製品の機能，性能，価格，デザイン，広告，流通チャネルなどに対する販売業者や消費者の購入前と購入後の反応などを確認するために，新製品を実際に市場でテストを行い，本格的に市場に導入するかど

うかを判断する。なお，市場テストは，新製品販売する際にリスクを回避するために，期間限定的に特定の地域や販売店を限定して行うことが多い。

⑻　**商品化**

　このステップは，市場テストの検証結果を踏まえて調整した後，商品化され，市場へ導入される。新製品を販売する企業は，最初に①販売時期（when：タイミング）を決めた後に，次は②販売する地域（where：地域戦略）を決めなければならない。その後に，③標的市場（Who：見込み客）を定めた後に，④マーケティング戦略（How：市場導入戦略）の（3W1H）を検討していくことが課題になる。すなわち，いつ，どこで，だれに，どのようなマーケティング戦略を行うかを検討することになる。新製品の商品化は，次に述べるロジャースの新製品普及理論と密接にかかわっている。

3. ロジャースの新製品普及理論

　新製品やブランドに対する消費者の関心は，人それぞれ異なる。新製品が発売された際に，すぐ購入する人もいれば，用心深く流行に左右されない性格の人は大多数の人々が試した後に購入する。また，変化に対して保守的で，懐疑的な性格を有する人もいる。例えば，スマホではなく，ガラケーを利用する消費者である。

　マーケターは，新製品を発売する際に，自社の新製品の普及状況や，製品普及に際して各段階の消費者の特性を把握できれば，客観的に予測分析ができるために，それぞれのターゲットのニーズやウォンツを的確に満たす価値提供，または堅実なマーケティング戦略を構築することができる。

　ロジャース（Rogers, 1962）は，新製品・イノベーションは消費者個々人の置かれた状況または個人の差（価値観，経済力，知識力，冒険心など）によって購入・採用の違いが見られると指摘した。ロジャースは，こうした個人の差に基づいて，新製品の購入・採用の意思決定の早いものから順に，消費者をイノベーター（Innovators），初期採用者（Early Adopters），初期多数派（Early Majority），後期多数派（Late Majority），ラガード（Laggards）

といった5つの類型に分類した。[17] 図表6-8は，消費者を5つの類型に分類し，新製品の普及過程を示したものである。

(1) イノベーター（Innovators）

イノベーター（革新者）は，比較的冒険的で，新製品を最も早く購入する消費者であり，市場全体の約2.5％を占める人々である。このグループに所属している個人は，製品開発プロセスの後半または新製品発売の早い段階でフィードバックの良い情報源となる。また，新製品に熱狂的で，リスクを承知の上で購入する消費者であり，社会階層と経済的階層で高い地位に占めている人である。企業の立場からすると，少数派ではあるが，非常にありがたい存在である。

(2) 初期採用者（Early Adopters）

初期採用者は，比較的尊敬を大事にし，市場の中で大多数の消費者よりも早く製品を購入する消費者であり，市場全体の約13.5％を占める人々である。このグループの人々は価格に敏感ではなく，高いレベルのパーソナライズされたサービスと製品の機能を求めている。また，初期多数派に対してオピニオンリーダーとして影響力が大きく，社交的で流行に敏感であり，新製品の価値について自ら情報収集を行い，冷静に判断する人々である。インフルエンサーとも呼ばれる。企業の立場からすると，オピニオンリーダーが当該企業の味方になると，特定多数の消費者の認知度を高めて，企業の利益に大きな影響を与えることになるため，企業にとって非常に大切な存在である。

(3) 初期多数派（Early Majority）

初期多数派は，比較的慎重派で，平均層より早く新製品を購入する消費者であり，市場全体の約34％を占める人々である。このグループの人々は，当該製品を主に使用するために企業の長期的な成長に非常に重要である。また，新しいものには関心があるものの，オピニオンリーダーからの情報やアドバイスを参考にしながら，新製品の購入には慎重に時間をかけて意思決定をする人々である。企業の立場からすると，初期多数派は当該企業にとって潜在

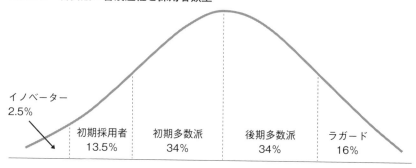

図表6-8　新製品の普及過程と採用者類型

イノベーター
2.5%

初期採用者
13.5%

初期多数派
34%

後期多数派
34%

ラガード
16%

出所：Rogers, Everett. M.（1962）*Diffusion of Innovations, Fifth Edition,* The Free Press, p.162.
（三藤利雄訳（2007）『イノベーションの普及』翔泳社，p.229を参考に作成）

的な購入者であるため，いかにして彼らの関心を自社の新製品に向けること
ができるかが重要な課題となる。

⑷　後期多数派（Late Majority）

　後期多数派は，比較的懐疑的で，市場全体の半数の人々が購入した後で，新
製品を購入する消費者であり，市場全体の約34％を占める人々である。この
グループの人々は，より低価格でより少ない製品機能を備えた旧モデルまた
は製品中止モデルを購入する傾向がある。また，価格に敏感であり，用心深
く疑い深い性格をもち，リスクを回避する行動をとる。企業の立場からする
と，後期多数派に向けて当該製品の経験価値をいかに訴求するかが課題とな
る。

⑸　ラガード（Laggards）

　ラガード（採用遅滞者）は，最も保守的な人（因習派）で，変化に対して疑
念を持っている消費者であり，市場全体の約16％を占める人々である。この
グループの人々は，可能な限り新製品の購入を回避したいと考えており，変
化に抵抗し，他の選択肢がなくなるまで購入を延期する。企業の立場からす
ると，しばしばラガードを「無価値」と見なすが，すべてのラガードが同じ
であるとは限らず，彼らを理解することは重要である。なぜならば，ラガー

ドの中には，潜在的に顧客になる可能性のある将来の採用者が存在するから
である。

コラム 2 リスクを嫌う消費者の特徴

　リスク回避（risk majority）とは，リスクを冒すことに消極的であり，曖昧な状況に
対する許容度が低いことをいう。初期多数派はややリスク回避的であるが，後期多数
派とラガードは非常にリスク回避的な消費者である。以下の5つは，リスク回避的な消
費者の消費関連の特徴を示したものである。

① 彼らは，常に使用する前に製品についてのメーカーからの使用説明書と注意事項を
　よく読み，それに従い，メーカーから指示された通りに製品を使用する。
② 彼らは，薬（市販薬を含む）を服用時に，常に薬の服用方法に関する指示に従い，制
　限と潜在的な副作用を注意深く読んでいる。
③ 彼らは，今まで使ったことのない製品を買うことに抵抗を感じている。
④ 彼らは，製品が組み立てられた形または組み立てられていない形で提供される場合，
　少し高くても，組み立てられたバージョンを購入する。
⑤ 彼らは，料理レシピを見て料理をする場合，即興的な行動はしない。

出 所：Schiffman, Leon G. and Joseph L. Wisenblit（2015）*Consumer Behavior, Eleventh
　　　Edition, Pearson Education Limited, p.253.

■ **演習問題** ....

1 関心のある製品を1つ取り上げて，その製品の核（Core product），製品
　の形態（Actual product），製品の付随機能（Augmented product）の3つ
　のレベルについて説明してみよう。

2 アップル，パナソニック，富士通などの比較可能なノートパソコンのメー
　カーを2つ選び，各製品を調べてみよう。2つの製品間の製品形態は，ど
　のような同質点と異質点があるのか。次に，製品の付随機能を検討しよう。
　各ノートパソコンは，どのような特徴があるのか，全体的にどのノートパ
　ソコンが最も魅力的であるのか，その理由は何かについて考えてみよう。

3 製品の寿命と製品戦略が時間の経過と共にどのように変化するのかを考えてみよう。

4 あなたをユニクロ製品のマーケティン担当者であると仮定しよう。ユニクロ製品ラインを説明し，各製品がユニクロ製品ラインの他の製品とのように異なるのかを論じてみよう。

5 関心のある新製品を1つ取り上げて，その製品がどのように市場に普及していったのかを調べてみよう。

● 注

1） Marshall, G. W. and M. W. Johnston（2019）*Marketing Management 3e*, Mc Graw Hill Education, p.213.

2） Levitt, T.（1974）*Marketing for Business Growth*, McGraw-Hill.（土岐坤訳（1975）『発展のマーケティング』ダイヤモンド社，p.11）

3） Kotler, P and G. Armstrong（1989）*Principles of Marketing, Fourth Edition*, Prentice Hall, Inc.（和田充夫・青井倫一訳（1995）『マーケティング原理』ダイヤモンド社，pp.315-317）

4） 以下の文献を参照した。田口冬樹（2017）『マーケティング・マインドとイノベーション』白桃書房，pp.112-113。日本マーケティング協会編（2001）『マーケティング・ベーシックス』同文館，pp.123-125。Kotler, P and G. Armstrong（1989）*ibid.*（和田充夫・青井倫一訳（1995）同上書，pp.318-322）宮澤永光・城田吉孝・江尻行男編（2009）『現代マーケティング』ナカニシヤ出版，pp.114-118。製品の分類について，「製品とサービス」という類型もあるが，本章の「製品の概念」で示したように，製品の核にサービスが含まれているため，「製品とサービス」の類型は取り除いた。

5） Copeland, M. T.（1923）"Relation of Consumers' Buying Habits to Marketing Methods", *Harvard Business Review*, Vol.1, April, pp.282-289.

6） https://multimedia.3m.com/mws/media/1748364O/company-brochure.pdf（2021 年 2 月 28 日アクセス）

7） 加藤勇夫・寳多國弘・尾碕眞編著（2006）『現代マーケティング論』ナカニシヤ出版，p.58。

8） Marshall, G. W. and M. W. Johnston（2019）*op. cit.*, pp.221-222。

9） Kotler, P and G. Armstrong（1989）*op. cit.*（和田充夫・青井倫一訳（1995）前掲書，p.357）

10） 以下の文献を参照されたい。Kotler, P and G. Armstrong（1989），*ibid.*（和田充夫・青井倫一訳（1995）前掲書，pp.357-361）Kotler, P.（2000）*Marketing Management: Millennium Edition*, Prentice Hall, Inc.（恩藏直人監修・月谷真紀訳（2001）『コトラーのマーケティング・マネジメント　ミレニアム版』ピアソン・エデュケーション，pp.490-497）

11） Kotler, P.（2001）*A Framework for marketing Management*, Prentice Hall, Inc.（恩藏直人監修・月谷真紀訳（2004）『コトラーのマーケティング・マネジメント』ピアソン・エデュケーション，p.229）

12） 以下の文献を参照した。Kotler, P.（2001）*ibid.*（恩藏直人監修・月谷真紀訳（2004），同上書，pp.212-223），日本マーケティング協会編（2001）『マーケティング・ベーシックス』同文館，pp.126-130。

13） 田口冬樹（2017），前掲書，p.129。

14） コトラー（Kotler, 2000）は，ブーズ・アレン＆ハミルトン（Booz Allen & Hamilton, 1982）の新製品におけるカテゴリーの分類を引用し，新製品を6つのカテゴリーに分類して説明している。Kotler, P.（2000）*op. cit.*（恩藏直人監修・月谷真紀訳（2001），前掲書，p.406）

15） Kotler, P.（2000）*op. cit.*（恩藏直人監修・月谷真紀訳（2001），前掲書，pp.415-441）

16） 田口冬樹（2017），前掲書，p.123。

17） Rogers, Everett. M.（1962）*Diffusion of Innovations, Fifth Edition*, The Free Press.（藤利雄訳（2007）『イノベーションの普及』翔泳社，pp.214-235）；Marshall, G. W. and M. W. Johnston（2019）*op. cit.*, pp.237-238.

第 7 章

ブランディング戦略

❶ ブランドとは何か，ブランドがなぜ重要なのかについて理解する。

❷ ブランド要素（ブランド・ネーム，ロゴ，キャラクター，スローガン，ジングル，パッケージング）の特徴と戦略について理解する。

❸ NBとPBの違いについて学習する。

❹ 戦略的ブランディング（ブランド階層，ブランドの基本戦略，ブランド拡張戦略）について学習する。

❺ 消費者の知識構造（スキーマ，スクリプト，連想ネットワーク）とブランド知識構造について理解する。

❻ ブランド・エクイティとブランド・アイデンティティの重要性を学習する。

❼ 強いブランドへの構築ステップ（ブランド・ビルディング・ブロック：アイデンティティ，ミーニング，レスポンス，リレーションシップ）について学習する。

▶ ブランドの役割（機能）
▶ ブランド要素
▶ NBとPB
▶ ブランド階層
▶ ブランドの基本戦略
▶ ブランド拡張戦略
▶ ブランド戦略の5つのフェーズ
▶ 強いブランド構築
▶ ブランド・エクイティ
▶ ブランド・アイデンティティ
▶ ブランド・ビルディング・ブロック

1 ブランドとは

　消費者の多くは，ブランドを好み，ブランドで製品や商品を選んでいる。その理由は何か。また，さまざまなブランドの中で消費者に選ばれるブランドであり続けるためには，どういう条件が必要であるのか。消費者はなぜブランドを選好するのか。消費者に選好されるための強いブランドをどのように構築すれば良いのかなどについて検討してみよう。

1. ブランドとは何か

　ブランドという言葉は，古ノルド語（スカンジナビア諸語ともいい，デンマーク語，スウェーデン語，ノルウェー語，アイスランド語の共通語）の"brandr"（焼き印を付ける）から派生したといわれている。こうしたブランド（brand）や商標は，古代ヨーロッパの陶工，石工のマークまでさかのぼるが，陶工や石工たちが自分の作品と他者の作品と区別するために，マークやサイン（名前やシンボル）を付けて製造元を明らかにしたのである[1]。

　その焼き印は，今でも陶工たちや家畜の持ち主などが他者のものと識別するための手段として使われている。すなわち，自分の作品や自分の所有する家畜などを他人の作品や他人が所有する家畜と区別するために，作品と家畜に独特の焼き印を押しているのである。

　次いで，ブランドの概念について検討してみよう。アメリカマーケティング協会で定義されたブランド（brand）とは，「ある売り手の商品またはサービスを他の売り手のものとは異なるものとして識別するためのネーム，用語，デザイン，シンボル，またはその他の特徴[2]」と捉えている。

　ブランド論の分野で著名なケラー（Keller, 2008）によると，「個別の売り手もしくは売り手集団の商品やサービスを識別させ，競合他社の商品やサービスから差別化するためのネーム，言葉，記号，シンボル，デザイン，あるいはそれらを組み合わせたもの[3]」であると示唆している。

　また，広辞苑（2020）によると，「（焼印の意）商標。銘柄。特に名の通っ

た銘柄」[4]となっている。

　以上のようにいくつかの著名なブランドの定義を紹介したが，これらが意図しているのは，ブランドは売り手の商品やサービスと競合他社のそれらとの識別や差別化であり，差別化の手段として，名称，デザイン，シンボルなど，あるいはそれらの組み合わせであるといえる。一方，実務に携わるマーケターは，ブランドを「市場に一定の認知，評判，存在感などを生み出したもの」[5]として捉えている。

　本章でのブランドの意味は，上記の定義を前提として，「企業が販売している商品及びサービスが他社の製品及びサービスと識別あるいは差別化するためのブランド・ネーム，ロゴ，パッケージング・デザイン，またはその組み合わせである。これらを通して，市場における一定の認知や評判，そして存在感などが示されることを必須条件とする」とする。

　また，これまでのブランドの定義に関する議論を踏まえて，ブランディング（branding）とはブランド（brand）＋現在進行形：動いている（ing）であることから，「他社の製品及びサービスと識別あるいは差別化するための諸活動」とする。

2. ブランドがなぜ重要なのか

　ここでは，消費者におけるブランドの役割（機能），またブランドが持つ効果，そして消費者にとってのブランドのリスク低減について検討する。

⑴　消費者にとってブランドが果たす役割
　ブランドが果たす役割は，以下の9つに要約できる[6]。
① ブランド・イメージは，消費者の自己表現と結び付ける意味付けとしての役割を果たす。
② 特定のブランドは，特定のタイプの人々を連想させ，それぞれの異なる価値観や特質を反映させる。
③ ブランドを所有することは，消費者が他者や自分自身に，自分がどのよう

なタイプの人間なのか，どのようなタイプの人間になりたいのかを伝達する手段となる。

④ 消費者の資産評価としての役割を果たす。

⑤ 消費者がブランドを通じて感じとる「安心感」や「信頼感」を結び付ける一種の絆または約束の役割を果たす。

⑥ 消費者の製品に対する意思決定を単純化させる手軽な手段の役割を果たす。

⑦ 出所表示をすることによって責任所在の明確化機能を果たす。

⑧ 同じブランドならば一定の品質を保証するという品質保証機能を果たす。

⑨ 責任所在の明確化機能とブランドの品質保証機能を通して，当該ブランドに対する消費者のロイヤルティの形成といった効果をもたらす。

　このような役割を果たすことにより，ブランドは単なる製品ではなく，「ブランド」としての存在価値を見出すことができるのである。

(2)　消費者にとってブランドのリスク低減手段

　ブランドは，製品の意思決定におけるリスクを軽減する主要な6つの効果を持っている[7]。

① 機能的リスク：製品の機能が期待した水準を満たさない。

② 身体的リスク：製品が使用者などの身体や健康に危害を加える。

③ 金銭的リスク：製品が支払った価格に見合わない。

④ 社会的リスク：製品が他者に迷惑をかける。

⑤ 心理的リスク：製品が使用者の精神に悪影響を及ぼす。

⑥ 時間的リスク：製品選びの失敗によって，満足のいく他の製品を探す機会コストが発生する。

　これらのリスクに対処する方法の1つは，消費者が過去に買ってよかったという経験をしたブランドの購入である。したがって，ブランドは非常に重要なリスク軽減手段となる。

　消費者にとってブランドが持つ特別な意味には，ブランドは消費者にとっ

図表7-1　ブランド要素の特性比較

	視覚 （ビジュアル）	聴覚 （サウンド）	触覚 （タッチ）	意味 （言語性）
ブランド・ネーム	○	○		高
ロゴ	○			中
キャラクター	○			中
スローガン		○		高
ジングル		○		高
パッケージング	○		○	低

出所：久保田進彦（2004）「ブランド要素戦略」青木幸弘・恩蔵直人編『製品・ブランド戦略』有斐閣アルマ，p.144を一部修正。

てユニークで個人的な意味が含まれており，それが消費者の日々の活動を容易にしたり生活を豊かにしたりする。また，消費者の生活が複雑化・多様化し，毎日結構忙しく時間に追われるようになるにつれ，消費者の意思決定を簡単にし，リスクを軽減するブランドの力は，われわれの個人生活においてゆとりや安心，及び豊かさをさらに感じさせてくれることが期待できる。

3. ブランド要素

ブランド要素は，ブランド・ネーム，ロゴ，キャラクター，スローガン，ジングル，パッケージングといった6つの要素から成り立っている（久保田，2002）。ブランド要素は，他社の製品及びサービスとの識別や差別化に役立つ感覚レジスター（五感：視覚，聴覚，触覚，味覚，嗅覚）の中の視覚，聴覚，触覚という外部情報，そして言語的な意味であり（図表7-1参照），企業にとっては，特に競合相手の製品及びサービスとの違いを訴える有効なツールである。[8]

(1)　ブランド・ネーム

ネームは，ブランド要素の中でも最も中心的存在で，自社製品及びサービスと他社の製品及びサービスとの区別を示し，長期記憶に留まるための重要な

鍵となる。ネームは，ロゴと共に視覚とサウンドとして響きを持つ聴覚，そして意味を持つ言葉としての言語的な側面を有している。

　ブランド・ネームが，シンプルで発音や綴りが平易であること，親しみやすく意味があること，目立ち，ユニークであること，そして他社の製品及びサービスとうまく差別化を図れば，ブランド認知を高めることができる。こうした賢明に選ばれたブランド・ネームは，ブランド・エクイティ（brand equity：ブランド資産価値）の創造に中心的な役割を果たす。例えば，アップル，花王，和民，シャネルなどが挙げられる。すなわち，製品や企業の名称である。

(2)　ロゴ

　ロゴは，ブランドや企業の名称を視覚的にデザインした文字や図形であり，ブランド・エクイティの構築とブランド認知の強化に大きく貢献できる。ロゴは，ネームと同様に視覚的な側面を有している。

　ロゴには，ワード・マーク（word mark）とシンボル・マーク（symbol mark）などがある。前者のワード・マークは，独特な書体で書かれた企業名や商標を指す。後者のシンボル・マークは，ワード・マークや企業活動と関係のない抽象的なデザイン（図形）をいう。こうしたロゴには，ワード・マークを有しているロゴ（例：*Coca-Cola*, *KitKat*など）から，抽象的なロゴ（例：ロレックスの王冠，ナイキのスウッシュなど）に至るまで，さまざまなタイプがある。多くのロゴは，ワード（言語）とシンボル（非言語）の両極の間に存在している。例えば，具体的な絵で表現している「ラルフ・ローレン」のポロ選手，ブランド・ネームの意味を文字通りに表現している「アップル」などが挙げられる。

(3)　キャラクター

　キャラクターは，シンボル・マークの特別なタイプであり，架空，あるいは実在する人物や動物などをかたどったものである。キャラクターはロゴと共に，視覚的側面が強く，図形的な側面を有している。

　キャラクターは通常，製品の直接的意味を持っているわけではないため，

製品カテゴリーを超える移転が比較的に容易である。しかもキャラクターは，人格的特徴または性格的なものを有しており，ブランドにパーソナリティを持たせることが可能である。そのために，複数のカテゴリーに登場させて一貫した企業やブランドのイメージを構築することができる。例えば，森永製菓の「キョロちゃん」，ケンタッキー・フライド・チキンの「カーネル・サンダース」，NOVAの「うさぎ」などが挙げられる。

(4) スローガン

　スローガンは，広告キャンペーンと密接に結びつき，ブランドに関する説得的または記述的な情報を伝達する短いフレーズである。スローガンは，聴覚的な側面と言語的な意味を有している。ブランド・ネームやロゴと同様に，ブランド・エクイティの構築に大きく影響する。

　スローガンは，そのブランドは何なのか，そしてどう特別なのかということを消費者が把握するための極めて便利な手がかりとなる。とりわけ，スローガンは，ブランド・アイデンティティやブランド・ポジショニング，そして差別化ポイントを消費者に明確に伝えるための有効な手段である。例えば，カルピスの「カラダにピース」，ロッテの「お口の恋人」などが挙げられる。

(5) ジングル

　ジングルは，主としてテレビやラジオのCMで用いられるブランドに関する音楽（♪）によるメッセージである。ジングルはスローガンと同様に聴覚的な側面と言語的な意味を有している。しかし音楽をベースにするという性質から，製品の意味やベネフィットを間接的・抽象的に伝えることになる。このため，ジングルは聴覚やフィーリングといった実体のない概念に関連しており，ブランド認知を高める上で非常に有益である。

　ジングルの最も特徴的なのは，覚えやすいということである。消費者は，面白くて愉快なジングルが繰り返されると，そのジングルが耳に残って長期記憶に残りやすい。例えば，セブン-イレブンの「セブン-イレブン良い気分♪」，「チョーヤ梅酒♪」などが挙げられる。

(6) パッケージング

パッケージングは、製品を特徴付ける容器または包装をデザインし、制作する活動のことである。パッケージングは、視覚的側面が強く、ブランド要素の中で唯一物理的要素の触覚的側面を有している。企業側のマーケティングの目的を達成し、消費者側のニーズを満たすためには、パッケージングにおける審美的かつ機能的な構成要素を知ることが極めて重要である。

パッケージングの審美的な構成要素は、パッケージングのサイズや形状、素材、色、文字、そしてグラフィックデザインに関連するものであり、これらはブランド認知やブランド・イメージに影響を及ぼす。一方、パッケージングの機能的な構成要素は、①製品輸送中や保管中の保護、②家庭内保管の容易化、③製品消費の簡便化、④ブランドの識別、⑤スローガンと同様に記述的及び説得的情報の伝達、などが挙げられる。上記の①〜③は、容器や包装としての機能であり、④・⑤は、ブランド要素としての機能である。[9] 例えば、伊勢丹の包装紙、ハーゲンダッツの紙箱などが挙げられる。

4. ブランド所有・管理による分類

ブランドは、誰が所有・管理するかによって2つに分類される。NB（National Brand：ナショナル・ブランド）は、メーカー（製造業者）が製品を企画し製造しているブランドである。NBの特徴は、ブランドの所有・管理はメーカーであり、販売エリアは全国的な規模で展開されている。例えば、サントリーの「伊右衛門」やアップルの「iPod」などが挙げられる。

一方、PB（Private Brand：プライベート・ブランド）は、アメリカではPL（Private Label：プライベート・ラベル）と呼ばれており、流通業者（卸売業者と小売業者）は製造機能を持たないため、一般に企画と開発を担当し、製造はメーカーに委託しているブランドである。PBの特徴は、ブランドの所有・管理は流通業者であり、販売エリアは主として自社の系列店などを中心に展開されている。例えば、小売業のイオンの「トップバリュ」やセブン＆アイの「セブンプレミアム」、卸売業の国分の「K＆K」などが挙げられる。

コラム ❶ 2021年世界の企業ブランド価値ランキング

　世界20か国以上に拠点を持つブランドファイナンス社（英）は，2021年2月，「Brand Finance - Brand Finance Global 500 2021」において，2021年におけるブランドバリュートップ500を発表した。これはブランドファイナンス社が，全世界のさまざまな分野で活躍する企業のブランド価値を数値化し，ランキングにしたものである。図表7-2は，2021年世界の企業ブランド価値ランキングの上位10位を示したものである。

　昨年に第3位だった「Apple」は，昨年1位だった「Amazon」と2位の「Google」を抜いて第1位に躍り出た。特に中国の「WeChat」の躍進が目立っている。「WeChat」は，昨年の19位から順位を上げ，今年は10位となっている。

図表7-2　世界ブランド価値ランキング2021（上位10位）

（ブランド価値：US＄million）

2021	2020	Logo	ブランド名	Country	2021	2020
1	3	🍎	Apple	🇺🇸	$263,375M	$140,524M
2	1	amazon	Amazon	🇺🇸	$254,188M	$220,791M
3	2	Google	Google	🇺🇸	$191,215M	$188,512M
4	4	Microsoft	Microsoft	🇺🇸	$140,435M	$117,072M
5	5	SAMSUNG	Samsung Group	🇰🇷	$102,623M	$94,494M
6	8	Walmart	Walmart	🇺🇸	$93,185M	$77,520M
7	7	facebook	Facebook	🇺🇸	$81,476M	$79,804M
8	6	ICBC	ICBC	🇨🇳	$72,788M	$80,791M
9	12	verizon	Verizon	🇺🇸	$68,890M	$63,692M
10	19		WeChat	🇨🇳	$67,902M	$54,146M

出所：https://brandirectory.com/rankings/global/table/（2021年4月23日アクセス）

2 戦略的ブランディング

　戦略的ブランディングと関連するものとして，ブランド階層，ブランドの基本戦略，ブランド拡張戦略といった3つの代表的なブランド戦略を取り上げることにする。

1. ブランド階層

　ブランド階層による分類には，2階層（企業ブランドと製品（個別）ブランド），3階層（企業ブランド，事業ブランド，製品ブランド），4階層（企業ブランド，事業ブランド，ファミリーブランド，製品ブランド），5階層（図表7-3参照）とさまざまであるが，これらの中で代表的な3階層について紹介する。

　まず企業ブランドは，コーポレートブランド（corporate brand）とも呼ばれており，企業を区分するためのブランドで，企業のすべての製品に共通して用いられているブランドである。例えば，ソニー，トヨタ，レインズ・インターナショナルなどが挙げられる。

　事業ブランド（business brand）は，企業ブランドと製品ブランドの間に位置付けられており，企業内の事業ごとに展開されているブランドである。例えば，ソニーの場合，「PlayStation」，レインズ・インターナショナルの場合，「牛角」「かまどか」などが挙げられる。

　製品ブランド（product brand）は，個別ブランド（individual brand）とも呼ばれており，個々の製品に対して異なるブランドを付けて展開するブランドである。例えば，江崎グリコであれば「ポッキー」「ジャイアントコーン」などが挙げられる。

　図表7-3は，5階層の自動車の事例で，ブランド階層を一般的な製品の階層とブランド水準に対応付けたものである。[10] 階層の一番上は，企業ブランド名の「トヨタ」である。トヨタ自動車は，「乗用車」「ビジネスカー」などを生産・販売する事業を持っている。乗用車という製品カテゴリーは，階層分類

図表7-3　5つのブランド階層化と具体例

ブランド階層	製品の階層	自動車の例
①企業ブランド名	企業	トヨタ
②製品の総称	製品クラス（事業部）	乗用車
③ファミリーブランド名	製品ライン	カローラ
④個別ブランド名	ブランド	カローラ・アクシオ
⑤製品仕様名	モデル・形式・型番	HYBRID EX 2WD

出所：小川孔輔著（2011）『ブランド戦略の実際〈第2版〉』日本経済新聞出版社，p.43を一部修正。

では製品クラス（事業部）に該当する。一般に製品クラスの下に，「カローラ」「カムリ」というファミリーブランド名がくる。その下が，「カローラ」の場合，「カローラ・アクシオ」「カローラ・ツーリング」「カローラ・フィールダー」などの個別ブランド名がくる。また，具体的で細かな製品スペックがその下にくるが，製品の階層では「製品仕様名」「形式」「型番」などと呼び，「カローラ・アクシオ」の場合，「HYBRID EX 2WD」「EX 2WD・MT」などがある。

　このように企業のブランド階層化は，企業のブランティング戦略を図式的に表したり，自社の製品間の価値を高めたり，効率的なブランド管理を行ったりすることができるため，ブランド戦略の有効な手段となり得る。

2. ブランドの基本戦略

　ブランド戦略とは，どのようなものだろうか。ブランド戦略の展開に際して，対象とする市場（既存なのか新規なのか）と採用するブランド（既存なのか新規なのか），という2つ軸で示した，図表7-4のブランド基本戦略マトリックスを参考に概説する[11]。

　まず①ブランド強化戦略とは，既存のブランドを既存の市場に提供し続ける戦略である。すなわち，対象市場もブランドも変更しない戦略である。既存戦略の強化と延長であり，最もリスクの少ない戦略といえる。消費者にお

ける認知度が低かったり，競争が激しくなったりした場合は，マーケティング・ミックスのうち，流通とプロモーションの見直しや，既存のものとの違いを考慮した製品改良が必要である。例えば，ロッテの「グリーンガム」が挙げられる。

　②ブランド・リポジショニング（ブランド位置の見直し）戦略では，既存のブランドを新規市場に導入することでブランドの新たなポジショニングを創出する戦略である。すなわち，これまでの既存の対象市場を思い切って新しい市場（セグメント）へと変更し，成果を高める戦略である。この戦略では，新たなターゲットを見出し，新しいブランド・コンセプトを消費者に正確に伝える必要があり，反復的なプロモーション活動が求められる。例えば，高所得者市場から中・低所得者市場への変更で，大塚製薬の「ポカリスエット」のスポーツ飲料市場から清涼飲料市場への変更・拡大などが挙げられる。

　③ブランド変更戦略とは，新規ブランドを既存市場に投入する戦略である。すなわち，同じ市場をターゲットとするが，ブランドを新規なものへと変更する戦略である。この戦略は，値崩れしてきたブランドを廃棄したり，消費者に新しいブランドで鮮度を維持したりすることができるなどの効果がある。しかし，これまでに築き上げてきたブランド・ロイヤルティや認知度などを放棄し，ゼロからスタートとなるために，かなりリスクの高い戦略といえる。例えば，アサヒビール飲料の「香る紅茶」から「ティークオリティ」へのブランド変更が挙げられる。

　④最後のブランド開発戦略は，新しいブランドを新しい市場に導入する戦略である。すなわち，ハイリスク・ハイリターン型の戦略である。この戦略は，これまでの未経験の市場での，まったく消費者に知られていない状態からのスタートであるため，最もリスクの大きい戦略である。新規市場に対して先発ブランドであれば，当該ブランドと製品カテゴリーとを結び付ける連想戦略や，ブランド名声の維持が必要であるが，逆に後発ブランドであれば，先発ブランドといかにして差別化を図るかが求められる。例えば，大塚製薬の「ポカリスエット」は缶入りスポーツドリンク飲料の市場を，同社の「カロリーメイト」は簡易食・栄養調整食市場をそれぞれ開発した。

図表7-4　ブランドの基本戦略のマトリックス

	既存ブランド	新規ブランド
既存市場	①ブランド強化戦略 ● 流通とプロモーションの見直し ● 既存のものとの相違を考慮した製品改良	③ブランド変更戦略 ● 市場への迅速なブランド浸透 ● 過去のブランド・イメージとの切り離し
新規市場	②ブランド・リポジショニング戦略 ● 新しいブランド・コンセプトを消費者に伝える ● 反復的なプロモーション	④ブランド開発戦略 ● 先発者であれば，ブランド連想の確立とブランド名声の維持 ● 後発者であれば，ブランドの差別化

出所：恩蔵直人（1995）『競争優位のブランド戦略』日本経済新聞社，p.35を一部加筆。

3. ブランド拡張戦略

　ブランド拡張（brand extension）は，1990年代以降のブランド研究の中で，最も熱心に研究されてきた研究領域の1つである[12]。ブランド拡張とは，企業が新製品の導入に当たり，すでに確立されている既存ブランドを，他の製品やカテゴリーに使用することである。

　こうしたブランド拡張には，一般にライン拡張とカテゴリー拡張という2つのタイプに分類される[13]。まず前者のライン拡張（line extension）は，現在の親ブランドと同じ製品カテゴリー内で，新たな市場セグメントをターゲットとする新製品に親会社のブランド名を適用させることである。これは同じブランド名を使用して，同一の製品カテゴリーに新しいアイテム（新しい風味，成分の種類，サイズ，用途など）を加えることである。新製品開発の多数（新製品の80～90％）は，ライン拡張によるものである。例えば，マクドナルドのブランドは「ハンバーガー」というカテゴリーの中で「てりやきマックバーガー」「サムライマック」などでライン拡張を展開している。

　一方，後者のカテゴリー拡張（category extension）は，すでに市場において一定の地位を確立した親ブランドを用いて，既存の製品カテゴリーとは異なる製品カテゴリーに使用することである。カテゴリー拡張は，こうした既存の認知度が高いブランド名で異なる業種の新規市場に参入するため，企業にとっては①流通経路の獲得，②消費者の知覚リスクを減らす効果，③マー

ケティング・プログラムの費用の節約にも効果がある。消費者にとっては①新しい製品カテゴリーに期待感や安心感を抱きやすくなる、②トライアル購入（初回購入、試し購入）がしやすいなる、などの利点がある。例えば、「楽天」ブランドは「楽天トラベル」「楽天銀行」「東北楽天ゴールデンイーグルス」などでカテゴリー拡張を展開している。

・・・

コラム ❷ ブランド戦略の5つのフェーズ

　ブランド戦略には5つのフェーズ（phase：段階）がある（田中、2019）。まずフェーズ1では、ブランドに関する基礎的検討のフェーズで、「ブランドを、何をもとにして、どの商品について、なぜ構築するのか」である。この段階では、①ブランドの構造、②何を対象としてブランドを構築するか、③必要性（なぜわが社はブランドを構築するのか）が検討される。

　フェーズ2は、経営戦略レベルのブランド戦略で、「どこに、どのようなブランドを、どうやって構築するのか」である。この段階では、①ブランド・テリトリー（brand-territory：どの市場にブランドを構築するか）、②ランドスケープ分析（landscape analysis：ブランドを取り巻く環境の現状と動向を分析）、③ブランド戦略アウトライン（ブランドが経営戦略レベルでどのようなブランドになるべきか、経営トップにとっては経営資源をどの程度投入すべきかの指針）、④企業資源投入に関する意思決定が検討される。

　フェーズ3は、マーケティング戦略レベルのブランド戦略で、「誰に、どのようなブランド価値を、どのように提供するのか」である。この段階では、①フォーカス顧客（誰にブランドを購入し／使用し／採用してもらうことで価値を創造・提供できるのか）、②ブランド価値プロポジション（brand value proposition：どのようなブランド価値を提供し知覚してもらうか）、③3Aフレームワーク（aアベイラビリティ（Availability：入手可能性）：どのようにして顧客に買ってもらえる環境をつくるか、bアフォーダビリティ（Affordability：購買可能性）：どのようにして顧客が買える状況をつくりだすか、cアクセプタビリティ（Acceptability：受容可能性）：どのようにして顧客が使用できる／使用したい製品とするのか）が検討される。

　フェーズ4は、コミュニケーション戦略レベルのブランド戦略で、「そのブランドのメッセージを、どのような顧客に、何を、どのように伝えるのか」である。この段階では、①ブランド・コミュニケーション・パラメータ（brand communication：顧客価値／顧客ベネフィット、競争環境、ブランド連想など）、②ブランド・コミュニケーション戦略（顕出性・愛顧・行動・使用を高めるコミュニケーション活動）を検討される。

フェーズ5は，ブランド戦略の実行と計画の測定フェーズで，「どのような組織体制で，どのようにブランド戦略を実行し，その成果をどのように測定するのか」である。この段階では，①統合的ブランド戦略フレームワーク，②組織内外における持続的なブランド戦略の実行と管理，③ブランド戦略の成果の測定とその成果の活用が検討される（図表7-5参照）。

図表7-5　ブランド戦略の5段階

第1段階 **構想**	● 「ブランドを，何をもとにして，どの商品について，なぜ構築するのか」 ● 構想 ● 対象 ● 必要性
第2段階 **経営**	● 「どこに，どのようなブランドを，どうやって構築するのか」 ● ブランド・テリトリー ● ランドスケープ分析 ● ブランド戦略アウトライン ● 企業資源投入に関する意思決定
第3段階 **マーケティング**	● 「誰に，どのようなブランド価値を，どのように提供するのか」 ● フォーカス顧客 ● ブランド価値プロポジション ● 3Aフレームワーク
第4段階 **コミュニケーション**	● 「そのブランドのメッセージを，どのような顧客に，何を，どのように伝えるのか」 ● ブランド・コミュニケーション・パラメータ ● ブランド・コミュニケーション戦略
第5段階 **実行と管理**	● 「どのような組織体制で，どのようにブランド戦略を実行し，その成果をどのように測定するのか」 ● 統合フレームワーク ● 実行と管理 ● 成果の測定と活用

出所：田中洋（2019）『ブランド戦略論』有斐閣，pp.102-106を一部修正。

また，前述のブランド戦略の5段階を「図表7-6　統合ブランド戦略フレームワーク」のように，まとめてみよう。

図表7-6　統合ブランド戦略フレームワーク

第1段階
基礎的検討
- 「ブランドを，何をもとにして，どの商品について，なぜ構築するのか」
- われわれは（　　　）という構想に基づいて（　　　）を対象として，（　　　）という理由でブランドを構築する。

第2段階
経営戦略レベル
- 「どこに，どのようなブランドを，どうやって構築するのか」
- われわれは（　　　）の市場を（　　　）という市場分析をベースとして（　　　）というブランドを（　　　）などの経営資源を用いて構築する。

第3段階
マーケティング戦略レベル
- 「誰に，どのようなブランド価値を，どのように提供するのか」
- われわれは（　　　）に対して（　　　）というブランド価値を（　　　）というやり方で提供する。

第4段階
コミュニケーション戦略レベル
- 「そのブランドのメッセージを，どのような顧客に，何を，どのように伝えるのか」
- われわれはこのブランドについて（　　　）というメッセージを（　　　）に対して（　　　）という表現で（　　　）というやり方で伝達する。

第5段階
ブランド戦略の実行と管理
- 「どのような組織体制で、どのようにブランド戦略を実行し、その成果をどのように測定するのか」
- われわれはこのブランドを（　　　）という組織によって（　　　）というやり方でブランド戦略を実行し（　　　）というやり方で成果を測定する。

出所：田中洋（2019）『ブランド戦略論』有斐閣，p.107を一部修正。

3 強いブランド構築へ

　企業にとって，消費者の情報処理の中で何がどのように変化すれば，消費者は自社の製品やサービスを選択するのか。この問いに対する1つの答えは強いブランドの構築である。これは経営の最重要課題ともいえる。こうしたことから，実務家だけではなく，研究者もブランド問題に対する関心は高く，実務・理論の両面においても，「いかにして強いブランドを構築するか」が重要研究課題となっている。

　片山（2000）は，ジャガーのように経営的に破綻した企業に高い値が付くという不思議なことが起こるのもブランドの面白さとして，「企業死せども，ブランド死せず」[14]と指摘している。これは，企業のマネジメントの善し悪しによって企業が潰れても強いブランドは潰れないということを意味する。

　ところが，強いブランド，強いブランド構築，またはブランドパワーの源泉といっても，その分析方法は視点や立場によって多種多様である。その研究アプローチとして，青木（2000）は，①売上高や市場シェアなどの市場成果を分析する立場，②ブランドの知名度やロイヤルティの程度といった消費者の反応を重視する観点，③イメージの強さや拡がり，あるいはブランドの寿命を分析する立場などがあるとしている。それ故に，ブランドの強さを直接的に規定・測定する試みにはかなりの困難が予想されるため，ブランドを1つの構造物として捉え，その構造条件と市場成果（または，消費者の知識構造や購買行動）との関係を丹念に調べていくアプローチの方が正攻法だと[15]指摘している。

　以下では，まず消費者の知識構造とブランド知識構造を紹介した上で，強いブランドを構築するためにはいかなる条件が必要なのかについて検討する。

1. 知識構造

(1) 消費者の知識構造

　外部情報（刺激）は，内部情報である既存の知識（長期記憶）を利用して

意味付けや解釈が行われ，新たな内部情報（知識）へと変換される。

　消費者の購買意思決定において，長期記憶の中に保持されている知識の内容は非常に重要な役割を果たしており，そして保持されている知識の高・低（程度）によって消費者の意思決定は大きく異なる。したがって，情報処理の観点からブランドの消費者行動をより正しく理解するためには，消費者知識の構造的側面からの究明が求められる。[16]

　例えば，ある製品への豊富な知識を保持している消費者は，専門知識が乏しい消費者と比べて，さまざまな側面から製品を評価した上で，適切な意思決定を行う。したがって，専門知識力の低い消費者より上手な買い物ができるのである。ここでは，知識構造の代表的なものとして3つを取り上げ，概観したい。

① スキーマ（schema）

　消費者は日常生活の中で習得した情報や新奇な情報を取り入れたとき，それらを新たな経験としてではなく，既存の知識の枠組みと照らして理解し，予測や推論をしようとする傾向がある。このような定型的な認知の枠組みをスキーマと呼ぶ。[17] スキーマは，消費者が意思決定するときに活性化され，消費者の活動を方向付ける。例えば，外食での焼肉スキーマを考えてみると，「カルビやホルモン」「いろいろなお肉が食べられる」「焼肉にはビールが美味しい」「焼肉にはお金がかかる」という事実が活性化される。

② スクリプト（script）

　シャンクとアベルソン（Schank and Abelson, 1977）は，日常的に決まりきった行動や出来事の系列の知識を，演劇の台本になぞらえて「スクリプト」と名付けた。消費者が効率的にショッピングするためにはスクリプトが必要である。新しい形態の小売業が直面している課題のうちの1つは，新しい方法でアイテムを取得するのに適切なスクリプトを，消費者に学習させることである。これはインターネットを通して商品を販売しようとする企業が直面する課題でもある。[18] もう1つの例は，レストランでの食事のスクリプトである。席に案内してもらう⇒メニューを見る⇒料理を注文する⇒席で勘定を払う，またはレジで勘定を払う，という食事のスクリプトなどによって消費者の行動を予測することができる。

③ 連想（意味）ネットワーク（associative or semantic networks）

　連想（意味）記憶における知識構造は，ある対象（事象）に対する知識間の関係をネットワーク構造で示したものである。個々の知識（ノード：Node）は，ネットワーク上で表され，知識間の関係はリンクによって表現される。リンクの先には属性や概念が付与されている。

　上記の3つの知識構造の中で，製品やブランド知識に関連するものとして連想（意味）ネットワークを取り上げ，その概念と事例を用いてその構造を検討する。

　消費者行動研究においては，ブランド・イメージの構造を連想（意味）ネットワークの形式で表現する方法が，多く見られている。ノードとは蓄積した情報や概念を表し，リンクとはこの情報や概念間の連想の強さを表している（関係が強いほどリンクは短い）。連想（意味）ネットワークでは，情報の想起や検索は拡散的活性化と呼ばれる概念を通じて生じる。

　活性化されている認知要素は，ブランドそのものや広告あるいは競合ブランドとの関連から，直接的に外部情報としてインプットされる場合と，内部情報としてすでに記憶内に有しているものが当該ブランドと関連して想定される場合とがある[19]。例えば，「マクドナルド」に注意が向けられ活性化が起こると，それはリンクに伝わって，「価値」「食事」「サービス」などの属性概念に拡散していく。すなわち，ネットワーク上を連想が拡がっていくのである。このマクドナルドの連想ネットワークを示したのが，図表7-7である。

(2)　ブランド知識構造

　ブランド知識構造の代表的な論者はケラー（Keller, 2000）であるが，彼は記憶の連想ネットワーク・モデルに依拠する形で，ブランド知識を「ブランド認知」と「ブランド・イメージ」に大別し，その構造と内容を検討している[20]。

　まず，「ブランド認知」とは，さまざまな状況下で消費者が当該ブランドを識別する能力を表すものであり，「ブランド再認」と「ブランド想起（再生）」から成り立っている。前者の「ブランド再認」は，手がかりとしてあるブランドが与えられたとき，過去に当該ブランドに接したかどうかを確認できる

図表7-7　マクドナルドの連想ネットワーク

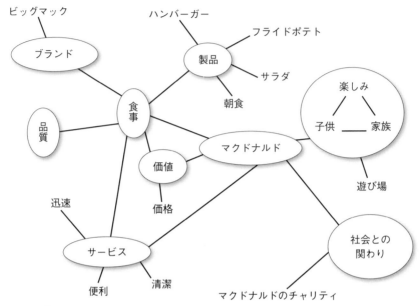

注：⬭はノード，――は，リンク。
出所：Aaker, D.A. (1996) *Building Strong Brands*, The Free Press.（陶山計介他訳（1997）『ブランド優位の戦略』ダイヤモンド社，p.119を一部修正）

消費者の能力である。後者の「ブランド想起（再生)」は，ブランドが提示されなくても，消費者が当該ブランドを記憶から呼び起こす能力である。この「ブランド再認」と「ブランド想起」のどちらが企業にとって望ましいかを考えると，あるブランドが提示されて思い出す「ブランド再認」より何も手がかりになるブランドを提示されなくても思い浮かべられる「ブランド想起」の方が良いに決まっている。

　一方，「ブランド・イメージ」とは，消費者の記憶内にあるブランド連想の反映としての知覚である。これは消費者の知覚であることから，消費者によってかなり異なる点がある。これは4つに大別され，ブランドと個々の認知要素との関係を示す「ブランド連想タイプ」とそのあり方として「ブランド連想の好ましさ」「ブランド連想の強さ」「ブランド連想のユニークさ」に

図表7-8　ブランド知識構造

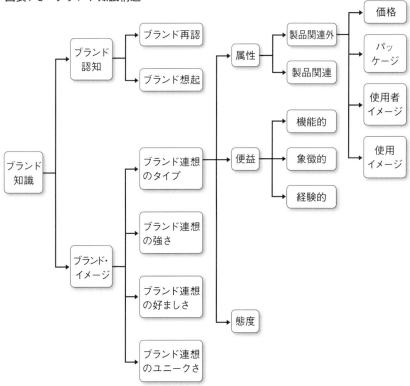

出所：Keller, K. L.（1998），*Strategic Brand Management: Building, Measuring, and Managing Brand Equity,* Prentice-Hall.（恩蔵直人・亀井昭宏訳（2000）『戦略的ブランド・マネジメント』ダイヤモンド社，p.132）

分類される。また，ポジティブなブランド・イメージを創出するには，消費者の記憶に強く，好ましく，ユニークなブランド連想を形成するマーケティング・プログラムが必要である。

　まず「ブランド連想のタイプ」は，抽象化の水準（高・低）によって「属性」「便益」「態度」といった3つのタイプに分けられる。すなわち，属性とは，製品やサービスを特徴付けている記述的特性であり，製品関連（製品またはサービスが機能を発揮する上で必要となる成分で，例えば，性質のレベルなど）と製品非関連（購買や消費に何らかの点で影響を与えるもので，例

えば，価格，使用イメージと使用者イメージなど）がある。便益とは，製品
やサービスの属性に消費者が付与する個人的な価値や意味のことで，（①機
能：製品やサービスの消費における内在的な利便性，②象徴：製品やサービ
スの消費における外在的な利便性，③経験：製品やサービスの使用を通じて
感じる利便性）であり，態度とは消費者のブランドに対する全体的な評価で
あり，好きか嫌いか，良いか悪いかのことである。以上のブランド知識構造
を示したのが図表7-8である。

　ここでは消費者情報処理という視点から，まず上記の「ブランド・イメー
ジ」と「ブランド連想のタイプ」に焦点を当てて検討していく。図表7-9は，
「図表7-7　マクドナルドの連想ネットワーク」を参考に「属性」「便益」「態
度」に分けて示したものである。[21]例えば，「ハンバーガー」「フライドポテト」
「食事」「迅速」という認知要素は，「安く，美味しく，早く食べられる」とい
う連合を形成する。消費者は，こうした連合を形成する連結リンクを推論す
る精緻化作業により構築していく。また「安く，美味しく，早く食べられる」
「庶民的ステイタス」「サービスが良い」という精緻化された認知要素は，「マ
クドナルド」というブランド全体について「大好き」という評価を形成する。
　具体的に，マクドナルドにおいて「属性」「便益」「態度」に分けて考察す
ると，まず「属性」では，製品関連が「食事」「ハンバーガー」「フライドポ
テト」などであり，製品非関連が「勉強の場」「子供と学生」などである。次
に「便益」では，「機能的便益」は安く，美味しく，早く食べられることで，
「象徴的便益」は庶民的ステイタスであり，「経験的便益」は「サービスが良
い」になる。以上のことから，「態度」として「マクドナルドが大好き」が形
成されるのである。
　繰り返しになるが，ブランド・イメージとは，あるブランドに対する消費
者の知覚であり，ブランドから連想されるさまざまな事項を要素として含む
ブランドのすべてのことである。そこで，ブランド連想は，ブランドに対す
る個々の認知要素との関係を示すもので，そのあり方として「ブランドの強
さ」「ブランドの好ましさ」「ブランドのユニークさ」が形成されるのである。
　図表7-9は，マクドナルドについてのブランド連想であるが，「マクドナル

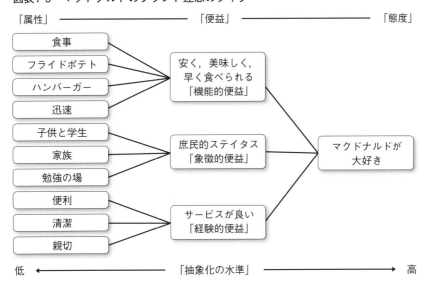

図表7-9　マクドナルドのブランド連想のタイプ

「属性」━━━━━━━━━━「便益」━━━━━━━━━━「態度」

ドが大好き」という態度が形成されるためには,「機能的便益」「象徴的便益」「経験的便益」という便益を有するのが条件であり,またそれを生み出す差異的「属性」が必要である。逆に考えると,好ましく,強く,そしてユニークなブランド連想とは,「機能的便益」「象徴的便益」「経験的便益」という便益の条件を満たすことと,それを引き起こす差異的「属性」が必要不可欠である。それはこれらによってポジティブな「態度」が形成されるからである。こうして考えると,企業にとっての最重要課題はいかに「便益」と共に差異的「属性」を創っていくかであろう。

2. ブランド構築の視点

(1)　ブランド・エクイティ

　近年,ブランド構築はマーケティングの最重要課題の1つとして位置付けられているが,その1つの契機となったのが1980年代半ばのアメリカにおい

て登場したブランド・エクイティの概念である[22]。これに関する研究は1990年代以降に活発化されていくのである。

　ブランド・エクイティの考え方を整理して，一般化を促したアーカー（Aaker, 2001）によれば，ブランド・エクイティとは，ブランドの名前やシンボルと結び付けたブランドの資産と負債の集合であるという。その主要な要素として，ブランド・ロイヤルティ，名前の認知，知覚品質，ブランド連想，その他のブランド資産，という5つが挙げられている[23]。

① ブランド・ロイヤルティは，競争業者の競争力や資金力を弱めると共に，顧客は当該ブランドを常に利用可能であると考えるため，より強い取引関係を築くことができる。
② 名前の認知は，人はよく知られたブランドから安心感を得ることから，未知のブランドよりも選択されることが多くなり，購買機会の拡大に役立つことである。
③ 知覚品質は，購入決定やブランド・ロイヤルティに直接影響を与え，プレミアム価格の維持や粗利益の創出，ブランド拡張の基礎となる。
④ ブランド連想は，ブランド・ネームの基本的価値がブランドに結び付けられた特定の連想に基づいており，強い連想は競争優位上の障壁を築くことに役に立つ。
⑤ その他のブランド資産は，パテント（patent：特許，特許権），トレードマーク，チャネル関係などがあり，競争業者との競争を抑制することに役立つ。

　この概念は，ブランドの持つ名声や信頼感を企業資産として積極的に評価しようという考え方である。その後，ブランドにおける鍵概念は，アイデンティティ概念へとシフトする。

(2)　ブランド・アイデンティティ（Brand Identity）

　ブランド構築という言葉が日本企業のマーケターの口に上がるようになったのは，1995年頃からである。その後1997〜1998年あたりから，消費市場の

低迷が本格化すると共に，多くのマーケターたちはそれまでの長期戦略不在の経営を反省し，ブランドの構築をめざした長期志向に，「強いブランド」へとその方向性を転換しようとしたのである[24]。そして，その中で新たに提示されたのが上記のブランド・アイデンティティである。

アーカー（Aaker, 1996）によると，ブランド・アイデンティティは，ブランド戦略策定者が創造し，維持したいと思うブランド連想のユニークな集合であるとし，この連想はブランドが何を表しているかを示し，また組織の構成員が顧客に与える約束を意味する[25]という。すなわち，ブランド・アイデンティティとは，企業が顧客にブランドを通して伝えたい何かであり，約束された価値提案であり，当社のブランドはどうあるべきか，どのように認知されたいか，何が他社と違っているのか，などである。

また，アーカー（Aaker, 1996）のブランド構築の核となる価値提案は，機能的便益，情緒的便益，自己表現的便益という3つの便益から構成されている。まず，①機能的便益は，そのブランドの所有や利用により得ることのできる便利さや効用であり（例：ベンツのSクラスは品質と信頼性を提供している），②情緒的便益は，そのブランドによって顧客に何らかの感情（爽快感，安心感）を与えることである（例：ベンツのSクラスを乗るとお金持ちになったような気分になる）。また，③自己表現的便益とは，ブランドを所有，利用することで顧客が何らかの自己表現をできることである（例：ベンツのSクラスに乗っている人は裕福であり社会的地位が高い）。これらの便益は，ブランドと顧客との関係性を構築するために必要なものとしている。

ブランド・アイデンティティは，次の4つの視点から構成された12の次元からなっている。すなわち，①製品としてのブランド（製品分野，製品属性，品質と価値，用途，ユーザー，原産国），②組織としてのブランド（組織属性，ローカル化かグローバル化か），③人としてのブランド（ブランド・パーソナリティ，ブランドと顧客との関係），④シンボルとしてのブランド（ビジュアル・イメージとメタファー（metaphor：隠喩），ブランドの伝統）である。また，ブランド・アイデンティティはコア・アイデンティティ（ブランドの中心・本質）と拡張アイデンティティ（豊かさと安全性）から構成されている[26]。

3. 強いブランドへの構築ステップ

　家を建てる時に最も重要といえるのが，基礎工事である。地盤を調べて強化し，きちんと土台を築くことで，その上の建物がしっかりと建つようになる。家を建てる時，その土台が重要であるように，ブランドも土台が重要である。なぜならば，ブランドの土台は企業と一体となって事業を支える重要な役割を持っているからである。

　そこで，ケラー（Keller, 2010）はブランド構築の手順を踏む上での枠組みとして提唱するのが「ブランド・ビルディング・ブロック」（brand building blocks）である。

　強いブランドを構築する上ではその頑丈な土台が必要であるが，そのブランド構築ステップは，4つの段階と6つのブロックから構成されている。[27)]

　まず，第1段階はアイデンティティ（identity：ブランドの識別）である。正しいアイデンティティを確立するためには，顧客との間にセイリエンス（salience：突出性・顕著さ）を創出することである。このセイリエンスによってブランド認知（ブランド再認とブランド想起）が測定可能である。ブランド認知の中でもブランドのトップオブマインド（第1位再生）で想起される必要がある。この段階の目標は，深くて広い「ブランド認知」である。

　第2段階はミーニング（meaning：ブランドの意味）である。この段階では，機能と感性という両方の側面からブランドの意味を作り上げる。機能的パフォーマンスでは製品やサービスが機能面での顧客ニーズをどの程度満たすかを確認する。例えば，主要な成分とそれを補う特徴，製品の信頼性，サービスの良さ，スタイルとデザイン，価格などである。一方，抽象的なイメージは，顧客の心理的ニーズや社会的ニーズをどのような形で満たそうとしているかといった，製品やサービスの付帯的な特性である。例えば，使用者のプロフィール，購買・使用状況，パーソナリティと価値などである。この段階の目標は，どれを類似化ポイントや差異化ポイントとして選ぶのかである。

　第3段階はレスポンス（response：消費者の反応）である。この段階では，上記の第1段階と第2段階で形成された多様な連想に対して，顧客の適切なレスポンス（反応）を引き出すことである。ここでは，ジャッジメント

（judgment：評価）とフィーリング（feeling：感情）に分類される。前者の
ジャッジメントはブランドに対する顧客の個人的な意見や評価であり、例え
ば品質、信用、考慮、優位性である。後者のフィーリングはブランドに対す
る顧客の感情的反応であり、例えば温かさ、楽しさ、興奮、安心感、社会的
承認、自尊心である。この段階の目標は、ポジティブで好意的な反応を得る
ことである。

　最後の第4段階は、リレーションシップ（relationship：消費者とブランド
との関係性）である。最終段階のリレーションシップに対応するレゾナンス
（resonance：同調や共鳴）は、リレーションシップの性格と顧客がブランド
にどれだけ「同調」あるいは「共鳴」しているかをいう。レゾナンスは、顧
客がブランドに対して抱いている心理的な絆の強さと、ロイヤルティが生み
出す活動のレベルによって決定される。例えば、行動上のロイヤルティ、態
度上の愛着、コミュニティ意識、積極的なエンゲージメント（企業への愛着
心）である。この段階の目標は、強く活発なロイヤルティの形成である。

　強いブランドへの構築ステップ（ブランド・ビルディング・ブロック）の
理解に基づいて、ブランド構築には前の段階の目標が達成されなければ、次
の段階へ進むことができない。したがって、強いブランドを構築するために
は、まず当該ブランドが上記の4つの段階のどの発展段階に位置付けられて
いるのかを分析し、その後、確立されているブランド知識の程度や内容を検
討しながら、目標に向けて前に進むことが求められる。

　以上のように、消費者の望ましいブランド知識構造の形成という視点を踏
まえて、ブランド構築のステップが4段階に整理され、6つのブロックを積み
上げていくプロセスを説明したが、それを示したのが図表7-10のブランド・
ビルディング・ブロックである。

図表7-10　ブランド・ビルディング・ブロック

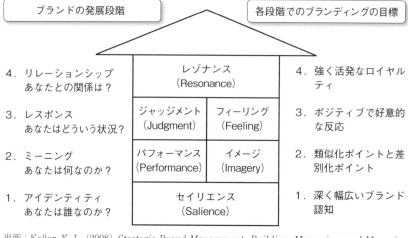

| ブランドの発展段階 | | | 各段階でのブランディングの目標 |

4．リレーションシップ
　　あなたとの関係は？　　　　レゾナンス（Resonance）　　　　4．強く活発なロイヤルティ

3．レスポンス
　　あなたはどういう状況？　　ジャッジメント（Judgment）　　フィーリング（Feeling）　　3．ポジティブで好意的な反応

2．ミーニング
　　あなたは何なのか？　　　　パフォーマンス（Performance）　イメージ（Imagery）　　2．類似化ポイントと差別化ポイント

1．アイデンティティ
　　あなたは誰なのか？　　　　セイリエンス（Salience）　　　　1．深く幅広いブランド認知

出所：Keller, K. L.（2008）*Strategic Brand Management: Building, Measuring, and Managing Brand Equity, Third Edition,* Prentice-Hall.（恩蔵直人監訳／株式会社バベル訳者（2010）『戦略的ブランド・マネジメント〈第3版〉』東急エージェンシー，p.68を一部修正）

■ **演習問題** ···

1　ブランド要素（ブランド・ネーム，ロゴ，キャラクター，スローガン，ジングル，パッケージング）は，マーケティング・ツールとしてどのように利用できるのかについて考えてみよう。

2　関心のあるブランドを1つ取り上げて，そのブランド要素を列挙した上で，各構成要素の特徴と戦略について検討してみよう。

3　NBとPBの違いについて検討してみよう。

4　関心のあるブランドを1つ取り上げて，そのブランドが提供していると考えられる機能的便益，象徴的便益，経験的便益について考えてみよう。

5　関心のあるブランドを1つ取り上げて，当該ブランドがブランド・ビルディング・ブロックの中でどの段階にあるのかを分析し，その段階での課題を検討してみよう。

1）Keller, Kevin I.（2008）*Strategic Brand Management Third Edition*, Prentice-Hall.（恩蔵直人監訳／株式会社バベル訳者（2010）『戦略的ブランド・マネジメント　第3版』東急エージェンシー，pp.2-40）

2）Bennett, P. D.（Ed）（1995）*Dictionary of marketing Terms*, American Marketing Association/NTC Business Books. p.27.

3）Keller, Kevin I.（2008）*op. cit.*（恩蔵直人監訳／株式会社バベル訳者（2010）前掲書，p.39）

4）新村出編（2020）『広辞苑　第7版』岩波書店，p.2594。

5）Keller, Kevin I.（2008）*op. cit.*（恩蔵直人監訳／株式会社バベル訳者（2010）前掲書，p.2）

6）次の文献を参考にした。Keller, K. L.（2008）*ibid.*（恩蔵直人監訳／株式会社バベル訳者（2010）同上書，pp.7-10）。青木幸弘（2000）「ブランド構築における基礎問題：その視点，枠組み，課題」青木幸弘・岸志津江・田中洋編著『ブランド構築と広告戦略』日経広告研究所，pp.55-61。伊部康弘（2009）「ブランディング」宮澤永光・城田吉孝・江尻行男編著『現代マーケティング　その基礎と展開』ナカニシヤ出版，p.134。

7）Roselius, Ted,（1971）"Consumer Ranking of Risk Reduction Methods." *Journal of Marketing*, 35（January），pp.56-61. Keller, K. L.（2008）*ibid.*（恩蔵直人監訳／株式会社バベル訳者（2010）同上書，p.9）

8）次の文献を参照されたい。Keller, K. L.（2008）*ibid.*（恩蔵直人監訳／株式会社バベル訳者（2010）同上書，pp.181-205）。久保田進彦（2002）「ブランド・エクイティにおけるブランド要素」恩蔵直人・亀井昭宏編『ブランド要素の戦略論理』早稲田大学出版部，pp.1-15。久保田進彦（2004）「ブランド要素戦略」青木幸弘・恩蔵直人編『製品・ブランド戦略』有斐閣アルマ，pp.137-166。

9）Keller, Kevin I.（2008）*ibid.*（恩蔵直人監訳／株式会社バベル訳者（2010）同上書, p.205）. 久保田進彦（2004）同上書，pp.155-157。

10）以下の文献とトヨタのホームページを参照されたい。小川孔輔著（2011）『ブランド戦略の実際　＜第2版＞』日本経済新聞出版社，pp.42-44。https://toyota.jp/corollaaxio/（2021年4月23日アクセス）

11）恩蔵直人（1995）『競争優位のブランド戦略』日本経済新聞社，pp.34-43。詳しい事例は以下の文献を参照されたい。加藤勇夫・寳多國弘・尾碕眞編著（2006）『現代マーケティング論』ナカニシヤ出版，pp.107-108。

12）田中洋（2019）『ブランド戦略論』有斐閣，pp.263-269。

13）Keller, Kevin I.（2008）*op. cit.*（恩蔵直人監訳／株式会社バベル訳者（2010），前掲書，

pp.594-664）

14）片平秀貴（2000）「ブランドをつくるということ」嶋口充輝・竹内弘高・片平秀貴・石井淳蔵編著『マーケティング革新の時代3　ブランド構築』有斐閣，pp.6-7。

15）青木幸弘（2000）前掲書，pp.33-34。

16）本節の記述は，主としては以下の文献に基づいている。青木幸弘（2011）『消費者行動の知識』日本経済新聞出版社，pp.173-190。

17）この点の詳細は，Bartlett, F. C.（1932）*Remembering*. Cambridge University Press. 鹿取廣人・杉本敏夫・鳥居修晃（2019）『心理学』東京大学出版会，p.273を参照されたい。

18）この点については，Mothersbaugh, David L. and Del I. Hawkins（2016）*Consumer Behavior: Building Marketing Strategy, Thirteenth Edition,* Mc Graw Hill, p.319.　鹿取廣人・杉本敏夫・鳥居修晃（2019），同上書，p.199に詳しい。

19）以下の文献を参照した。Solomon, M. R.（2011）*Consumer behavior: Buying, having, and being Global Edition*, prentice Hall., pp.128-136. Aaker, D. A.（1996）*op. cit.*（陶山計介・小林哲・梅本春夫・石垣智徳訳（1997）『ブランド優位の戦略－顧客を創造するBIの開発と実践－』ダイヤモンド社，pp.118-119). 青木幸弘（2011）前掲書，pp.179-181。

20）Keller, K. L.（1998）*Strategic Brand Management: Building, Measuring, and Managing Brand Equity*, Prentice-Hall.（恩蔵直人・亀井昭宏訳（2000）『戦略的ブランド・マネジメント』ダイヤモンド社，pp.124-163)

21）これに関連する先行研究として，以下の文献を参照されたい。新倉貴士（2002）「ブランドの情報処理：消費者情報処理アプローチとブランド（商学部開設50周年・商科開設90周年記念号）」『商學論究』関西学院大学商学研究会，50（1/2)，pp.305-323。

22）青木幸弘（2010）「消費者行動分析の歴史」，池尾恭一・青木幸弘・南千恵子・井上哲浩編著『マーケティング　Marketing：Consumer Behavior and Strategy』有斐閣，p.418。

23）Aaker, D. A.（1996）*op. cit.*（陶山計介・小林哲・梅本春夫・石垣智徳訳（1997）前掲書，pp.9-32)

24）片平秀貴（2000）前掲書，p.1。

25）Aaker, D. A.（1996）*op. cit.*（陶山計介・小林哲・梅本春夫・石垣智徳訳（1997）前掲書，p.86)

26）Aaker, D. A.（1996）*ibid.*（陶山計介・小林哲・梅本春夫・石垣智徳訳（1997）同上書，pp.86-109)

27）Keller, K. L.（2008）*op. cit.*（恩蔵直人監訳／株式会社バベル訳者（2010）前掲書，pp.66-103). 青木幸弘（2010），前掲書，pp.431-433。

第 **8** 章 | プライシング戦略

1 プライシングとは

　プライシング（pricing：価格設定または価格付け）は，マーケティング・ミックスの中で，極めて重要な意思決定であり，企業の存続や成長の源になる利益と密接にかかわるもので，消費者に商品やサービスの価値を金額で示すものである。また，プライシングは，マーケティング・ミックスのうち，最も容易に変化させることができるという特徴を有している。

　製品のプライシングには，一般にコスト，競争，需要という3つの視点がある。図表8-1は，これら3つの視点の「コストに基づいたプライシング」「需要に基づいたプライシング」「競争に基づいたプライシング」の方法を示したものである[1]。

1. コストに基づいたプライシング（cost-based pricing）

　これは，製造原価や仕入れ原価に営業費，一般管理費などのコストと目標利益を加算して設定する方法である。これには製品の原価をベースにする「コスト・プラス方式」と，損益分岐点（総費用と総収入が一致する点）をベースにする「損益分岐点による方式」がある[2]。

⑴ コスト・プラス方式（cost plus approach）

　コスト・プラス方式は，製造原価または仕入れ原価に販売費，一般管理費，利益などをプラスして，価格を決める方式である。多くの場合，小売価格はコスト・プラス法に基づいている。小売業の場合は，仕入れ価格に一定の利益率（マージン，流通業界ではマークアップと呼ぶ）を上乗せして価格を設定する。利益率は，各製品の特性，競争状態，経験，業界の慣行などによって決定することが多い。

　例えば，あるメーカーのキャップ（帽子）を生産すると仮定しよう。見込み販売量は50,000個で，固定費は6,000万円で，1個の生産に必要な変動費を2,000円とする。

図表8-1　プライシングの考え方

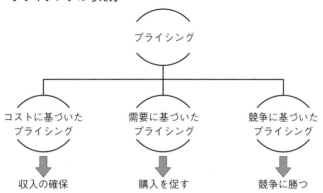

出所：高瀬浩（2005）『ステップアップ式MBAマーケティング入門』ダイヤモンド社，p.77を一部修正。

- 固定費とは，生産・販売数量と関係なく生じる費用のことで，例えば賃貸料，保険料，従業員の給与，設備の減価償却費（年々価値が減少する資産を購入した際に，購入費用をその使用できる期間にわたって配分した費用）などが挙げられる。
- 変動費とは，生産・販売数量に応じて変化する費用のことで，例えば原材料調達費，水道光熱費，包装費，発送費，通信交通費，販売手数料などが挙げられる。

　あるメーカーのキャップ（帽子）1個当たりの原価は，次のようになる。

$$1個当たりの原価 = 変動費 + \frac{固定費}{見込み販売数量}$$

$$= 2,000円 + \frac{6,000万円}{50,000個} = 3,200円$$

　そして原価に対する利益率を20％とすると，設定すべき価格は次のようになる。

$$\text{売価} = \frac{\text{原価}}{(1 - 0.2)} = \frac{3,200\text{円}}{0.8} = 4,000\text{円}$$

　ただ，販売数量は見込みであるため，この販売数量を実現できない場合もあり得る。この場合，1個のキャップが負担すべき費用は増加し，目標とした利益を得られないこともある。

(2)　損益分岐点（Break Even Point：BEP）による方式

　コストに基づいたプライシングでは，損益分岐点を用いる方式もある。損益分岐点は，総費用と総収入が等しい販売数量の水準を示す。企業は，この分岐点より販売数量を上げることにより，利益を上げる（黒字）ことができるが，逆にその分岐点より販売数量が下がる場合は，損失を被る（赤字）ことになる。

　例えば，前例と同じく，固定費は6,000万円で，この固定費に1個あたり2,000円の生産に必要な変動費を加えるかたちで総費用になっている。総収入は，ゼロからスタートし，販売数量が増えるにつれて，増えていくことになる。このとき価格を4,000円とすると，損益分岐点販売数量は次式のようになる。

$$\text{損益分岐点の販売数量} = \frac{\text{固定費}}{\text{価格} - \text{平均変動費}}$$

$$= \frac{6,000\text{万円}}{4,000\text{円} - 2,000\text{円}} = 30,000\text{個}$$

　以上のことから，総費用曲線と総収入曲線は，30,000個のところで交点となる。これが損益分岐点の販売数量である。この会社が，30,000個以上のキャップ（帽子）を販売するなら，利益を獲得し始めるが，それ以下の場合には損失を生じる。言い換えれば，損益分岐点に達する前には損失を被るが，損益分岐点に達した以降は利益が生じることになるのである。

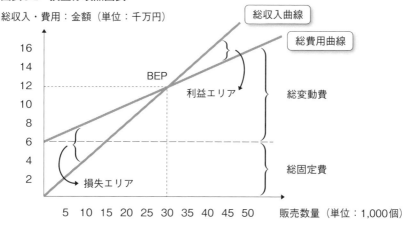

図表8-2　損益分岐点図表

次いで，損益分岐点を金額で求めると次式のようになる。

$$損益分岐点の金額 = \frac{固定費}{1 - \dfrac{平均変動費}{価格}}$$

この結果を確認するため，販売価格（4,000円）に損益分岐点販売数量（30,000個）を乗ずることができる。

$$4,000円 \times 30,000個 = 1億2,000万円$$

上記の数字を使うと，次のようになる。

$$損益分岐点の金額 = \frac{6,000万円}{1 - \dfrac{2,000}{4,000}} = 1億2,000万円$$

したがって，損益分岐点の金額は1億2,000万円，販売数量は30,000個にな

る。この点（金額は1億2,000万円以上，販売数量は30,000個以上）を超えれ
ば，利益が出るというわけである。これを損益分岐点図表に描くと，図表8-2
のようになる。

2. 需要に基づいたプライシング（demand-based pricing）

　これは，消費者やユーザーの需要（評価）の大きさを基準にして価格を決
める方法である。企業のプライシングは，供給側（メーカー）の生産量にか
かわらず，需要側（消費者やユーザー）のベネフィットによって規定される
ものである。例えば，あるメーカーの商品の生産費がさほどかからなくても，
その商品に対する消費者やユーザーの需要が高ければ，高値で販売すること
ができるが，逆に生産費がかかったとしても，消費者やユーザーの需要がな
いときには，非常に安値で販売せざるを得ないのである。

　一方，商品に対する需要は，商品の価格が上がると減り，それとは逆に価
格が下がると増える傾向にある。したがって，価格の変化に対して，需要が
どのように反応するかを知ることは，供給側のプライシング上，極めて重要
である。価格の変化によって商品の需要がどのように変化するのかを分析す
る手法のことを需要の価格弾力性という。需要の価格弾力性は，需要の変化
割合と価格の変化割合の関係にある。[3]

　例えば，あるメーカーのキャップが4,000円で販売されていたときの販売量
が月に200個だったと仮定しよう。1,000円値下げして3,000円にしたら300個
売り上げることができた。では，この場合，キャップの価格弾力性を求める
と次式のようになる。

$$E_{PQ} = \frac{\dfrac{Q_2 - Q_1}{Q_1}}{\dfrac{P_2 - P_1}{P_1}} = \frac{\dfrac{\text{価格変更後の販売数量} - \text{価格変更前の販売数量}}{\text{価格変更前の販売数量}}}{\dfrac{\text{新価格} - \text{旧価格}}{\text{旧価格}}}$$

$$= \frac{\text{需要の変化率（％）}}{\text{価格の変化率（％）}}$$

E_{PQ}：需要の価格弾力性（価格の変化に伴う販売数量の弾力性）

P_1　：旧価格

P_2　：新価格

Q_1　：価格変更前の一定期間の販売数量

Q_2　：価格変更後の一定期間の販売数量

- 価格変化率：価格を上げると需要が下がるし，価格を下げると需要が上がるという関係性を前提としているため，需要の変化率は「絶対値」として取り扱う。

$$\text{キャップの需要の価格弾力性}（E_{PQ}）= \frac{\dfrac{100}{200}}{\dfrac{1{,}000}{4{,}000}}$$

$$= \frac{0.5 = 50\%}{0.25 = 25\%} = 2$$

　以上のことから，キャップの価格弾力性は，2である。この需要の価格弾力性を描くと，図表8-3のようになる。

　商品価格の変化率と需要の変化率とがちょうど等しくなると価格弾力性が1になるため，1より大きいと弾力性が高く，反対に1より小さいと弾力性が低いということになる。したがって，キャップの需要の価格弾力性は，2であることから，価格弾力性が高いということになる。言い換えれば，この商品は消費者が価格変化に敏感であると考えられる。よって，需要の価格弾力性の大きい製品は，価格設定が重要であり，企業は低価格志向になりやすく，それとは逆に需要の価格弾力性の小さい製品は，価格以外のマーケティング手法が効いているため，高価格志向になりやすい。

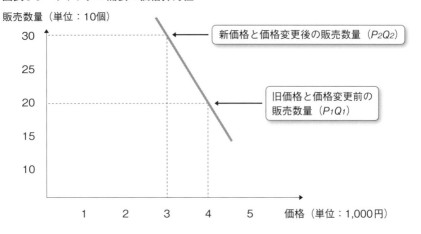

図表8-3　キャップの需要の価格弾力性

販売数量（単位：10個）

新価格と価格変更後の販売数量（P_2Q_2）

旧価格と価格変更前の
販売数量（P_1Q_1）

価格（単位：1,000円）

3. 競争に基づいたプライシング（competition-based pricing）

　これには，一般に競合他社を意識して価格を決める「現行価格設定」と，入札により落札者を決定する「入札価格設定」とがある。

(1)　現行価格設定（going-rate pricing）

　これは，競合他社の商品の価格を基準にして，自社の価格を決める方法である。まず競合他社がどの程度の価格設定をしているのかについて，さまざまな情報を収集して，それに対抗できるような自社商品の価格設定が行われる。価格設定には，競合他社の商品よりも高価格に設定する場合や，反対に低価格に設定する場合，そして競合他社の商品価格と同じく設定する場合といった3つの方法がある。いずれにしても，価格設定には，自社存続のための利益確保が必要不可欠であるので，適切な価格設定は上記の損益分岐点の「利益エリア」に位置付けられるように検討する必要がある（図表8-2参照）。

(2)　入札価格設定（sealed-bid pricing）

　入札価格とは，請負者を決めるために，複数の競合する企業が文書により

図表8-4　入札価格と期待利益

（単位：万円・%）

企業の入札価格	①企業の利益（万円）	②落札の確率（仮定）	①×②予想利益（%）
A社：　9,500	100	0.81	81
B社：10,000	600	0.36	216
C社：10,500	1,100	0.09	99
D社：11,000	1,600	0.01	16

出所：Kotler, P.（2000）*Marketing Management: Millennium Edition*, Prentice Hall, Inc.（恩藏直人監修・月谷真紀訳（2001）『コトラーのマーケティング・マネジメント　ミレニアム版』ピアソン・エデュケーション，p.580を一部修正）

提示する価格のことをいう。入札による価格設定は，競合他社が提示すると予想される価格を基準にして，自社の価格を決める方法である。特に公共事業の生産財の分野で多く見られる。自社が落札されるためには，競合他社よりも低い価格で入札を提出しなければならない。しかし，自社の損益分岐点より低い価格を提出することはない。そこで，多くの企業は，予想利益という考え方に基づいて入札価格を設定している。

　図表8-4に示されているように，あるA社の入札価格が9,500万円であれば，極めて高い確率の81%でその契約を取得できる可能性があるが，利益は極めて低く100万円しか得られないことになる。A社の予想利益は，企業の利益に落札の確率を掛けて算出する。そこで，この入札の予想利益は，100万円（企業の利益）×0.81（落札の確率）＝81万円となる。また，D社の入札価格が1億1,000万円であれば，1,600万円という高い利益を得られるが，そのときの落札の可能性は極めて小さく1%の確率しかない。この場合の予想利益は，わずか1,600万円（利益）×0.01（落札の確率）＝16万円となる。

　一方，最適な入札価格設定の基準は，予想利益を最大化する入札価格を提示することである。図表8-4では，B社の入札価格が最良の選択となり，この場合はB社が提示した1億円となる。B社の予想利益は，600万円（企業の利益）×0.36（落札の確率）＝216万円となる。[4]

コラム ❶ 価格反応プログラム

　企業は，競合他社の価格競争に巻き込まれる場合がある。競合他社から値下げ競争という攻撃を受けた場合にどう対応すれば良いのか。企業は，常に競合他社の動向を調べ，不慮の事態（例えば，価格変更）に対する意思決定プログラムを準備しておく必要がある。図表8-5は，競合他社による価格変更の可能性を予測して，競合他社が値下げした場合に使える，価格反応プログラムが示されている。

図表8-5　競合他社の値下げに対応する価格反応プログラム

```
┌─────────────┐   いいえ   ┌─────────────────┐
│ 競争他社は価格を  │ ───────→ │ 価格を現在の水準で維  │
│ 下げたか       │          │ 持し，競合他社の価格  │
└─────────────┘          │ を観察し続ける      │
      │はい                 └─────────────────┘
      ↓          いいえ        いいえ
┌─────────────┐   ┌──────────┐   ┌─────────────┐
│ 他者の価格はわが  │ → │ それは永久的な値 │ → │ 競合他社の価格は   │
│ 社の売上に重大な  │   │ 下げになりそうか │   │ いくら下がってい   │
│ 損害を与えそうか  │   └──────────┘   │ るか         │
└─────────────┘    はい          はい └─────────────┘
```

約2%以下の場合は，次回の購買に使える割引クーポンを取り入れる	約2〜4%の場合は，競合他社による値下げ額の半分，価格を下げる	約4%以上の場合は，競合他社の価格まで価格を下げる

出所：Kotler, P.（2000）*Marketing Management: Millennium Edition*, Prentice Hall, Inc.（恩藏直人監修・月谷真紀訳（2001）『コトラーのマーケティング・マネジメント　ミレニアム版』ピアソン・エデュケーション，p.598を一部修正）

2 新製品の価格戦略

　新商品を市場へ導入するとき，企業がとるべき価格戦略は，高価格を設定する「上澄み吸収価格戦略」と低価格を設定する「浸透価格戦略」という大きく2つに分けられる[5]。

　それ以外に，企業が新製品を開発した後，価格を設定する際に品質を考慮した上で価格を設定するという「品質との関係による価格戦略[6]」がある。以下では，「上澄み吸収価格戦略」「浸透価格戦略」「品質との関係による価格戦略」という3つを概説する。

1. 上澄み吸収価格戦略
(skimming pricing strategy：初期高価格戦略)

　新製品を市場に導入する初期において，これは消費者全体を対象とするのではなく，価格に対しそれほど敏感に反応しない高所得階層や社会階層の高いレベルの人たちへ販売しようとする戦略である。その後，市場における競合他社の参入状況などに合わせて順次価格を引き下げ，低所得者にも販売していこうとする考え方である。また，市場における一番うまみのある上澄みを吸収する価格という意味から上澄み吸収価格と呼ばれる。この戦略を採用することによって，早い段階で当該新製品の開発にかかったコストの回収と大きな利益の獲得をねらっている。

　ロジャースの新製品普及理論（第6章の図表6-8参照）で見ると，イノベーター（市場全体の約2.5%），初期採用者（市場全体の約13.5%）などの新製品の購入・採用の意思決定に好意的反応を示す人々をターゲットとして，新製品の導入段階で高い価格を設定する戦略である。この戦略が成功するための条件として，①当面，新しい製品において技術や提供方法で優位性があり，競合他社の参入が発生しにくいこと，②新製品が革新的であり，高所得層や社会階層の高いレベルの人たちのニーズに合致していること，③高価格が高品質と高性能の優れた製品を提供するというイメージを有し，高価格に対し

て非弾力的な需要特性を持っていること，④製品が特許や固有の技術で十分保護されていること，競合他社が迅速に模倣することが困難であることなどである。これまでにこの戦略を採用した製品は，テレビ，パソコン・ノートパソコン，空気清浄機，ロボット掃除機などが挙げられる。

2. 浸透価格戦略
（penetration pricing strategy：初期低価格戦略）

　新製品を市場に導入する初期において，これは自社製品を迅速に市場全般に浸透させるために，低価格でマーケット・シェアを高めようとするものであり，大衆的な製品や需要の価格弾力性が大きい製品に有効な戦略である。この戦略は，大量生産により単位当たりの固定費の低下，規模の経済性の実現，そして累積経験効果が期待できる。

　この戦略が成功するための条件として，①早い時期に大衆市場を獲得できる見通しがあること，②標的市場が価格に敏感であり，低価格によって市場の拡大が期待できること，③大量生産によって生産コストやマーケティング・コストの削除が可能であること，④低価格志向が競合他社の参入障壁を高めるほどの効果があること，⑤競合他社とは価格それ以外に相違点があまりないことなどである。これまでにこの戦略を採用した製品には，お菓子，飲料などが挙げられるが，ホールセールクラブ（会員制倉庫型卸売・小売）チェーンの「コストコ」や総合ディスカウントストアの「ドン・キホーテ」もこの戦略を用いている。

3. 品質との関係による価格戦略（quality-price strategies）

　企業が新製品を開発し，その後価格を設定する際に品質との関係を重要視している。コトラー（Kotler, 2000）は，価格と品質との間には競争があるという。図表8-6は，9つの品質との関係による価格戦略が示されている。横軸は価格レベルで高と中と低の区分，縦軸は製品の品質レベルで高と中と低の区分という形で9つのセルを内容としたマトリックスを描いている。

図表8-6　品質との関係による価格戦略

価　格

		高	中	低
製品品質	高	① プレミアム戦略	② 高価値戦略	③ スーパーバリュー戦略
	中	④ オーバーチャージング戦略	⑤ 中価値戦略	⑥ グッドバリュー戦略
	低	⑦ ぼろもうけ戦略	⑧ 偽の経済性戦略	⑨ エコノミー戦略

出所：Kotler, P.（2000）*Marketing Management: Millennium Edition*, Prentice Hall, Inc.（恩藏直人監修・月谷真紀訳（2001）『コトラーのマーケティング・マネジメント　ミレニアム版』ピアソン・エデュケーション，p.564）

　対角線上の①プレミアム戦略，⑤中価値戦略，⑨エコノミー戦略は，同一市場で競争することができる。例えば，競合他社が3社（A，B，C）あるとしよう。A社が高品質の製品を高価格で提供し，B社が中品質の製品を中価格で提供し，またC社が低品質の製品を低価格で提供することができる。この3社の競合他社は，市場が3つのセグメント，すなわち品質を重視するセグメント，価格を重視するセグメント，品質と価格のバランスを重視するセグメントで構成されている限り，共存することができるのである。

　次いで，②高価値戦略，③スーパーバリュー戦略，⑥グッドバリュー戦略は，対角線上のポジションを攻撃する手法である。例えば，①プレミアム戦略に対する②高価値戦略は，「わが社の製品は製品①と同様の高品質でありますが，価格は抑えています」と消費者にアピールすることができる。③スーパーバリュー戦略も同じく，「さらに価格を低く抑えました」と訴えることができる。特に品質に敏感な消費者は，これらの製品を購入し，節約するだろう。

　一方，④オーバーチャージング戦略，⑦ぼろもうけ戦略，⑧偽の経済性戦略は，製品の品質に比較して高価格を付けている場合である。多くの消費者は，企業に文句を言わずに製品スイッチングまたは口コミへの否定的な反応などの行動をとる。

3 消費者への心理的な価格戦略

これは，消費者の心理効果をねらった価格戦略である。消費者への心理的な価格付けとしては，威光価格，段階価格，端数価格，習慣価格などが，消費者心理に応じた価格戦略である[7]。

1. 威光価格（prestige price）

これは，高価格の商品が高品質であることを連想させる消費者の心理的な原理に基づいている。また，価格が高ければ高いほど，品質もよく，これを使用する人のステータスも高いというシグナルを消費者に発信できる。高級ホテル，会員制リゾート，そして会員制レストランなどは高品質であり，高いステータスであるということを消費者へ訴えるために，意図的に高い価格を設定した方がステータスや評価が高まり，需要が増大する場合もある。一方で，ある一定の水準よりも価格を引き下げると需要が予想とは反対に低下することがある。

一般的に，消費者の購買頻度が低く，価値を十分に評価できないような美術品や宝石品などで作用されている。威光価格は，商品や会社の信用（威光）を価格に上乗せすることによって作られることもある。

2. 段階価格（grade price）

これは，自社が取り扱う商品やサービスを高価格，中間価格，一般価格などというように段階別に消費者の予算に合わせた価格帯に分けて設定する方法である。似通った商品にあまりにも多くの価格があると消費者は商品やサービスの購入意思決定に迷いが生じるため，消費者の利便さを考慮した価格である。

ある商品の価格を高価格，中間価格，一般価格の3価格帯に分け，消費者に提示したと仮定しよう。しかし，消費者が購買意欲や商品に関して十分な情

報を取得していない場合，極端さを嫌って中間の価格を選ぶという心理的な傾向がある。そのため，この中間が選択される心理的な傾向を利用して，販売店では価格帯を3つ用意し，自社で推奨したい製品の価格を真ん中に位置付けることがある。例えば，うなぎ屋や寿司屋などでの松（特上）・竹（上），梅（並み）は，物のランクを付ける場合の表現であるが，多くの消費者は中間の価格帯を選ぶ傾向があるため，販売店では一番売りたい物の価格を中間に位置付ける場合がある。

3. 端数価格（odd price）

　これは，商品やサービスの価格を端数で終わらせることで，通常の価格より安いイメージを与えようとする心理的な価格である。

　消費者は，8とか9で終わる数字で価格を付けると，価格は最低の線まで引き下げられたという感じる傾向がある。具体的には，商品の価格を98円，19,800円，49,800円というような端数表示することで，消費者に安いという印象を与えることができる。また，1,000円とか，10,000円といったちょうどきりの良い価格より，980円とか，9,800円とすると，価格を1桁少なくすることによって消費者に値引きやバーゲンをしているという心理的な印象を与えることができる。こうした価格は，消費者に価格が安くなっているという印象を与え，自社の売り上げ増加をねらうことができる。今や，スーパーマーケットなどでの端数を付ける価格は，全国で活用されている。

4. 慣習価格（customary price）

　これは，ある商品の価格が長い間定まっていると，消費者に心理的に社会慣習的なものとして認められる価格である。こうして形成された価格は，慣習価格と呼ばれる。慣習価格が形成されると，固定化され，価格変更が容易でない価格となる。

　慣習価格の定まっている商品の場合，慣習価格以上あまり安くしても，高くしても，その商品の需要量にはあまり変化が見られないものである。また，

原材料や人件費などが上昇しても，それにより商品の単価を変えることが難しく，むしろ容量とか数量，そして品質などによりその調整がなされるものである。例えば，加工食品のようにその慣習価格よりも多少値下げしても需要の増加はあまり伸びず，逆にその慣習価格よりも値上げすると極度に需要は著しく低下する傾向がある。慣習価格は，加工食品以外にタバコ，缶入り清涼飲料，ペットボトル飲料，ガムなどでよく利用されている。

....

コラム **2** プロスペクト理論（prospect theory：期待理論）

　人々による製品やサービスを購入する際の評価の基準は，それ自体だけではなく，その他の状況や言語的表現，そして文脈などの評価によって大きく左右される。こうした他の評価について，カーネマンとドヴェルスキー（Kahneman and Tversky, 1979）は，心理的な価格付けの観点からプロスペクト理論（prospect theory）を提唱した。この理論は，人々が利得（gain）または損失（loss）についてどのような感情の変化を生じさせるかを分析したものである。また，プロスペクト理論では「利点」を評価する際にはリスク回避となり，「損失」を評価する際にはリスク志向となると考える。プロスペクト理論の特徴は，以下のように3つが挙げられる（図表8-7参照）。

① 人々の製品やサービスへの価値評価は，ある期待からの乖離により行われる。その期待の基準点をリファレンス・ポイント（reference point：参照点）と呼ばれる。消費者は，ある対象に対して評価を行うときは必ずある期待を持ち，その期待から結果が良かったか良くなかったのかで判断をする。この点については，顧客満足に対する評価基準と同じく，購入前の期待と購入後の知覚される成果（あるいは結果）という2つの尺度で表される（第3章の図表3-4参照）。

② 参照点を下回るときにはリスク志向的な評価を行うが，それを上回るときにはリスク回避的な評価を行う。この点については，顧客が購入する前の期待に比べ成果がより大きければ大きいほど，顧客が満足を得ることができるが，その期待を下回れば不満を抱くという内容と相通じるものである（第3章の図表3-4参照）。

③ 参照点から，利得までの乖離と損失までの乖離が同じ程度であれば，期待を下回ったときの価値評価（心理的な価値）は期待を上回った場合の満足感よりも2倍ほど大きいといわれている。図表8-7に示したように，10万円を得る嬉しさよりも10万円を失う悲しさの方が2倍ほど大きいということである。ただし，いずれにしても，追加的な損得のインパクトそのものは逓減する。この逓減については，ミクロ経済学の

「限界効用逓減の法則」（law of diminishing marginal utility：ある製品やサービスを増やしていくと，限界効用（満足度）は次第に減少していくという法則）と通じる。

図表8-7　プロスペクト理論における価値関数

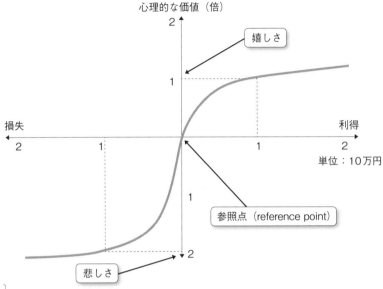

出所：古川一郎・守口剛・阿部誠（2011）『マーケティング・サイエンス入門〔新版〕』有斐閣アルマ，p.159を一部修正。Kahneman, D. and A. Tversky（1979）"Prospect Theory: An Analysis of Decision under Risk", *Econometrica,* March, p.279.

---

4 小売業の価格戦略

　小売業における価格付けは，小売業の存続にかかわる最も重要な戦略である。ここでは，ハイ・ロー価格戦略，エブリデー・ロー価格戦略，そしてその他の価格戦略という3つに分けて概観する[8]。とくに，ハイ・ロー価格戦略とエブリデー・ロー価格戦略は，対照的な価格戦略である。

1. ハイ・ロー価格戦略（high-low price strategy）

　これは，消費者を「集約」または「購買意欲を刺激」するために時間，時期や季節によって期間限定の日替わり特売，週間特売などを実施する価格戦略である。一方，一定の時間や期間が過ぎると定価に戻される。特売のときは，仕入れ原価すれすれの格安の目玉商品で消費者を刺激し，店舗への誘引を図る。消費者はその安売りの商品のまとめ買いや，定価の商品購入のついでに買いを増やすことで，小売業は客単価の増加を期待する。その他に，目玉商品だけをめがけて購入するついでに衝動買いという非計画購買を誘発することによって定価の商品も購入することや，いつも競合他社で買い物をしている消費者が特売のときに来店し，購入することで売り上げ増加を期待する。こうした価格戦略は，必ず集客を増やすことができる。集客が増えれば増えるほど，店の売上は安定し，さらに客単価アップがねらえて売上向上または店の繁栄につながるのである。

　一方，消費者は通常価格のときにはその店に行かないこともあるために，店は安売時だけ賑やかになり，特売時以外は価格が上がるため，ひっそりと静まりかえっている状態となる場合もある。こうした意味でハイ・ロー価格戦略は，消費者から多少価格不信につながることもある。例えば，スーパーマーケットのライフコーポレーションや三和，ドラッグストアのスギ薬局やウエルシア薬局などで採用されている。

2. エブリデー・ロー価格戦略（everyday low price strategy）

　これは，アメリカのウォルマートに代表されるように，一時的に特売や期間限定で安売りを強調するということではなく，エブリデー・ロー・プライス（Every Day Low Price：毎日低価格）というあらゆる商品をすべて低価格で販売する戦略である。これには，競合他社よりも販売価格を低く設定して薄利多売で多くの売上を獲得するねらいがある。

　またEDLPの実現が可能になったのは，エブリデー・ローコスト（Every Day Low Cost：毎日低費用）を実現できるローコストオペレーションの仕組

図表8-8　ハイ・ロー価格戦略とエブリデー・ロー価格戦略との比較

	ハイ・ロー価格戦略 (high-low pricing strategy)	エブリデー・ロー価格戦略 (everyday low pricing strategy)
設定	一定期間大幅な値引きをする。 （意図的に価格変動する）	毎日安い価格で販売する。 （低価格を固定する）
目的	顧客に価格で刺激を与え，購買意欲を活性化させる。	顧客に価格に対する安心感を与え，売上を安定させる。
効果	刺激を与えることによって， ①顧客の目先を変える。 ②店頭の変化による顧客誘引。 ③即効性のある売上増。 ④安値での仕入れ活用。	売上の安定によって， ①在庫変動によるロスの低減。 ②人件費の平準化。 ③プロモーション・コストの削減。 ④マネジメントの安定。
例	スーパーマーケットのライフコーポレーション，ドラッグストアのスギ薬局やウエルシア薬局など。	米小売り最大手のウォルマート，ホームファーニシングのニトリ，ホームセンターのカインズなど。

出所：小川孔輔（2009）『マーケティング入門』日本経済新聞出版社，p.416を一部修正と加筆。

みが構築されていたからである。EDLPは消費者との対応であり，EDLCはサプライヤーとの対応の関係である。

　さらに，店によっては，「満足保証（返品自由）」を掲げ，徹底した低価格路線で，多くの消費者を引き付け，消費者を魅了する。

　その効果として①消費者に特売や期間限定の安売りをするためにかかる販促費や人件費を軽減できること，②顧客には常時低価格で商品を購入できる安心感を与えられること，③常連客というリピーターを確保することによって継続収入に結び付いていること，④他の店との比較購買をあきらめさせること，⑤地域の中小小売店には価格での競争をあきらめさせること，などが挙げられる。

　例えば，開業からEDLPを社是（創業者の基本理念）に約半世紀で世界の最大の売上を誇る米小売り最大手のウォルマート，ホームファーニシングのニトリ，ホームセンターのカインズなどで採用されている（図表8-8参照）。

3. その他の価格戦略

(1) 定価戦略 （fixed price strategy）

これは，本質的に同じ条件や同じ数量のもとで商品を購入するあらゆる消費者に対し，同じ価格で提供する戦略である。消費者側にすれば，一定価格ですべての消費者に差別することなしに販売するという点で好感を持たれており，また定価によって購入計画を立てることができるというメリットがある。一方，企業側からすれば，一定価格で販売するので一定利益を確保することが可能であり，利益計画も立てやすく，好評を得ているというメリットがあるといわれている。この戦略と関連するものとして，「オープン価格（open price）」がある。これは，小売業がメーカーの従来の「希望小売価格」を表示しないで，市場動向などを勘案しながら独自に価格を付け販売する方法である。例えば，ビックカメラやヨドバシカメラなどの家電量販店で採用されている。

(2) 均一価格戦略 （one-price strategy ）

これは，100円ショップとか，300円ショップのように全商品を均一の価格で提供する戦略である。また，100円とか，300円といったちょうどきりの良い価格が消費者の購入意思決定上の買いやすさになっている。300円均一価格と書いてあるものの中には500円のものもあるかもしれないし，200円のものもあるかもしれない。しかし，どの商品も同じ300円で販売するというもので，商品によっては相当な利益を得られるものやそうではないものを合算して，一定の利益を獲得していこうとするものである。

(3) 抱き合わせ価格戦略 （optional-product price strategy ）

これは，複数の製品やサービスを組み合わせて1つのセットとして販売されている戦略である。セット価格（set price）やバンドリング価格（bundling price）などとも呼ばれる。一般的に個々に製品を購入するよりも，セットで購入した方が安くなるように設定されているために，消費者側にとっては割安感がある。また，マックドナルドのメニューで示された例のように，消費

者がすべてのオプションを個々に購入するよりもワンセットで購入できる利便性かつ比較的安めの価格が魅力であるために浸透してきた戦略である。一方，消費者にとってどの製品がどれだけ安いのかがわかりにくく，不要な製品が組み合わされていることでコストの面で相対的に価格を上げているという点もあると指摘されている。例えば，GoProのHERO9 Black（ビデオカメラ）のバンドル，パック旅行などが挙げられる。

(4) キャプティブ価格戦略（captive-product price strategy）

　これは，同時に使用する2つの製品・サービスのうち，一方の製品を安く設定して消費者を誘引し，もう一方の製品を高く設定して利益を獲得しようとする戦略である。例えば，プリンターとインクとの関係，携帯電話本体と利用料金との関係などである。具体的には，プリンターや携帯電話本体はそれほど高くはないが，インクや利用料金はかなり高く設定されている。キャプティブ（captive）とは虜や捕虜という意味がある。この意味のように，メインの製品を安く設定し，それを購入させて（捕虜を確保），付随して使用される製品・サービスを比較的に高く販売することによって大きな利益を得ようとする戦略である。

■ **演習問題** ···

1　あるメーカーの製品Aの固定費は1億2,000万円で，変動費は1個あたり2,500円である。この製品の価格を4,000円にしたときの損益分岐点の販売数量を求めてみよう。

2　あるメーカーの製品Bが10,000円で販売されたときの販売量が月に5,000個だったと仮定しよう。4,000円値下げして6,000円にしたら7,000個売り上げることができた。この製品の価格弾力性を求めてみよう。

3　新製品の価格設定において，上澄み吸収価格戦略と浸透価格戦略の違いを明らかにし，それぞれのメリットとデメリットについて，企業側と消費者側の両方から検討してみよう。

4 製品の抱き合わせ価格戦略が行われている事例を取り上げ，そこでのプライシングの有効性と問題点について検討してみよう。

● 注

1）高瀬浩（2005）『ステップアップ式MBAマーケティング入門』ダイヤモンド社，p.77。

2）詳細は下記の文献を参照されたい。出牛正芳（1996）『現代マーケティング管理論』白桃書房，pp.169-175。小川孔輔（2009）『マーケティング入門』日本経済新聞出版社，pp.391-393。

3）出牛正芳（1996），同上書，p.179。

4）Kotler, P.（2000）*Marketing Management: Millennium Edition*, Prentice Hall, Inc.（恩藏直人監修・月谷真紀訳（2001）『コトラーのマーケティング・マネジメント　ミレニアム版』ピアソン・エデュケーション，p.580）

5）出牛正芳（1996），前掲書，pp.153-154。田口冬樹（2017）『マーケティング・マインドとイノベーション』白桃書房，pp.154-155。

6）Kotler, P.（2000）*op. cit.*（恩藏直人監修・月谷真紀訳（2001）前掲書，pp.563-564）

7）以下の文献を参照されたい。恩藏直人（1996）「価格対応」和田充夫・恩藏直人・三浦俊彦著『マーケティング戦略』有斐閣アルマ，pp.200-202。田口冬樹（2017），前掲書，p.156。出牛正芳（1996），前掲書，pp.152-164。

8）下記の文献を参照した。金成洙（2020）『消費者行動論－モノからコト・トキ消費へ－』白桃書房，pp.204-208。小川孔輔（2009），前掲書，pp.413-416。田口冬樹（2017），前掲書，pp.156-158。

第9章 チャネル戦略

1 マーケティング・チャネルとは

1. チャネルの意義

(1) チャネルの概念

　マーケティング・ミックスのうち，第3はチャネル戦略（channel strategy）であり，4Pの中でも長期的かつ極めて重要な戦略的意思決定である。まずチャネル（channel）は「経路」を意味しており，社会経済的な視点で捉える概念の流通機構（distribution structure or distribution mechanism）と，ある特定企業の視点から，その企業が生み出す商品の流通を捉える概念のマーケティング・チャネル（marketing channel）または流通チャネル（distribution channel）という2つに大きく分けられる[1]。

　まず前者の流通機構（ないし流通システム）は，生産物（製品やサービス）を生産者から消費者やユーザーに移転（所有権と物的など）するための仕組みを意味する。流通機構は，国民経済的・マクロ的視点から捉えた概念である。一国の流通機構の実態は，流通の主体（企業，非営利組織，家庭），方法（活動や役割・機能），対象（商品やサービス）を単位として編成される社会的な集合である。すなわち，誰（Who）が何（What）を，どのような方法（How）で流通（distribution）させるかという問題が含まれる。また，これは生産と消費の環境条件によって動的に変化し，特に人口動態や所得水準，文化，教育，新技術，行政，外交などによって大きく左右される。したがって流通機構は，包括的な概念であり，日本と諸外国との流通機構の比較，一国の地域別流通機構，消費財や産業財の流通機構という捉え方をされる。

　一方，後者のマーケティング・チャネルと流通チャネルであるが，マーケティング・チャネルは，マーケティング主体が先述の流通機構という外部の組織の中から，自社の製品に適合する経路を選択や創出し，それらを適切に管理・維持して効率的に到達させることをいう[2]。これに類似する言葉として，流通チャネルがあるが，これは生産者から消費者に至る製品の経路を指すものである。流通チャネルは，マクロ視点の流通機構とミクロ視点のマーケティング・チャネルという両方から捉えられる概念である。しかしながら，3

図表9-1　流通機構，流通チャネル，マーケティング・チャネル概念の領域

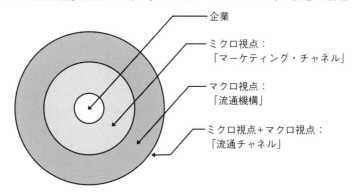

つ（流通機構，流通チャネル，マーケティング・チャネル）の概念は，実際のところ曖昧に使われてきた。図表9-1は，流通機構，流通チャネル，マーケティング・チャネル概念の領域を示してある。本章が主として対象とするのは，個別企業の戦略的かつミクロ的視点のマーケティング・チャネルである。

⑵　チャネルが果たす流通の機能

　流通チャネルは，製品を生産者から流通業者（卸売業者と小売業者）を経由し，消費者やユーザーに移転する役割を果たしている。これによって生産者と消費者との間の人的や物的などの隔たりを埋め，生産者から消費者にいたる生産物の円滑な流通を可能にしている。具体的には，生産者と流通業者，流通業者の間，流通業者と消費者との時間的（保管），場所的（輸送），所有的隔離（購買と販売）などが解消される。流通の機能には，基本機能と助成機能とに大きく分けられる。基本機能には，所有権の移転機能，保管・保存機能，輸送機能，情報機能があり，助成機能には金融機能，品揃え機能，危険負担機能がある[3]。以下ではこれらの7つの機能を概説する。図表9-2は，流通の機能を示している。

図表9-2　流通の機能

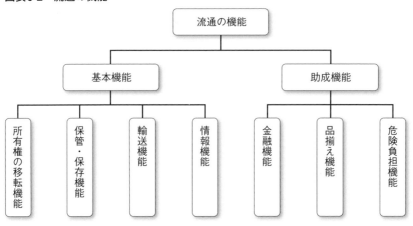

＜基本機能＞

① 所有権の移転機能（人格的隔離を克服する働き）

　生産物資の所有権が生産者から卸売業者へ，その卸売業者は小売業者へと，そして小売業者は消費者へと所有権を移行する。これは，生産する者，流通する者，消費する者とかが別人格であるので「人格的隔離」といい，「社会的隔離」ともいう。流通業者の基本的な活動は，多くの生産者（メーカー）から生産物を仕入れてその所有権を獲得し，それを多くの消費者に再販売し，売買差益を得ることである。所有権の移転機能は，流通業者が生産物の所有権を移転するために遂行する諸活動を意味しており，商的流通機能（商流機能：購買機能と販売機能）にかかわっている。

② 保管・保存機能（時間的隔離を克服する働き）

　まず保管機能は，生産時間と消費時間が不一致なので，生産物資が消費されるまで保管が必要である。これは，「時間的隔離」の克服である。そして，この保管の手段は倉庫を用いる。生産者にとって，保管施設（倉庫）が完備されていない場合，流通業者の物流手段に依存する方が経済的である。また，商品流通においても生産者の大量生産に対し，流通業者の一定期間の保有が必要であり，この保管機能が商品管理における重要な役割を果たす。この機

能は，物的流通機能（物流機能：保管と輸送）にかかわっている。

③ 輸送機能（場所的隔離を克服する働き）

　輸送は，商品を場所的に移転させることであり，これによって場所的距離が克服され，商品の場所的効用が創造されるのである。これは，「場所的隔離」の克服である。流通業者の輸送活動がその在庫活動とうまく統合され，効率的な物流システムが存在するとき，顧客に短期間で商品を納入することが可能になる。このためには，流通業者は十分な在庫を持ち，需要先への輸送に便利な立地に倉庫を持ち，輸送手段を効率的に選択しなければならないのである。輸送はこの場所的な隔離を克服することを通じて，商品流通の上で極めて重要な機能を果たしている。この機能は，物的流通機能（物流機能：保管と輸送）にかかわっている。

④ 情報機能（情報の隔離を克服する働き）

　生産者と消費者との間の隔たりが大きくなるにつれ，互いに相手のことがわからなくなることから，流通業者は生産者（メーカー）に対しては消費者のニーズ，技術・競合他社の動向を伝え，消費者には生産者の新製品開発の動きや製品ラインの変更に関する諸情報を伝達している。この機能が，需要と供給を円滑に結び付けるのである。これは，「情報の隔離」の克服である。すなわち，流通業者は消費者に生産物に関する価値，価格，品質，デザインなどの情報を伝える。また，消費者との交渉を通じて収集した消費者の欲求を分析して，生産者などの流通業者の供給先に市場情報としてフィードバックする。以上のような情報伝達のうち，継続される受注・発注のように定型化された部分については，コンピュータを用いて，オンラインによる伝達が行われる。

＜助成機能＞

⑤ 金融機能（金融の隔離を克服する働き）

　資金の調達や運用面において，生産者と消費者との間に利害関係が生じるが，これが「金融の隔離」である。流通業者は，生産者には販売代金の前払い・即時払い，消費者にはその支払機関の猶予を与えるといった，それぞれに金融の役割を果たしている。例えば，生産が需要に先行してなされるとい

うことは，生産者が生産した商品の代金を回収するのにどのくらいの時間を要するか，そもそも全部回収しえるかなど，わからないことである。その時，流通業者が実需用（消費者による実際の購入）に先行した仮需要として仕入れ，その代金が生産者に支払われるならば，生産者は継続的に安心して生産を行うことができるのである。その際に，流通業者の金融機能の役割は大きいのである。

⑥ 品揃え機能（品揃えの隔離を克服する働き）

　生産者はある特定の製品を大量生産するのに対し，消費者は広範な商品からなる品揃えを求めているので，流通業者が多くの品目を消費者に提供することによって，消費者との「品揃えの隔離」を克服することができる。多く消費者は大量購入よりも，多品種・少量の多頻度の購入を求めることが多く，流通業者はさまざまな生産者から大量に仕入れ，多様な商品を少量で消費者に販売してくれる機能は，消費者にとって品揃え形成に大きな魅力となる。つまり，流通業者における売買活動が社会的に集中することになるが，その社会的集中は流通業者の品揃え形成活動によって行われている。流通業者が消費者に販売しているのは単一の商品というよりも，むしろ種々の商品からなる品揃え物であり，流通業者の売買活動は，このような品揃え形成活動として理解すべきである。

⑦ 危険負担機能（危険負担の隔離を克服する働き）

　危険は，生産者から消費者へ商品を流す過程にあらゆる面で発生する。流通業者は，諸危険を調整し，生産から最終消費に至る流通システム全体の流れを調整する役割を果たしてきた。これは「危険負担の隔離」の克服である。例えば，取引危険（価格変動に伴う危険），信用危険（ストライキ，不況などの危険，盗難や万引きなどの危険），市場危険（流行や季節などの変化に伴う商品価格低下の危険），物理的危険（輸送途中，保管中などに生ずる破損，腐敗などの危険），自然的危険（風水害，火災，ならびに地震などのような人力の及ばない危険）などである。その危険に備えた経済的対策として，保険や保証などがある。

2. チャネル・メンバーの存在意義

　メーカーは，自社商品をできるだけ多くの消費者により効率的かつ効果的に届けるために，チャネル・メンバー（中間業者または流通業者）を通して商品を提供した方が良いか，あるいは消費者に直接的に商品を提供した方が良いか，という課題に直面している。この場合，中間業者が介在することの必要性が説明されないとならない。すなわち，生産者がチャネル・メンバーを利用する前提には，中間業者（特に卸売業者）が遂行する機能を自ら遂行することより，卸売業者に任せた方が流通費用（流通コスト）を削減，または低コストを実現できるという条件が必要である。こうした卸売業者の費用削減効果を示す理論として，イギリスのホール（Hall,1948）の指摘する「取引総数最小化の原理（The Principle of Minimum Total Transactions)」と「不確実性プールの原理（The Principle of Pooling Uncertainty)」[4]がある。以下では，これらについて概説する。図表9-3は，チャネル・メンバーの存在意義を描いている。

　まず，「取引総数最小化の原理」についてみることにする。これは，卸売業者の介在によって，全体として必要な取引総数が生産者と顧客と直接取引する場合と比べ，減少するという理論である。例えば，3社の生産者と5社の小売業者がいる場合，小売業者がすべての生産者から1回ずつ仕入をすると3×5＝15回になる。これに対し，生産者と小売業者の間に卸売業者の1社が介在すると，（3×1）＋（1×5）＝8回となる。したがって，卸売業者が介在することによって，15回－8回＝7回が短縮されたことになる。この原理は，生産者と小売業者の間で，直接取引が行われるよりも卸売業者が介在することによって社会的に必要とされる取引数が少なくなるということである。すなわち，卸売業者が介在しないよりは介在した方が，取引総数が減少し，社会的に発注から代金決済に至る取引上の費用が削減されるということになる。

　次に，「不確実性プールの原理」についてみよう。これは，卸売業者の需給調整機能によって，全体として必要な流通在庫量が生産者と小売業と直接取引する場合と比べ，減少するという理論である。例えば，卸売業者が介在せず，1社の生産者と5社の小売業者がいる場合，小売業者は不確実な需要に備

図表9-3　チャネル・メンバーの存在意義

● 取引総数極小化原理の図

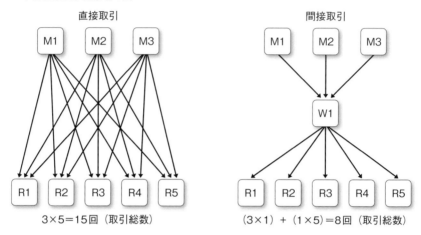

すなわち，卸売業者が介在することによって，15回－8回＝7回の取引総数が減少されることになる。

● 不確実性プールの原理の図

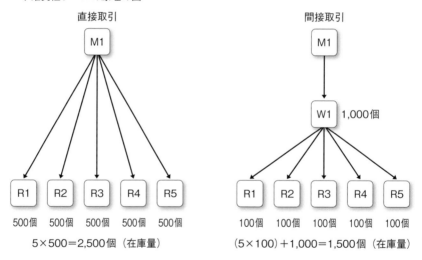

すなわち，卸売業者が介在することによって，2,500個－1,500個＝1,000個の在庫量が節約されることになる。

注：M（Manufacturer：生産者），W（Wholesaler：卸売業者），R（Retailer：小売業者）。

216

えるために各社とも500個の在庫を保有すると，全体の在庫量は5社×500個＝2,500個になる。ここで，卸売業者1社が介在し，集中的に在庫を保有すると，不確実な需要に備えるために1,000個の在庫で十分であると考えてみよう。それにより小売業者（5社）は500個の在庫を持つ必要がなく，例えば100個を保有すれば良いのである。その結果，卸売業者が生産者に代わって集中的に在庫を保有すると，在庫の必要量は（5社×100個）＋1,000個＝1,500個になるのである。すなわち，2,500個−1,500個＝1,000個の在庫量が節約されることになる。この原理は，卸売業者が介在することによって，在庫量が減少することを示したものである。言い換えれば，卸売業者の在庫保有の機能によって集中的に在庫が保管されることで，社会的に必要な総在庫量は少なくて済み，在庫費用が節約されるのである。

2 チャネル戦略

　チャネル戦略は，長短，広狭，強弱という3つに分類される。まずチャネルの長短（長さ）は，チャネルの段階数のことで，チャネルが長いか，短いかを問うことであり，チャネルの広狭（幅）は生産者がどれだけ多くの流通業者と取引するかということで，広いチャネルにするか，狭いチャネルにするかを問うことである。最後にチャネルの強弱（管理）は，チャネルの構成員間の統合の度合いのことで，統合の度合いが強いか，弱いかを問うことである。[5]

1. チャネルの長短（長さ）

　生産者がチャネルを構築する際に必ず問われているのは，自社の商品を消費者に直接販売を行うか，それとも外部の流通業者（卸売業や小売業）を利用して間接販売を行うかである。図表9-4は，メーカーの直接販売と間接販売に分けてマーケティング・チャネルの類型を示したものである。

まず直接販売は，0段階チャネルであり，生産者が消費者に直接取引をして商品を販売することである。これは，ダイレクト・マーケティング・チャネルとも呼ばれる。主な例として，インターネット販売の「楽天市場」，カタログ通信販売の「セシール」，テレビ・ショッピングの「ジャパネットたかた」などが挙げられる。

　間接販売は，生産者が1つ以上の流通業者を利用して消費者に自社の商品を販売することである。消費財のマーケティング・チャネルの場合の1段階チャネルは，1社の仲介業者（小売業者）が入る。例えば，家電メーカーが卸売業者を通さず，ヨドバシカメラやビックカメラのような大手家電量販店を通して消費者に販売することや，食品メーカーが卸売業を介在せずイオンやセブン＆アイ・ホールディングスに販売することである。

　2段階チャネルは，2社の仲介業者（卸売業者と小売業者）が入る販売形態である。例えば，加工食品や酒類などでよく見られる。3段階チャネルは，3社の仲介業者（卸売業者，仲買人，小売業者）が入る販売形態である。仲買人は仲卸業者とも呼ばれており，セリ落とした商品を取り揃えて陳列し，買い出しに来る小売業者などに相対取引という方法で分荷販売（市場に集まった荷物や産物を分けて小売業者などに販売）するものである。[6]

　一般に生産者にとってチャネルの段階数が多ければ，消費者の情報収集やチャネルの構成員をコントロールすることが困難になる。いずれにしても，生産者にとってのチャネルの意思決定は，極めて重要な最初のチャネル戦略となるため，多くの自社の商品やサービスを多くの消費者により効率的かつ効果的に到達できるルートを選択することが肝要である。

2. チャネルの広狭（幅）

　生産者のチャネルの段階数を決めた後には，自社商品を消費者に届けるために流通業者（販売店）をどのくらい使用するかが重要になる。すなわち，生産者が販売店をどの程度（広狭：範囲）利用するかといった方針を決める必要がある。これには開放的チャネル，選択的チャネル，専属的チャネルといった3つの代表的なタイプがあるが，開放的から選択的，さらには専属的

図表9-4 マーケティング・チャネルの類型（消費財）

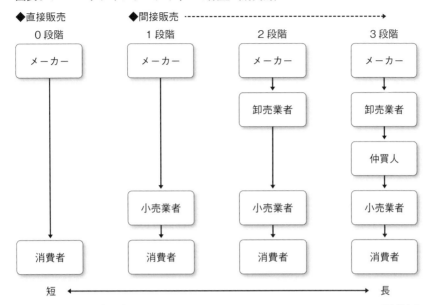

出所：Kotler, Philip（2001）*A Framework for marketing Management,* Prentice Hall, Inc.（恩藏直人監修・月谷真紀訳（2004）『コトラーのマーケティング・マネジメント』ピアソン・エデュケーション，p.295を一部修正と加筆）

へと進むことによって販売店が限定されることになる。

(1) 開放型チャネル（intensive marketing channel）

　開放型チャネルは，食料品，日用品，医薬品などの購入頻度が高く，単価は低く，一般に最寄品のような分野で多く見られる。生産者ができる限り多くの販売店を通して，自社の商品を全国的な市場に広く開放して提供しようとする手法である。すなわち，販売店はすべての生産者の商品を制限なく取り扱えるのが特徴である。このチャネルのメリットは，自社の商品を全国的な市場に広く販売できるが，デメリットとしては販売店が競合他社の商品も取り扱うために，自社のチャネルへのコントロール力が弱く，商品の差別化をすることが困難である。したがって，自社商品の販売促進にさまざまな支

援などの工夫が必要となる。

(2) 選択的チャネル (selective marketing channel)

　選択的チャネルは，化粧品，衣料品，家電製品，家具などの比較的単価が高く，一般に買回品のような分野で多く見られる。生産者が取引を希望する販売店に何らかの基準（販売能力，注文量，支払い能力，サービス力など）を設け，その基準に合致する複数の販売店に自社商品の取り扱いを認める手法である。すなわち，限定された販売店を通して自社商品を取り扱わせるのが特徴である。このチャネルのメリットは，開放的チャネルに比べ，自社のチャネルへのコントロール力は中程度で，デメリットとしては競合他社の商品も取り扱うことから，協力の程度は安全とはいえない。

(3) 専属的チャネル (exclusive marketing channel)

　専属的チャネルは，高級ブランド，自動車，音楽製品，宝石などの高額な商品で，一般に専門品のような分野で多く見られる。生産者がある特定の地域に限定された販売店のみを選択し，そこでの独占的販売権を与え，商品のイメージ，価格などを自社の安全なコントロールのもとにおこうとする手法である。すなわち，販売店への生産者の支配力が強く，ブランドの価値や高水準のサービスを維持できるのが特徴である。このチャネルのメリットは，自社のチャネルへのコントロール力が強く，自社の方針が徹底できるが，デメリットとしてはチャネル管理のためのコストが過大になるとか，販売店の肝心の自主性が損なわれる恐れがある。

　以上のことから，販売店が限定されなければされないほど（またはチャネルが広ければ広いほど）コントロール力は弱くなり，逆に販売店が限定されればされるほど（あるいはチャネルが狭ければ狭いほど）コントロール力は強くなるといえよう（図表9-5参照）。

図表9-5　チャネルの広狭とコントロールの強弱

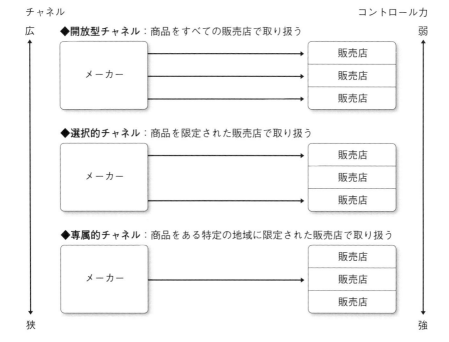

チャネル　　　　　　　　　　　　　　　　　　　　　　　コントロール力

広　　◆開放型チャネル：商品をすべての販売店で取り扱う　　　　　　弱

狭　　　　　　　　　　　　　　　　　　　　　　　　　　　　　　強

3. チャネルの強弱（管理）

　企業がチャネル戦略を立案するに当たり，チャネル構成員をどのように管理するかが課題となる。基本的には，伝統的マーケティング・チャネル（Conventional Marketing channel）を想定して構築しているものである。伝統的マーケティング・チャネルは，各構成員（生産者，卸売業者，小売業者）はそれぞれ独立し，構成員同士の協力関係は極めて弱く，各構成員が独自のペースと判断でバラバラな対応を行っている。すなわち，他のチャネル・メンバーを管理するものはいないし，チャネルの役割を配分するとか，チャネル衝突を解決するような制度や方法などを持っていない。

　近年では，伝統的マーケティング・チャネルから垂直的マーケティング・システム（Vertical Marketing System：VMS）にチャネルの中心が移行している。垂直的マーケティング・システムは，生産者，卸売業者，小売業者

図表9-6　伝統的マーケティング・チャネルと垂直的マーケティング・システムの違い

出所：Kotler, Philip and Gary Armstrong（1989）*Principles of Marketing, Fourth Edition,* Prentice-Hall, Inc.（和田充夫・青井倫一訳者（1996）『新版　マーケティング原理－戦略的行動の基本と実践－〈4版〉』ダイヤモンド社，p.468）

のいずれかのリーダーのリーダーシップ（主導権）やパワーによって統合されたシステムである。すなわち，垂直的マーケティング・システムは，特定企業のリーダーシップの下で組織され，共通のターゲット市場に，共通の目標を共有する形態である。そのリーダーは，他の構成員の行動を調整したり，チャネル衝突を管理したりする（図表9-6参照）。統合の度合いが強い順から企業型VMS，契約型VMS，管理型VMSとなる（図表9-8参照）。

(1) 企業型 VMS（corporate Vertical Marketing System）

　企業型VMSは，チャネルの各段階（生産と流通）が同一資本で統合されているシステムである。大手メーカーが自らの資本により流通機能を担ったり，大手流通業者が自らの資本で卸と小売を統合したりといった流通形態である。例えば，メーカー（自動車）の生産部門と営業部門との関係や，イオンやイトーヨーカドーのようなレギュラーチェーンの本部と店舗との関係である。

コラム **1** 2021年4月の主要食品スーパーの売上高

　日経MJが主要食品スーパー15社を調査した2021年4月の全店売上高は，前年比0.5%減の4,339億円であり，合計店舗数は前年と比べ29店減の8,033店舗数となった。また，売場面積も同2.4%減少した。これは，主に2020年4月の新型コロナウイルス感染拡大による外出自粛などの影響によるものである。イトーヨーカ堂，イズミ，平和堂，フジの4社は増収となったが，15社中11社が減収となった。とりわけ，平和堂とフジだけが，売上高，売場面積，そして店舗数が前年と比べすべて増となった（詳しいことについては，図表9-7を参照されたい）。

図表9-7　2021年4月の主要食品スーパーの売上高（全店）

社名	売上高/前年比 （百万円／%）	売場面積/前年比 （1,000㎡／%）	店舗数/前年店舗数 （店）
ライフコーポレーション	60,798/▲5.1	681/1.4	282/275
イトーヨーカ堂	57,308/4.4	1,214/▲10.1	132/157
イズミ	42,092/38.3	1,407/▲2.1	101/102
ヨークベニマル	37,820/▲3.3	620/0.5	234/231
マルエツ	30,629/▲9.5	335/▲0.1	300/301
平和堂	29,992/0.8	766/1.2	157/154
サミット	25,849/▲6.5	199/0.9	118/117
ベイシア	24,313/▲6.9	719/▲2.8	138/141
カスミ	23,462/▲5.5	324/▲3.2	187/189
フジ	21,748/13.6	688/0.3	99/98
コープこうべ	21,661/▲6.9	207/▲5.4	150/159
オークワ	19,454/▲8.7	464/▲2.5	154/159
東急ストア	16,708/▲1.0	121/0.7	89/86
いなげや	15,766/▲13.2	190/▲1.8	133/135
東武ストア	6,373/▲6.5	97/0.4	69/68
合計	433,973/▲0.5	8,033/▲2.4	2,343/2,372

注：①イオン，ダイエー，西友，ユニーは全店ベースの売上高を公表していない。
　　②単位は百万円，比較は%，▲は減，売場面積は1,000㎡。
出所：日経MJ（令和3年6月16日付）。

⑵ 契約型VMS（contractual Vertical Marketing System）

　契約型VMSは，チャネル構成員（生産者と流通業者）が同一資本ではなく，チャネル構成員の契約上の同意によって統合されるシステムである。すなわち，契約によって同じ目標の設定，利益の配分などを決めるのである。ここでは，契約型VMSの主な3つのタイプを概観する（図表9-8参照）。まずフランチャイズ・チェーンであるが，フランチャイズ本部であるフランチャイザーが加盟店であるフランチャイジーとの間で本部の開発した経営方式に基づいて，本部が加盟店に対して商標の使用を認め，経営指導や管理を行い，その見返りに加盟店が本部に加盟金やロイヤルティ（指導料）を支払うシステムである。例えば，セブン-イレブン，ローソンなど（フランチャイザー）と加盟店（フランチャイジー）との関係，トヨタ自動車（フランチャイザー）と全国のディーラー（フランチャイジー）との関係などである。

　次にボランタリー・チェーンは，卸売業者が中心となって小規模な小売業者を組織化するチェーンである。大型小売業者に十分に対抗できるように共同仕入れや共同の物流を行う場合である。卸売業者主宰のボランタリー・チェーンとも呼ばれる。例えば，食品卸売業の国分が主宰するコンビニエンス・ストア・チェーン「国分グローサーズ・チェーン（2022年4月に事業撤退）」などがある。最後の小売コーペラティブ・チェーンは，小売業者が共同で新しい事業体を組織し，商品の共同仕入，製品開発，販売促進，教育研究などを行う場合である。小売業者主宰のコーペラティブ・チェーンとも呼ばれる。例えば，全国の中堅スーパーを加盟店にして，共同仕入れや商品開発を行う組織であるCGC（Co-operative Grocer Chain：共同で食料品を扱うチェーン）ジャパンなどが挙げられる。

⑶ 管理型VMS（administered Vertical Marketing System）

　管理型VMSは，同一資本ではなく，大きな市場シェアや販売網を有するメーカーや流通業者がチャネル・リーダーとなり，マーケティング・プログラム（計画）を提案や交渉によって，チャネル構成員を組織化していくものである。例えば，イオンと下請食品メーカー（弁当など）のような関係や，ユニクロと現地工場会社（ベトナムや中国など）との関係である。

図表9-8 垂直的マーケティング・システムの類型

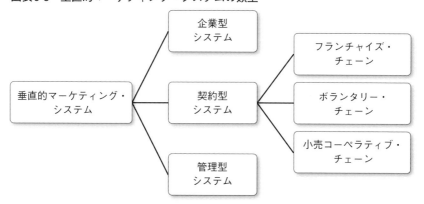

出所：Kotler, Philip and Gary Armstrong（1989）*Principles of Marketing, Fourth Edition,* Prentice-Hall, Inc.（和田充夫・青井倫一訳者（1996）『新版 マーケティング原理－戦略的行動の基本と実践－〈4版〉』ダイヤモンド社，p.469を一部修正）

....

コラム 2 パワー資源

　チャネルのリーダーになるためには，チャネル内部の行動を調整したり，衝突を管理したり，さらにはチャネル組織の共通目標を実現していくパワー（power）が求められる。パワーとは，「あるチャネル・メンバーが他の組織のマーケティング戦略意思決定に影響を及ぼす能力である」（Stern *et al.*,p.101）として定義されている。その形成に関して，代表的なモデルがパワー資源である。パワー資源には5つのタイプに分類される。

(1) 報酬パワー（reward power）

　これは，他の構成員がメーカーの目標達成に協力した際に提供される，メーカーからの経済的な対価のことである。すなわち，チャネル構成員に報酬をもたらすパワーである。例えば，小売業者が特定メーカーの製品を販売促進した際にマージン（売値と仕入値の差額）や支払われるリベート（割戻し）などが挙げられる。

(2) 制裁パワー（coercive power）

　これは，他の構成員がメーカーに協力しなかった場合にメーカーが当該の他の構成員に行使する強制的なパワーである。すなわち，他の構成員に制裁を加えることである。例えば，メーカーの希望する価格で販売しない他の構成員に対する製品出荷の停止や制限，マージンの切り下げなどを行うことである。

(3) 専門性パワー（expert power）

　これは，あるメンバーが他の構成員よりも高度な製品を開発する能力，重要な専門知識を収集，蓄積している場合に発揮されるパワーである。すなわち，他の構成員に専門的な知識を提供するパワーである。近年の動向としては，報酬や制裁パワー（経済的パワー）資源の重要性は下がり，専門性パワー資源の重要性は高まりつつある。専門性パワー資源は，例えば，販売店への指導援助（化粧品や家電など），高度な製品の開発能力やマーケティング上の専門知識，そしてノウハウなどが挙げられる。

(4) 一体化パワー（referent power）

　これは，チャネル・リーダーが他の構成員を引き付け，共感を獲得するパワーである。制裁と報酬パワーが外的な手段であるのに対して，これは内的に作用しているため，そのパワーの影響力は間接的である。例えば，強いブランドを取り扱うディーラーが感じている誇りや尊敬される経営者になりたいと考える場合に生じる。

(5) 正当性パワー（legitimate power）

　これは，チャネル・リーダーが影響力を行使する当然の権利を有していると他の構成員が承認しているときに発揮されるパワーである。例えば，フランチャイズ・システムにおいて，フランチャイジーは契約によって，フランチャイザーの設定する共通の販売店フォーマットや統一的な営業時間，スーパーバイザーの指導などを遵守する義務があると感じることである。

出所：Stern, L. W., A.I. El-Ansary and J. R. Brown (1989) *Management in Marketing Channels*, Prentice-Hall, Inc.（光澤滋郎監訳（1995）『チャネル管理の基本原理』晃洋書房，p .101）。
　　　三村優実子（2001）「チャネル戦略」日本マーケティング協会編者『マーケティング・ベーシックス－基礎理論からその応用実践へ向けて－〈第二版〉』同文館，pp.234-237。

3 延期と投機の理論とチャネルの進化

1. 延期と投機の理論 (principle of postponement-speculation)

⑴ 延期と投機の理論とは

　一般にメーカーは消費者に商品を届ける場合，流通業者（卸売業者と小売業者）との取引を通して行われている。その取引を効率的かつ効果的に進める上で参考となるのが，延期と投機の理論である。延期と投機の理論とは，まずオルダーソン（Alderson，1957）によって提唱された延期の原理という研究内容を出発点としている。その後，バックリン（Bucklin，1966）によって体系化された延期と投機という複合原理によってチャネル・システムの構成を説明している。バックリンは，投機の概念を導入して延期と投機のメリットとデメリットをモデルの中に形式化した。これは，マーケティング・フローにおいて製品の完成（製品形態）と在庫場所（在庫位置）の変化，すなわち不確実性による危険負担・費用負担などを最小化することを内容としている。

　延期は，製品の完成（製品形態）と在庫場所（在庫位置）の変化を可能な限り最終の時点（消費者に近い時点）まで引き延ばすことであり，投機は，逆に消費者に近い時点よりも最も早期の時点で製品の完成（見込み生産）と在庫形成を行うことをいう。言い換えれば，延期とは，消費者からの受注生産で，できるだけ実需に合わせて生産や納品を行うことである。これによって，危険負担や売れ残りを抑えることができるため，延期的な流通構造となる。一方，投機とは予測に基づいた見込み生産で，できるだけ製品を大量に生産し，大量発注されることを可能にすることである。これによって輸送の費用を削減し，在庫切れによる売り逃しを防ぐことができるため，投機的な流通構造となる。[7]

⑵ 「延期－投機の理論」による生産・流通システムの意思決定

　矢作（1994）は，延期（引き延ばし）か投機（前倒し）かという意思決定を，生産活動（製品形態，または製品属性）と流通活動（在庫位置，または在庫投資）という2領域とそれぞれがまた時間と空間という2次元によって，

図表9-9　延期－投機の理論による生産・流通システムの意思決定

次元＼領域	延　期		投　機	
	生産活動	流通活動	生産活動	流通活動
時間	①受注生産	⑤短サイクル	②見込み生産	⑥長サイクル
空間	③分散生産	⑦分散在庫	④集中生産	⑧集中在庫

出所：矢作敏行（1994）『コンビニエンス・ストア・システムの革新性』日本経済新聞社，p.68を一部修正と加筆。

8つの意思決定に分類している。[8] 図表9-9は，延期－投機の理論による生産と流通システムとの関係を示したものである。

　まず，①延期の原理における生産活動の時間の側面からみると，実需に基づき生産が行われるのが受注生産であるため，受注生産において在庫リスクはゼロになるが，納期が遅くなる可能性がある。また小ロット生産になりやすく，規模の経済性を発揮できない。一方，②投機の原理における生産活動の時間の側面からみると，事前に計画を立案し予測に基づく見込み生産となるため，その特徴は受注生産と逆となる。

　次に，③延期の原理における生産活動の空間の側面では，消費者の購買地点に近接するため，多数の場所で分散的に生産される。分散的な生産では，原料量や部品，半製品状態の物流が販売段階の近くまで行われるので，在庫や輸送の物流費が節約でき，製品化後の販売段階への納品リードタイムも短くなるが，製品の生産規模が小さくなり，規模の経済性が失われる。一方，④投機型の集中生産は，少数の場所での集中的な生産となるため，生産の規模の経済性が発揮され，生産コストが低下するが，物流費用が上昇するなど，その特徴は分散生産と逆となる。

　続いて，⑤延期の原理における流通活動の時間の側面では，納品リードタイム（小売業者が注文を出し，生産・配送拠点から商品が納入されるまでにかかる時間）と店頭在庫期間（店頭に納入された商品が販売されるまでにかかる時間）という2つの要素がある。発注を購買時点ぎりぎりまでできる限り引き延ばす短い納品リードタイムは，上流集中在庫と小ロット流通となり，

店頭在庫期間が短く（在庫回転率が高い），在庫減少によって流通費用が低下する。すなわち，延期型では流通業者のコストは小さくなる。一方，⑥投機型は，発注を最終購買時点から離れ，前倒しで行う長い納品リードタイムは，下流集中在庫と大ロット流通となり，店頭在庫期間が長く（在庫回転率が低い），在庫増加によって流通費用は上昇する。すなわち，投機型では流通業者のコストは大きくなる。

　最後に，⑦延期の原理における流通活動の空間の側面では，在庫投資を地理的に分散させ在庫位置が消費者の購買地点の店舗に近づくのが分散在庫となる。分散在庫では配送費用・時間は短縮されるが，配送拠点数が増えるために全体の在庫水準は上昇し，注文処理，荷役などの各種流通費用も増大する。一方，⑧投機型は，店舗から離れたところに地理的に集中させる集中在庫となるが，その特徴は分散在庫と逆となる。

　延期－投機の理論では，メーカーと小売業はトレードオフ関係に立っている。メーカーにとってはなるべく投機の原理に従い，生産活動ではある特定の集中した場所で見込み生産を行い，流通活動では集中在庫を長サイクルで行うことによって規模の経済を発揮すると共に，在庫リスクなどは流通に転嫁しようとする。それに対して，小売業にとっては延期の原理に従い，生産活動では実需に合わせてメーカーに受注生産と分散生産を行わせ，流通活動では分散在庫で自店舗の近接店に商品を持ってもらい，短サイクルの配送で自己負担を軽減しようとする。

　メーカーがチャネル・リーダーであった従来のマーケティング・システムでは，主として投機的な流通構造であったが，予測に基づいて大量生産した商品が売れなくなったり，小売業が大規模化していたり，消費者のニーズやウォンツが多様化するに従って，意思決定を消費者の購買地点に近接する延期的な流通構造を必要とした。代表的な例としてはコンビニエンス・ストアの少量・多頻度物流が挙げられる。例えば，セブン－イレブンなどのコンビニエンス・ストアには約3,000品目が陳列されているが，とりわけ弁当や総菜において生産活動の側面では消費者の購買地点ぎりぎりまで引き付けてから受注生産に近いかたちで分散生産が行われており，流通の側面でも短サイク

ルと分散在庫の延期的な流通構造が行われている。

2. チャネルの進化
　－シングルチャネルからオムニチャネル化へ－

⑴　オムニチャネルとは

　近年，マーケティング・チャネルだけではなく，マーケティング・流通部門や消費者行動論においても非常に注目を浴びているのがオムニチャネルである。では，オムニチャネルとは何か。オムニチャネルの先行研究からその定義を検討してみよう。図表9-10は，オムニチャネルの視点と定義を示したものである[9]。

　以上オムニチャネルの視点と定義を紹介したが，結局のところ①出発の点は，消費者のニーズやウォンツの理解であり，②すべてのチャネルを活用し，③各チャネルをシームレスなチャネルとして融合させ，④さまざまなチャネルを統合して一貫性のある顧客体験や経験が得られるように働きかけることである。

　以上のことから，ここでは，「オムニチャネルとは，企業が顧客のニーズやウォンツに対応するために，自社が有するすべてのチャネル（リアル店舗とECサイトなど）を1つのものとして統合，または融合させ，顧客に対してシームレスな一貫性のある最適な購買体験や経験の機会を提供するマネジメント手法である」と定義しておく。

⑵　チャネルの変遷過程

　次はチャネルがどのように進化してきたかについて概観する。チャネルは，シングルチャネルから，マルチチャネル，クロスチャネル，オムニチャネルへの進化を遂げてきたが，その変遷過程を表したのが図表9-11である。以下では，牧田（2017）の論述に沿って内容を検討する[10]。

図表9-10　オムニチャネルの定義

著者	視点と定義
Rigby (2011，邦訳)	小売業者が無数のチャネル[1]を通じて顧客と相互交流できるようになることを「オムニチャネル・リテイリング」という。独立した各チャネルをシームレス[2]なオムニチャネル体験として融合させるような視点を取り入れることが重要になってきている。
Verhoef *et al.* (2015)	オムニチャネルの世界は，単に顧客と小売チャネルの関連に焦点を当てるだけではなく，「顧客⇔ブランド⇔小売チャネル[3]」の間の双方向性について検討し，統合することである。その上で，顧客とのタッチ・ポイントが，ブランドや小売のパフォーマンスにどのように影響を与えることができるのかを検討することでもある。 　つまり，「オムニチャネル・マネジメントとは，チャネル間での顧客経験とチャネルを超えたパフォーマンスが最適化されるような，さまざまな可能性のあるチャネルと顧客とのタッチ・ポイントであり，シナジーを高めるマネジメントである」と定義する。
Picot-Coupey *et al.* (2016)	オムニチャネルとは，ブランドのエコシステム（ecosystem）[4]内において，顧客がシームレスな経験を得られるようなタッチ・ポイントの混合として，「すべての/偏在する」という視点で，チャネルをマネジメントする戦略である。 　具体的には，顧客のカスタマー・ジャーニー[5]において，シームレスさが受容されるユニークなチャネル内で（顧客に必要とされる）情報と取引に関する要件を満たす「タッチ・ポイント」が統合されている状態を指す。
Kotler *et al.* (2017，邦訳)	顧客が購入までの道筋で通り抜けるタッチ・ポイント（ブランドと顧客との接点）は，何通りもの組み合わせが考えられる。マーケターは，物理的なチャネルとオンラインチャネルを通じて，途中のあらゆる段階で顧客を誘導する必要がある。さらに，カスタマー・ジャーニーのどこであれ，またいつであれ，顧客が購入を決めたときには，必ず対応できるようにしておく必要がある。 　そのため，オムニチャネル・マーケティングとは，さまざまなチャネルを統合して，シームレスで一貫性のある統合的な顧客経験を生み出す手法である。
Ailawadi and Farris (2017)	オムニチャネルの狭義の視点は，自社の流通チャネルを指すものであり，広義の視点は消費者に商品を提供する「流通チャネル」としての役割だけでなく，マーケターが消費者との接点を構築するための統合的マーケティング・コミュニケーションのプッシュ戦略やプル戦略までを含んでいる。
Marshall and Johnston (2019)[6]	今日，多くの企業は，洗練されたレンガ（店舗，物理的な場所）とクリック（オンライン）戦略を調整して小売形態につなげている。消費者は，オムニチャネル・リテイリングを通じて購入前の調査を含むショッピング体験を得るために，さまざまなチャネルを活用している。このようなチャネルには，実店舗，オンラインストア，モバイルストア，モバイルアプリストア，電話販売，およびその他の顧客との取引方法が含まれる。

注：[1]ウェブサイト，リアル店舗，駅構内店舗（キオスクなど），DMやカタログ，コール・センター，ソーシャルメディア，携帯端末，ゲーム機，テレビ，ネットワーク家電，住宅サービスなどである。
　　[2]シームレス（seamless：継ぎ目がない）は，あらゆるチャネル間に途切れがない，または断絶がないことである。
　　[3]店舗，ウェブサイト，ダイレクト・マーケティング，モバイル，他のデバイス，SNSの顧客，マスメディアも含めたすべての接点である。
　　[4]エコシステム（ecosystem）は，企業を取り巻く他社とのネットワークや提携，連携などの関連する企業間のやり取りや関係性のことをいう。
　　[5]カスタマー・ジャーニー（customer journey：顧客の旅）は，顧客が商品やサービスを認知し，購入に至るまでの一連のプロセスである。
　　[6]Marshall and Johnston（2019）は，筆者が加筆したものである。
出所：高橋広行（2018）『消費者視点の小売イノベーション－オムニ・チャネル時代の食品スーパー－』有斐閣，p.169を一部修正と加筆。

図表9-11　チャネルの変遷過程

年代	〜1999年	2000〜2005年	2006〜2010年	2011年〜
EC化率①	1%未満	1%〜3%未満	3%〜5%未満	5%〜
消費者と小売業との接点変化	シングルチャネル	マルチチャネル	クロスチャネル	オムニチャネル
特徴	消費者接点はリアル店舗のみである。	消費者と複数の接点があるがそれぞれ分離独立している。	● サプライチェーン③を統合。 ● チャネルをまたがり購買できる。	● デマンドチェーン④を統合。 ● 消費者データ，購買体験がシームレスにつながる。

注：①EC（electronic commerce：電子商取引）化率は，すべての商取引の内，ECが占める割合のことである。EC化率のデータは，米国務省国勢調査局資料によるものである。

②📖📖は，カタログ通販のWeb版を表したものである。

③サプライチェーン（supply chain：供給連鎖）は，情報技術を利用して，資材メーカーといったサプライヤーから資材を調達し，製造，販売，そして最終消費者に届くまでの一連のプロセスをサプライチェーン全体で管理していくシステムである。

④デマンドチェーン(demand chain：需要連鎖)は，消費者のニーズやウォンツを起点として，製品計画，資材の調達，生産，物流，販売，在庫調整などを統合的に編成していくシステムである。

出所：牧田幸裕（2017）『デジタルマーケティングの教科書－5つの進化とフレームワーク－』東洋経済新報社，p.106を一部修正と加筆。

● シングルチャネル（single channel）：〜1999年

　このチャネルは，消費者が主としてリアル店舗（オフラインチャネル）から商品やサービスを購買する場合を指す。ECサイト（オンラインチャネル）の王者であるAmazonの日本でのサービス開始は2000年であり，楽天が店頭市場に上場したのが2000年であることから，日本でのシングルチャネルは，1999年までは一般的であったとされている。

- マルチチャネル（multi-channel）：2000〜2005年

　このチャネルは，消費者がリアル店舗とECサイト，カタログ通販，テレビ通販など複数チャネルから商品やサービスを購買する場合のことをいう。消費者は，2000年以降にECサイトで商品を本格的に購買するようになった。当初はカタログ通販のWeb版が多かったが，大手量販店や大手メーカーも徐々に参入してきた。ECサイトが増えるにつれ，消費者はショールーミングという購買行動をとるようになった。ショールーミング（showrooming）とは，消費者はリアル店舗で購買する商品を決めた後，商品の価格がリアル店舗より安いECサイトで商品を購買する行動をいう。一方，ECサイトで商品を見てからリアル店舗で購買する行動をウェブルーミング（webrooming）と呼ぶ。マルチチャネルの特徴としては，各チャネルが分離や独立して顧客管理をしていたり，商品やサービスがチャネル間で一致していなかったり，在庫管理も別々に存在していた。そこで，サプライチェーンを統合し在庫管理を一元化しようとしたのがクロスチャネルである。

- クロスチャネル（cross channel）：2006年〜2010年

　このチャネルは，企業側がマルチチャネルのサプライチェーンを統合することを指す。これによって，消費者がECサイトで注文した商品をリアル店舗で受け取ったり，返品できたりすることが可能となった。また，本店に在庫がなかった場合に系列店にあると，系列店から配送してもらって本店で受け取ることもできるし，系列店でも受け取ることもできるなど，複数のチャネルをまたがった購買が可能になった。このようにクロスチャネルによって，消費者の利便性を高めることができた。そして，マルチチャネルのサプライチェーンの統合に加え，顧客起点のデマンドチェーンの統合によってオムニチャネルという概念が形成されるようになった。

- オムニチャネル（omni channel）：2011年〜

　このチャネルは，消費者がリアル店舗やECサイトをまたがった購買ができるだけではなく，チャネル間が完全に統合されている状況のことをいう。すなわち，消費者がネット上で在庫などを把握し，消費者にとって利便な最寄りの店か，ネット上で購買するかを選択できるなど，消費者にシームレスな一貫性（商品の品揃え，価格，サービスなど）のある最適な購買体験や経

験の機会を提供する場合である。その背景にはデマンドチェーン（demand chain：需要連鎖）の統合が存在する。このチャネルの出発点は，消費者の利便性を最優先とする，消費者のニーズやウォンツを的確に把握することにある。

　今後，オムニチャネル化がさらに進むと，リアル店舗（商品を購買するに当たり，時間や移動コストが発生する）より，ARや画像合成・処理技術[11]を使って，試用，試着，試乗などの購買体験をバーチャル化するECサイト（世界中の商品が自宅に居ながら購入できる）が増えていくことが予想される。こうした環境変化に積極的に取り組んでいく小売店は，多くの消費者から愛されるに違いない。

■　**演習問題** ⋯⋯⋯⋯⋯⋯⋯⋯⋯⋯⋯⋯⋯⋯⋯⋯⋯⋯⋯⋯⋯⋯⋯⋯⋯⋯⋯⋯⋯⋯⋯⋯⋯⋯⋯⋯⋯⋯

1　チャネルが果たす役割について考えてみよう。

2　同業界の中で直接流通を行っている企業と間接流通を行っている企業を1社ずつ取り上げ，それぞれのメリット，デメリットについて考えてみよう。

3　メーカーがチャネル選択において，卸売業者を排除すると，どのような影響が出るかを「取引総数最小化の原理」と「不確実性プールの原理」を用いて説明してみよう。

4　垂直的マーケティング・システムの特徴について説明してみよう。

5　延期と投機のメリット，デメリットについて考えてみよう。

6　シングルチャネル，マルチチャネル，クロスチャネル，オムニチャネルの違いについて考えてみよう。

● 注

1) 田口冬樹（2017）『マーケティング・マインドとイノベーション』白桃書房，p.160。

2) 以下の文献を参照されたい。田口冬樹（2016）『体系流通論』白桃書房，pp.121-122。出牛政芳編著（2004）『基本マーケティング用語辞典［新版］』白桃書房，p.207，pp.233-234。

3) 金成洙（2005）『日・韓卸売構造の変化に関する研究』専修大学出版局，pp.95-99。

4) 金成洙（2005），同上書，pp.103-113。これらの理論は卸売商存立根拠論になるが，いくつかの問題点が指摘されている。取引総数最小化の原理では，①卸売商に固有の存立根拠ではない。②介入する卸売商の数を明らかにしていない。すなわち，介在する卸売商は小売商に比べて少数であり，大規模であることが必要である。③小売商の小規模・分散性が前提になる。④介在する卸売商はすべての生産者と取引を行うことを前提としている。これによりすべての商品種類と銘柄を取揃えることになる。しかし卸売商が生産者別に系列化された場合，銘柄取揃えは限定され取引総数は削減されないことになる，などの指摘がなされている。

   また，不確実性プールの原理については，在庫保有は商業の本質的活動とはいえないし，同様な効果は独立の倉庫業によっても上げることができるため，これを卸売商の存立根拠論とは言い難いと指摘している。すなわち，卸売商である必要でなく，倉庫業者でも良いのであるなどの指摘がなされた。詳しくは，以下の文献を参考されたい。三村優美子（1992）『現代日本の流通システム』有斐閣，p.163。森下二次也編（1967）『商業総論』有斐閣双書，pp.94-95。荒川祐吉（1960）『現代配給理論』千倉書房，pp.219-220。風呂勉（1974）「卸売商業の意義と特徴」久保村雄介・荒川祐吉編『商業論』有斐閣大学双書，p.235。Mall, M.（1947）*Distributive trading; An Economic Analysis*, Hutchinson's University Library, pp.80-82.（片岡一郎訳（1957）『商業の経済理論－商業の経済学的分析－』東洋経済新報社，pp.108-111）

5) 以下の文献を参照した。Kotler, Philip（2001）*A Framework for marketing Management*, Prentice Hall, Inc.（恩藏直人監修・月谷真紀訳（2004）『コトラーのマーケティング・マネジメント』ピアソン・エデュケーション，pp292-305). Kotler, Philip, and Gary Armstrong（1989）*Principles of Marketing, Fourth Edition*, Prentice-Hall, Inc.（和田充夫・青井倫一訳者（1996）『新版　マーケティング原理－戦略的行動の基本と実践－4版』ダイヤモンド社，pp.454-483). 田口冬樹（2017），前掲書，pp164-165。嘉瀬英昭（2017）「流通チャネル戦略」新津重幸・庄司真人編著『マーケティング論〔改訂版〕』白桃書房，pp.132-137。

6) 田口冬樹（2016），前掲書，p.282。

7) Alderson, W.（1957）*Marketing Behavior and Executive Action*, Richard D. Irwin.（石原

武政・風呂勉・光澤滋郎・田村正紀訳（1984）『マーケティング行動と経営者行為』千倉書房，pp.488-493). Bucklin, L. P.（1966）*A Theory of Distribution Channel Structure*, University of California.（田村正紀訳（1977）『流通経路構造論』千倉書房，pp.28-40)

8）以下の文献を参照した。矢作敏行（1994）『コンビニエンス・ストア・システムの革新性』日本経済新聞社，pp.65-94。三浦俊彦（1996）「流通チャネル対応」和田充夫・恩蔵直人・三浦俊彦著『マーケティング戦略』有斐閣アルマ，pp.246-251。

9）以下の文献を参照されたい。高橋広行（2018）『消費者視点の小売イノベーション－オムニ・チャネル時代の食品スーパー－』有斐閣，p.169。Marshall, G. W. and Johnston, M. W.（2019）*Marketing Management 3e*, Mc Graw Hill Education, p.351. Rigby, D.（2011）"The Future of Shopping," *Harvard Business Review*, 89（12），pp.64-75.（「デジタルを取り込むリアル店舗の未来」『DIAMONDハーバード・ビジネス・レビュー』2012年7月号，pp.54-74). Verhoef, P. C., P.C. K. Kannan, and J. J. Inman（2015）"From Multi-Channel Retailing to Omni-Channel Retailing Introduction to the Special Issue on Multi-Channel Retailing," *Journal of Retailing*, 91（2），pp.174-181. Picot-Coupey, K., E., Huré and L., Piveteau（2016）"Channel Design to Enrich Customers 'Shopping Experiences: Synchronizing Clicks with Bricks in an Omni-Channel Perspective- the Direct Optic Case," *International Journal of Retail & Distribution Management*, 44（3），pp.336-368. Kotler, P., H. Kartajaya, and I. Setiawan（2017）*Marketing4.0: Moving from Traditional to Digital*, John Wiley & Sons.（恩蔵直人監訳・藤井清美訳（2017）『コトラーのマーケティング4.0－スマートフォン時代の究極法則－』朝日新聞出版，p.217。Ailawadi, K. L. and P. W. Farris（2017）"Managing Multi-and Omni-Channel Distribution: Metrics and Research Directions," *Journal of retailing* .93（1），pp.120-135.

10）以下の文献を参照した。牧田幸裕（2017）『デジタルマーケティングの教科書－5つの進化とフレームワーク－』東洋経済新報社，pp.105-129。

11）AR（augmented reality：拡張現実）とは，実在（reality）を増やす（augment）という意味であり，実在する環境を，コンピュータを用いてバーチャルの視覚や聴覚，嗅覚情報を重ねて表示する技術のことをいう。

第10章 コミュニケーション戦略

学習の要点

❶ 企業が消費者に対して自社のメッセージをどのように伝達し，消費者はどのような反応を示すか，すなわちコミュニケーション・プロセス・モデルの仕組みとAIDMAモデル，5Aモデルについて学習する。

❷ 企業がコミュニケーションの目標を達成するために用いるコミュニケーション・ミックス（デジタルとソーシャルメディアマーケティング，広告，販売促進，パブリック・リレーションズ，人的販売）の特徴を具体的な例から理解する。

❸ コミュニケーション・ミックスをベースとしたプッシュ戦略とプル戦略の特徴について学習する。

❹ 企業が発信するあらゆるコミュニケーションを一貫性のある形で消費者に伝達するために，さまざまな消費者とのマーケティング・コミュニケーションを統合的に管理する，統合型マーケティング・コミュニケーション（IMC）を理解する。

❺ 広告費に対する効果を測定する際に用いる3つの定量的な尺度（リーチ，フリークエンシー，GRP）を学習する。

❻ 販売促進活動を，流通業者向け販売促進，消費者向け販売促進，小売業者による販売促進の3つのタイプに分類して，販売促進の対象と特徴の違い，具体的な実行方法などを学習する。

キーワード

- ▶ コミュニケーション・プロセス
- ▶ コミュニケーションの反応段階モデル
- ▶ コミュニケーション・ミックス
- ▶ デジタルとソーシャルメディアマーケティング
- ▶ 広告
- ▶ 販売促進
- ▶ パブリシティ
- ▶ 人的販売
- ▶ プッシュ戦略とプル戦略
- ▶ 統合型マーケティング・コミュニケーション（IMC）

1 コミュニケーションとは

1. コミュニケーション・プロセス

　コミュニケーションとは何か。コミュニケーション（communication）は，ラテン語のcommunisで，commonに由来するものであり，共通や共有，分かち合うという意味を有している。すなわち，個人（送り手）が有する情報や態度などを他人（受け手）と分かち合うために伝える行為である。

　では，企業や個人は，コミュニケーションをどのように伝達するのか。図表10-1に示されているようにコミュニケーション・プロセスは，「送り手（sender）」「記号化（encoding）」「メッセージ（message）」「媒体（media）」「解読（decoding）」「受け手（receiver）」「反応（response）」「雑音（noise）」「フィードバック（feedback）」という9つの要素で構成されている。[1]

① 送り手：情報の送り手であり，製品やサービス，あるいはアイデアの情報を発信する企業または個人である。
② 記号化：送り手が伝達すべきもの（メッセージの意味または思考）を記号に書き直す（変換する）ことである。例えば，車の駐車禁止（赤い丸に赤斜線）や進入禁止（赤い丸に白い横棒線）のシンボル，言語，図などが挙げられる。
③ メッセージ（伝えたい内容）：製品やサービス，またはアイデアの情報を提供し人々に説明しようとする送り手の活動である。
④ 媒体（メディア）：送り手が上記のメッセージを伝えるために使用される伝達手段で，例えば，新聞，雑誌，ラジオ，電話，テレビ，LINEなどがそれである。
⑤ 雑音：送り手の意図したメッセージが，予測し得ない要因で意図した意味と異なるものとなって受け手に伝達される障害である。すなわち，送り手の意図した内容と受け手の知覚された内容の不一致を生じさせる障害要因である。例えば，新聞や雑誌の記事，競合他社の広告などがある。
⑥ 解読：受け手は送り手からのさまざまな媒体でのメッセージ（記号）を聴

図表10-1　コミュニケーション・プロセス・モデル

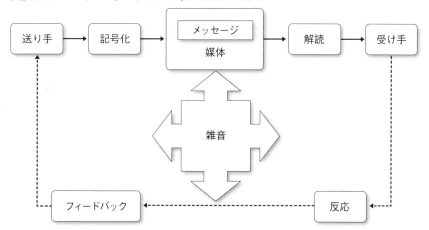

出所：Kotler, P.（2000）*Marketing Management: Millennium Edition, Tenth Edition,* Prentice
Hall, Inc.（恩藏直人監修・月谷真紀訳（2001）『コトラーのマーケティング・マネジメント
ミレニアム版』ピアソン・エデュケーション，p.672）

き，読み，見て，何らかの意味を付与することである。

⑦ 受け手：メッセージを受け取る消費者やユーザーであり，受け取る人を的
　確に把握することがコミュニケーションを効果的に行う上で重要である。

⑧ 反応：送り手からのメッセージに対して受け手のこれまでの経験や知識な
　どに照らし合わせて評価（感情や態度を表す）を行うことである。例えば，
　製品やサービスの購入，非購入，態度変化（好きか，嫌いか）などが挙げ
　られる。

⑨ フィードバック：情報の逆の流れであり，受け手から送り手の方向への情
　報の流れをいう。流された情報が送り手と受け手に同様な意味を持つと効
　果的となる。しかし，効果がなかった場合は，①再度メッセージを送るか，
　②他の媒体に切り替えるか，③メッセージを変更するか，④計画を捨てる
　か，などが検討される。

　すなわち，上記の①送り手と⑦受け手がコミュニケーションの主な要素で，
③メッセージと④媒体がコミュニケーションのツールであり，②記号化，⑥

解読，⑧反応，⑨フィードバックという4つの要素がコミュニケーションの機能である。最後の⑤雑音（意図したコミュニケーションを妨害する要素）が競合他社とランダムなメッセージである。

このコミュニケーション・プロセス・モデルの仕組みは，まず①送り手が伝えたい情報を②記号化して③メッセージに変え，そのメッセージ（さまざまな雑音を含む）を⑦受け手へ効果的に到達する④媒介を通して伝え，⑦受け手が解読し，⑧反応（さまざまな雑音を含む）をするが，その⑧反応は①送り手に影響を与えるという⑨フィードバック・ループを組み込んでいる。

2. コミュニケーションの反応段階モデル

企業が展開するコミュニケーション戦略に消費者がどのような反応を示すか。企業のコミュニケーション戦略に対する消費者の反応は，これまでさまざまなモデルによって説明されてきた。その中で，消費者がある商品のことを知ってから最終的に店頭で購入するに至るまでの心理的状態を説明するモデルとして，最も有名なのが1920年代の「AIDMA（アイドマ）」の5段階モデルである。これはアメリカのサミュエル・ローランド・ホール（Samuel Roland Hall）が示したものである。

図表10-2は「AIDMA」の頭文字をつなげて表しており，次のようなステップを踏んで進行すると仮定している。

「AIDMA」モデルは，企業のコミュニケーション戦略に対して，消費者の反応がA（Attention：注目），I（Interest：関心），D（Desire：欲求），M（Memory：記憶），A（Action：行動）という段階的に起こることを捉えたものである。

まずAttention（注目）では，企業が新しい製品やサービスの情報を消費者に知らせて，消費者がその新しい製品やサービスを認知する段階である。次のInterest（関心）では，注目の段階で認知した新しい製品やサービスについて興味や関心を持ってもらう段階である。次のDesire（欲求）では，興味や関心を引き出した新しい製品やサービスを購入したいという欲求を喚起す

図表10-2　AIDMAモデル

> **A**　Attention（注目）：　消費者はまずある特定の商品の広告に注目する。
>
> **I**　Interest（関心）：　消費者は商品に興味・関心を持つ。
>
> **D**　Desire（欲求）：　消費者は商品に欲求を抱くようになる。
>
> **M**　Memory（記憶）：　消費者は商品を記憶して店舗に来店する。
>
> **A**　Action（行動）：　消費者は商品を購入するという行動に至る。

る段階である。次のMemory（記憶）では，欲求を駆り立てられた新しい製品やサービスを長く覚えておくという段階である。最後のAction（行動）では，消費者はその新しい製品やサービスを購入するという具体的な行動に移る段階である。

　このモデルが，マスメディアによるコミュニケーションの反応段階モデルである。例えば，テレビ，新聞や雑誌などを通して新しい商品やサービスを説明するコミュニケーションは，この「AIDMA」モデルを活用できる。

　近年では，デジタル革命時代の「5Aモデル」①Awareness（気づき）段階⇒②Appeal（魅了）段階⇒③Ask（尋ね・求め）段階⇒④Act（行動・購入）段階⇒⑤Advocacy（推奨表明）（第1章の図表1-6参照），インターネット時代の「AISASモデル」①Attention（気づく）⇒②Interest（興味を持つ）⇒③Search（情報収集する）⇒④Action（購入する）⇒⑤Share（情報共有する），ソーシャルメディア時代の「SIPSモデル」①Sympathize（共感）⇒②Identify（確認）③Participate（参加）⇒④Share & Spread（共有・拡散），コンテンツ発見時代の「DECAXモデル」①Discovery（発見）⇒Engage（関係）⇒Check（確認）⇒Action（購買）⇒eXperience（体験と共有），などが提案されている（詳しくは，第1章の**3**を参照）。[2]

2 コミュニケーション戦略の策定

1. コミュニケーション・ミックス戦略

　マーケターは，コミュニケーションを通じて消費者や流通業者などにさまざまな情報を伝達し，需要を喚起している。そのコミュニケーションは，顧客あるいは潜在顧客にさまざまな製品やサービスまたは企業の情報を提供し，購入行動を促し，マーケティング努力により，需要の増加や新たな市場開拓をするために行われる。図表10-3は，5つのコミュニケーション要素であり，コミュニケーション・ミックスと呼ばれるものである。

　コミュニケーション・ミックスとは，企業がコミュニケーションの目標を達成するために用いるコミュニケーション・ツールであり，デジタルとソーシャルメディアマーケティング（digital and social media marketing），広告（advertising），販売促進（sales promotion：SP），パブリック・リレーションズ（public relations：PR），人的販売（personal selling）という5つから構成される[3]。

　コミュニケーション・ミックスは，マーケティング計画にとって極めて重要な要素である。コミュニケーション・ミックス戦略，またはコミュニケーション戦略の開発は，コミュニケーション・ミックスの要素のどの組み合わせが最も効果的かつシナジー効果であるかを決定するプロセスである。ミックスは，関連する製品やサービスとターゲット市場を考慮して，市場で適切なROI（return on investment：投資収益率，投資対効果）を達成するように設計されている。

(1) デジタルとソーシャルメディアマーケティング

　これは，デスクトップ，ノートパソコン，タブレット，スマートフォンなどのデジタル技術を活用したコミュニケーションであり，インタラクティブ・マーケティング（Interactive Marketing：企業とユーザーとの双方向のコミュニケーションを引き出すマーケティング活動）とも呼ばれる。このアプローチにより，顧客は双方向のやり取りで企業と直接つながることができる。

図表10-3　コミュニケーション・ミックス

デジタルとソーシャルメディアマーケティング	広告	販売促進	パブリック・リレーションズ	人的販売
● Facebook ● mixi ● LINE ● Twitter ● Instagram ● ブログなど	● テレビ ● ラジオ ● 雑誌 ● 新聞 ● 屋外 ● チラシなど	● リベート ● 製品発表会 ● サンプル ● クーポン ● キャッシュ・バック ● 賞金など	● パブリシティ ● ニュース記事 ● セミナー ● 刊行物 ● 公的イベント ● 年次報告など	● 試食会 ● トレード・ショー ● 訪問販売 ● 販売会 ● サンプル ● 電話など

出所：Marshall, G. W. and Johnston, M. W.（2019）*Marketing Management 3e*, Mc Graw Hill Education, p.343を参考に作成。

ソーシャルメディアの例には，Facebook，mixi，LINE，Twitter，Instagram，ブログなどがある。

(2)　広告

　これは，比較的個人的なマーケティング・コミュニケーションの有料形式で，視聴覚に訴求する一連の非人的な活動であり，主にマスメディアを通じて1つまたは複数のターゲット市場を目標とする。メディアの例には，テレビ，ラジオ，雑誌，新聞，そして屋外が含まれる。

(3)　販売促進

　これは，最終消費者が商品を購入したり，営業担当者や流通業者が商品を販売したりするために用いられる販売促進策である。他の形態のコミュニケーションを強化するように設計されており，単独ではほとんど使用しないのが特徴である。消費者向けの販売促進ツールの例としては，クーポン，キャッシュ・バックなどがある。営業担当者や流通業者のためには，特定の商品を推奨した対価として，リベート，特別な報奨金や販売助成金などが含まれることがよくある。

(4)　パブリック・リレーションズ

　これは，顧客などの態度，意見，行動に好ましい影響を与える体系的な

アプローチである。パブリック・リレーションズは，一般にパブリシティ（publicity：報道や広報）を通じて実行されるが，通常，マーケティング・コミュニケーションは第三者による無料の宣伝活動である。パブリシティの例には，ニュース記事や公的イベントなどが挙げられる。

(5) 人的販売

　これは広告とは異なり，販売員自らが対面またはその他の方法で顧客とのコミュニケーションを通して販売を行う方法である。ただ，対人的は接触による販売活動であるため，人件費という比較的に高いコストが掛かる。例としては，試食会，電話，訪問販売，カウンセリング販売，販売会などが挙げられる。

　以上のように，5つのコミュニケーション手法は，それぞれ果たす役割が異なる。一般に，企業は5つのコミュニケーション手法のどれかを選択してコミュニケーションするということはほとんどなく，それぞれの特徴や活用法を適切に組み合わせて，同時併用的にコミュニケーションを展開している。したがって，マーケターは，コミュニケーションの目標を達成するために，これらの5つの要素をいかに組み合わせ，最も適切な効果的なコミュニケーション・ミックスを構成していくかが課題となる。

....

コラム ❶ 日本の媒体別広告費（2018年～2020年）

　2020年（1月～12月）日本の総広告費は，世界的な新型コロナウイルス感染症拡大に伴う各種イベントや広告販促キャンペーンなどの延期・中止・自粛により，6兆1,594億円（前年比88.8％）となった。これは，東日本大震災の2011年以来の9年ぶりのマイナス成長で，2009年のリーマン・ショック（同88.5％）に次ぐ下げ幅である。一方，インターネット広告費は，新型コロナウイルスの影響を受けたものの，社会生活におけるデジタル化（デリバリー，ネット通販，オンライン会議，オンラインイベント，リモートワーク，キャッシュレス決済など）が進み，前年に引き続きプラス成長（同105.6％）となった（図表10-4参照）。

図表10-4　日本の媒体別広告費の推移

媒体	広告費（億円）			前年比（%）		構成比（%）		
	2018年	2019年	2020年	2019年	2020年	2018年	2019年	2020年
総広告費	65,300	69,381	61,594	106.2	88.8	100.0	100.0	100.0
マスコミ四媒体広告費	27,026	26,094	22,536	96.6	86.4	41.4	37.6	36.6
新聞	4,784	4,547	3,688	95.0	81.1	7.3	6.6	6.6
雑誌	1,841	1,675	1,223	91.0	73.0	2.8	2.4	2.0
ラジオ	1,278	1,260	1,066	98.6	84.6	2.0	1.8	1.7
テレビメディア	19,123	18,612	16,559	97.3	89.0	29.3	26.8	26.9
地上波テレビ	17,848	17,345	15,386	97.2	88.7	27.3	25.0	25.0
衛星メディア関連	1,275	1,267	1,173	99.4	92.6	2.0	1.8	1.9
インターネット広告費	17,589	21,048	22,290	119.7	105.9	26.9	30.3	36.2
マス四媒体由来のデジタル広告費	582	715	803	122.9	112.3	0.9	1.0	1.3
新聞デジタル	132	146	173	110.6	118.5	0.2	0.2	0.2
雑誌デジタル	337	405	446	120.2	110.1	0.5	0.6	0.7
ラジオデジタル	8	10	11	125.0	110.0	0.0	0.0	0.0
テレビメディアデジタル	105	154	173	146.7	112.3	0.2	0.2	0.3
テレビメディア関連動画広告	101	150	170	148.5	113.3	0.2	0.2	0.2
物販系ECプラットフォーム広告費		1,064	1,321		124.2		1.5	2.1
プロモーションメディア広告費	20,685	22,239	16,768	107.5	75.4	31.7	32.1	27.2
屋外	3,199	3,219	2,715	100.6	84.3	4.9	4.6	4.6
交通	2,025	2,062	1,568	101.8	76.0	3.1	3.0	2.6
折込	3,911	3,559	2,525	91.0	70.9	6.0	5.1	4.1
DM（ダイレクト・メール）	3,678	3,642	3,290	99.0	90.3	5.6	5.3	5.3
フリーペーパー	2,287	2,110	1,539	92.3	72.9	3.5	3.1	2.5
POP	2,000	1,970	1,658	98.5	84.2	3.1	2.8	2.7
イベント・展示・映像ほか	3,585	5,677	3,473	158.4	61.2	5.5	8.2	5.6

出所：電通「2020年日本の広告費」https://www.dentsu.co.jp/news/release/pdf-cms/20210112-0225.pdf/　（2021年6月2日アクセス）。

2. プッシュとプル戦略

マーケティング・コミュニケーションは，企業が働きかける対象（流通業者か，最終消費者か）によってプッシュ（push）戦略とプル（pull）戦略に大別される。企業がこの2つの戦略のうちのどちらを採用するかによって，コミュニケーション手法のどれに重点をおくかが決まる。この両戦略は，図表10-5に示してある。

プッシュ戦略は，押すという戦略で，製造業者が自社の製品やサービスを人的販売と販売促進を通して，流通業者（卸売業者と小売業者）に売り込み，続いて流通業者は最終消費者へ積極的に販売してもらおうとするものである。

プル戦略は，引っ張るという戦略で，製造業者が最終消費者へと直接的に広告，販売促進，PR，ダイレクト・マーケティングまたはインタラクティブ・マーケティングを組み合わせて働きかけ，自社の製品やサービスに対し興味を持ってもらい，その最終消費者が流通業者へ指名買いを促し，流通業者が製造業者へ指名注文をするというものである。実際には，プッシュ戦略とプル戦略が相互に排他的に使用されることはほとんどない。むしろ，プッシュ戦略とプル戦略の両方で最もバランスのとれたコミュニケーション戦略が開発されることで，製品と市場に適合するように使用されている。[4)]

アメリカと日本の企業を比較すると，アメリカではプル戦略が多いのに対して，日本ではプッシュ戦略が多い。アメリカでは土地が広く，不特定多数の消費者が地理的に分散して住んでいるため，人的販売は難しく，人的販売以外のコミュニケーション・ミックスを組み合わせて消費者を刺激し，消費者が流通業者に製品やサービスを求めるように仕掛けている。そのためコミュニケーション・コスト（1人当たりの広告費など）が比較的に高いのが大きな特徴である。

一方，日本では土地が狭く，消費者と流通業者が高密度に住んでいるため，製造業者が主に人的販売や販売促進を使って，流通業者にさまざまな資金援助をし，良好な取引関係を構築して流通業者が消費者へ製品やサービスの販売活動を行っている。そのため流通コスト（生産された商品が消費者の手に届くまでにかかった費用）が比較的に高いのが大きな特徴である。[5)]

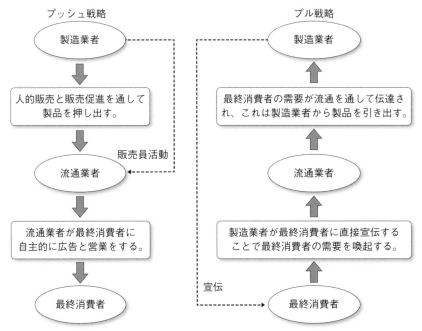

図表10-5　プッシュとプルのコミュニケーション戦略

プッシュ戦略

製造業者

↓

人的販売と販売促進を通して
製品を押し出す。

↓

流通業者

↓

流通業者が最終消費者に
自主的に広告と営業をする。

↓

最終消費者

プル戦略

製造業者

↑

最終消費者の需要が流通を通して伝達さ
れ、これは製造業者から製品を引き出す。

↑

流通業者

↑

製造業者が最終消費者に直接宣伝する
ことで最終消費者の需要を喚起する。

↑

最終消費者

販売員活動

宣伝

出所：Marshall, G. W. and Johnston, M. W.（2019）*Marketing Management 3e*, Mc Graw Hill Education, p.346を一部加筆。

3. 統合型マーケティング・コミュニケーション

　これは，上記のコミュニケーション・ミックスをいかに組み合わせるかだけでなく，戦略的な観点からコミュニケーション手法以外の製品，価格，販売チャネル，使用経験，口コミなどをも重要なコミュニケーション手法として統合して消費者に伝えることで，いっそう明確で一貫した最大限のコミュニケーション効果を生み出すという考え方である。この概念が，統合型マーケティング・コミュニケーション（Integrated Marketing Communication：以下IMCと略する）である。

　IMCとは，企業が発信するあらゆるコミュニケーションを一貫性のある形で消費者に伝達するために，さまざまな消費者とのマーケティング・コミュ

ニケーションを統合的に管理しようとする考え方である。

IMCの始まりについては，1971年にレイザー（W. Lazer）によってコミュニケーション活動の統合化の必要性を指摘したという説[6]や，1980年代にダンカン（T. Duncan）によって初めて言及され，1990年代初頭から関心が高まってきたという説[7]などがある。

いずれにしてもこのIMCは，1993年にドン・シュルツら（D. E. Schultz *et al.*）によって，広告，パブリック・リレーションズ，販売促進，購買，従業員向けコミュニケーションなどといった，これまで部分としてしか捉えることのなかったものを総合的に管理していくという新しい方法として，「統合型マーケティング・コミュニケーション」を位置付けている[8]。

次はIMCの発展段階として，以下のことが挙げられている[9]。

① 戦術的統合：シンボル，スローガン，ジングル，色彩，キャラクターなどの表現要素を統一することである。
② 機能的統合：広告，販売促進，人的販売，製品，販売チャネル，価格，口コミなどの各機能の特徴を理解して組み合わせることである。
③ 部門間の統合：製品開発部門，広告部門，営業部門，広報部門などの部門間を調整してコミュニケーション・メッセージを統合（メッセージの統一と管理）することである。
④ 顧客ベースの統合：顧客データベースを用いて，潜在顧客や購入影響者にアプローチすることである。
⑤ 利害関係者ベースの統合：購入者以外の利害関係者（行政やNPOなど）へアプローチすることである。
⑥ 関係性の統合：生産，人事，人材育成，財務などのマーケティング以外の経営機能，または他企業との戦略的提携（製品共同企画や開発など）も含めた，あらゆる関係性について統合することである。

近年では，多くの企業がこの考え方を採用しており，特にブランド管理（ブランドの構築や育成など）やインターネット技術などを統合型コミュニケーション戦略の策定に積極的に取り組んでいる。今後さらなる進展が非常に望

まれる分野である。以下では，コミュニケーション・ミックスについて具体
的な事例を交えながら，実践的に論じることとする。

3 デジタルとソーシャルメディアマーケティング (Digital and Social Media Marketing)

1. デジタルマーケティングの役割

　インターネットへのアクセスが急増するにつれて，デジタル・マーケティ
ングがコミュニケーション戦略の重要な要素となっている。デジタルマーケ
ティングとは，デスクトップ，ノートパソコン，タブレット，スマートフォン
などのようなデジタル技術の活用によって価値を提供するマーケティングで
ある。デジタル技術により，企業が顧客とつながり，個々人は容易に大量の
情報にアクセスできるようになり，コミュニケーションする方法にイノベー
ションが生まれたのである。その1つは，顧客は，製品やサービスに関する
情報を得るために，デジタルメディアを通じて，マーケターといつ，どこで，
どのようにやり取りするかを大幅に調整できるようになったのである。

　一方，B2C と B2B の両市場において，企業にとってデジタルマーケティン
グが全体的なコミュニケーション戦略に必要不可欠な要素となり，さらには
価値を提供するために，マーケターが使用するコミュニケーション・ミック
スの重要な要素となったのである。デジタル技術によって容易になったデー
タ収集機能により，マーケターは，これまで不可能だった広範かつ詳細な顧
客情報に，妥当なコストでアクセスできるようになったのである。図表10-6
は，デジタルメディアにおけるペイドメディア，オウンドメディア，アーン
ドメディアというトリプルメディアのいくつかの例と特徴を示している。[10]

(1) ペイドメディア (paid media)

　ペイド (paid) は「費用を払う」という意味で，マーケターが顧客に接近
するために，他の人に費用を支払って，広告を掲載しているコミュニケー

ション・チャネルを指す。ペイドメディアの一般的な価格設定は，露出対費用であり，顧客がコミュニケーションに触れるたびにマーケターが一定額を支払うシステムや，顧客がリンクをクリックするたびにマーケターが設定された金額を支払うシステムなどがある。ペイドメディアの長所はスピード感，適応性，拡張（可能）性，コントロール可などがあり，短所は，目立ちにくい，応答率減少，信頼性の問題などが挙げられる。例えば，ディスプレイ広告，探索広告，ネイティブ広告，ソーシャルネットワーク広告という4つの広告がある。

① ディスプレイ広告（display ads）

webサイトやアプリの広告枠に表示される画像広告，動画広告やテキスト広告である。バナー広告とも呼ばれる。

② 検索広告（search ads）

Google，Amazonなどの検索エンジンにユーザーが何かを求めて検索した結果に連動して表示される広告である。探索連動型広告とも呼ばれる。

③ ネイティブ広告（native ads）

ユーザーのコンテンツ（記事）の中に広告を自然に溶け込ませることで，コンテンツの一部として認識してもらうことを目的とした広告である。

④ ソーシャルネットワーク広告（social network ads）

さまざまなソーシャルメディアに掲載されるデジタル広告である。こうした広告は，Facebook，Twitter，LINEなどの多様な種類のソーシャルプラットフォームを通じて配布されるが，形式，配置，及びスタイルなどは大幅に異なる。

⑵ オウンドメディア（owned media）

オウンド（owned）は「自社で所有・運営する」という意味で，企業が発行するものであり，企業が完全にコントロールできるコミュニケーション・チャネルを指す。オウンドメディアの長所は，長く持続する，適応性，見込み顧客に深く語りかける機能を有するなどがあり，短所は信頼性の問題が発生する可能性がある，相当な開発能力が必要で，目標達成するまでに時間が

図表10-6　トリプルメディアの例と特徴

	例	長所	短所
ペイド メディア (paid media)	● ディスプレイ広告 ● 探索広告 ● ネイティブ広告 ● ソーシャルネットワーク広告	● スピード感 ● 適応性がある ● 拡張（可能）性 ● コントロール可 ● 測定可能性	● 目立ちにくい ● 応答率減少 ● 信頼性の問題が発生する可能性がある
オウンド メディア (owned media)	● 企業のWebサイト ● Eメール ● 企業のブログ	● 長く持続する ● 適応性がある ● 見込み顧客に深く語りかける機能	● 信頼性の問題が発生する可能性がある ● 相当な開発能力が必要 ● 目標達成するまでに時間がかかる
アーンド メディア (earned media)	● ソーシャルメディアの共有 ● ユーザーの商品レビュー ● 第三者がWebサイトまたはブログで企業や製品などについて言及	● 信頼できる ● 費用対効果が高い ● 透明性がある	● コントロールの欠如 ● コミュニケーションや会話は否定的かもしれない ● 価値を測定するのが難しい

出所：Marshall, G. W. and M. W. Johnston（2019）*Marketing Management 3e*, Mc Graw Hill Education, p.351.

かかるなどが挙げられる。例としては、自社Webサイトで作成されたホームページ、メールマガジン、企業のブログ（blog：web + logの合成語）、電子メールなどが挙げられる。

⑶　アーンドメディア（earned media）

　アーンド（earned）は「信頼を得る」という意味で、第三者であるユーザーや消費者自身が企業に関連する情報を無料で広めるコミュニケーション・チャネルを指す。アーンドメディアの長所は、信頼ができる、費用対効果が高い、透明性などがあり、短所はコントロールができない、コミュニケーションや会話は否定的な可能性がある、価値を測定するのが難しいなどが挙げられる。例えば、消費者は新製品に関心を示すために、第三者やユーザーがSNS（TwitterやFacebook、Instagramなど）で新製品の発売に関する情報や使用経験などを投稿し、共有する場合である。

2. ソーシャルメディアマーケティング管理

消費者は，製品やサービスの使用後の評価について消費者同士で直接話し合いをすることがある。企業はこうした会話にモニタリングしたり，参加したり，対応することはできるが，この外部の会話をコントロールすることはできない。したがって，企業はまずソーシャルメディアがビジネスに与える影響を理解した上で，それを管理するための効果的なマーケティング戦略を展開することが求められる。

マーケターにとって最も適切なソーシャルメディアの主要な形態は，ソーシャルネットワーク，バイラルマーケティング，製品やサービスのレビューサイト，オンライン・ブランドコミュニティなどである[11]。

(1) ソーシャルネットワーク (social networks)

名前が示すように，ソーシャルネットワークは，友情，相互の関心，またはその他の特性を通じて人々をつなぐことを目的としている。ソーシャルネットワークの概念は，1800年代に遡るが，何らかの統一要素に基づいて関係を築いた人々の集まりのことを指す。この用語の現代的な解釈は，テクノロジーを通じて接続された人々のグループを意味する。ソーシャルプラットフォームの主な例として，facebook，Twitter，mixiなどが挙げられる。

(2) バイラルマーケティング (viral marketing)

バイラルは，ウイルス（virus）から派生された用語で，多くの人々がメッセージにさらされている現象がウイルスの感染に似ていることから，このバイラルの名が付いたのである。バイラルマーケティングは，企業が直接広報をせず，消費者が自発的に企業や企業の製品に関するメッセージをソーシャルメディアや口コミなどを通じて伝達し，拡散させていくマーケティング手法である。

⑶ **製品やサービスのレビューサイト（product and service review sites）**

　製品及びサービスのレビューサイトは，消費者が企業と企業の製品に関する経験についてフィードバックを提供する機会だけではなく，消費者が購入前に情報を検索するための情報保管場所としても提供する。こうした消費者の利用があるため，マーケターは自社の製品に関連するレビュー サイトを継続的にモニタリングする必要がある。

　アメリカ人の70%が購入前にレビューサイトを利用する[12]。この傾向により，マーケターは，自社製品に関連する製品やサービスのレビューサイトへの投稿を常に把握するために，一貫した戦略を開発し，実行することが不可欠になった。このようなモニタリングにより，マーケターは消費者の経験を追跡し，そこから学び，消費者のために適切な措置を講じ，必要に応じて製品やサービスを変更する機会を見つけることができる。

⑷ **オンライン・ブランドコミュニティ（online brand communities）**

　近年，企業は，消費者が他の独立したサイトより，自社の Web サイトで意見を言える，自社独自のオンライン・ブランドコミュニティを製作することが必要不可欠となっている。このようなオウンドメディアレビューサイトが魅力的で効果的であるためには，当然，「誠実」であると認識されなければならない。つまり，企業は自社に対する否定的な投稿を選択して削除してはならない。むしろ，参加者が幅広い意見を共有できるようにする必要がある。ホストが企業でも，独立した第三者でも，オンライン・ブランドコミュニティは，製品のデザインとマーケティングに対する有用なフィードバックを提供するという点で，企業に大きな価値をもたらす。

　また，オンライン・ブランドコミュニティは，ユーザー間でアイデアや苦労話を共有及び比較することで，製品に関する消費者の体験をより楽しいものにすることができ，さらにはブランドとのより深い絆を構築することができる。ユーザーが製作したコンテンツを消費者がオンライン・ブランドコミュニティに掲載すると，消費者は価値を提供するプロセスに直接参加し，顧客満足度，ロイヤルティ，ブランドや企業との関係に対する誇りが高まることは間違いない。

4 広告戦略 (Advertising)

　広告はマーケティングの一部であるが，多くの消費者はマーケティングと同意のものとして捉えている。それは，多くの消費者が広告を主として視覚情報処理のマーケティングの具体的な進め方として認識しており，広告に多額の費用が費やされていることも一因である。ここでは広告の種類，広告媒体，広告の効果測定について概説する。

1. 広告の種類

　広告の種類は，何を消費者へ訴えているのか，または取り扱う対象により，製品広告と制度広告に分けられる。[13]

(1) 製品広告 (product advertising)

　製品広告は，多くの広告で行われており，特定の製品の需要を喚起し，売上向上を目的として行われる手法である。製品広告は製品ライフサイクルの段階に応じて，開拓型広告，競争型広告，比較広告に分けられる。

① 開拓型広告 (pioneering advertising)

　これは，製品ライフサイクルの「導入期」の段階に用いられる広告であり，AIDAモデルの観点からは「Attention：注目 」と「Interest：関心」段階を誘発するために使用される広告である。新製品の品質，性能や特徴について説明し，需要の開拓や喚起するために行われる広告である。

② 競争型広告 (competitive advertising)

　これは，製品ライフサイクルの「導入期」から「成長期」または「競争期」の段階に用いられる広告であり，AIDAモデルの観点からは「Desire：欲求」と「Action：行為」段階を誘発するために使用される広告である。競争型広告は，消費者へのアピールがより多くの感情にシフトすることが多く，目標は情報を提供することだけではなく，説得することである。この広告では，競

合他社の製品との差別化を強調し，マーケット・シェアの拡大を目的とする。

③ 比較広告（comparative advertising）

　これは，製品ライフサイクルの「成熟期」段階に用いられる広告であり，弱い競合他社を振り払うためのマーケティング戦略の一環である。このマーケティング戦略が成功するためには，自社ブランドの1つ以上の妥当な優越的要素を主張して，競合他社よりも優位な状況を創り出す必要がある。この場合，一般に2つ以上のブランドの特定の属性を直接的に比較検討する。

⑵　**制度広告（institutional advertising）**

　この広告は，特定の製品ではなく，それよりもっと幅広い概念の産業，企業，ブランド系列などを宣伝することを目標としている。制度広告は，製品を消費者に知らせて想起させることが主な目標であるが，消費者を説得させる効果も有している。多くの消費者は，広告メッセージの背後にある企業の社会的責任，及び企業理念に多大な注意を払っている。言い換えれば，この広告は産業，企業，ブランド系列などの知名度やイメージを高めるために，顧客，生活者全体や地域社会に働きかけて，消費者に好意的，協力的態度の向上を図る目的で行われる広告活動である。例えば，自社の規模と業績，そして技術，従業員の声，企業理念などを訴える広告である。

2. 広告媒体の種類

　広告媒体は，広告内容を対象者に伝達するための手段である。広告媒体は，主にテレビ，ラジオ，新聞，雑誌，屋外，郵便，オンラインとソーシャルメディアといった7つに分けられる。それぞれの媒体ごとに長所と短所が存在し，マーケターはこれらの長所と短所を考慮して，広告予算をどのように配分するかを決定する。図表10-7は，媒体を選択する際に考慮すべき最も重要な問題を示してある。[14] 7つの広告媒体のうち，テレビ，ラジオ，新聞，雑誌の広告は，4大マスコミ（マス・コミュニケーション）広告と呼ばれる。

　また，7つの媒体の特徴をみると，テレビは，広告媒体の中でも圧倒的に消費者からの接触回数が多い媒体である。ラジオは，無線を利用した放送で，

図表10-7　広告媒体の種類（長所と短所）

媒体	長所	短所
テレビ	● 広いカバレッジ ● さまざまな感覚を刺激 ● 映像，音，動きを伴う ● 露出当たりの低いコスト	● 極めて高コスト ● メッセージが短命 ● 対象の選択が混乱 ● 露出が短い
ラジオ	● 大衆に届く ● 地理的制限がない ● 低コスト	● 聴覚のみに訴える ● テレビより注目を引きにくい ● 短命
新聞	● 柔軟性 ● 高い信用度 ● 時期が適切	● 短命 ● 広告費が高い ● 閲覧読者が少ない
雑誌	● 高い信用度と信望 ● 広告寿命が長い ● 回覧率が高い ● 良好な生産品質と色を有する	● 広告が掲載されるまでのリードタイムが長い ● 無駄（発行部数と購買部数が一致しない）がある ● 掲載位置の保証がない
屋外	● 柔軟性がある ● 繰り返し露出される ● 低コスト ● 競争が少ない	● 対象の選択が困難 ● 広告と構造の制限があるために創造的な広告が困難 ● 長い期間，特定の場所に広告を掲載
郵便	● 対象の選択が容易 ● 完全にコントロールできる ● 柔軟性	● 比較的に高コスト ● 競争広告が多い ● 過剰に使用されてスパム（spam：迷惑メール）の印象を有する
オンラインとソーシャルメディア	● 対象を選択できる ● 比較的低コスト ● 柔軟性	● 広告露出（クリック）を消費者が統制できる ● 接続速度とコンピュータが多様 ● 個人情報保護への懸念がある

出所：Kotler, P. (2001) *A Framework for marketing Management,* Prentice Hall, Inc.（恩藏直人監修・月谷真紀訳（2004）『コトラーのマーケティング・マネジメント』ピアソン・エデュケーション，p.352）. Marshall, G. W. and Johnston, M. W. (2019) *Marketing Management 3e*, Mc Graw Hill Education, p.379 を参考に筆者作成。

聴覚だけに訴える媒体である。新聞は，全国紙，地方新聞，そして海外新聞の媒体がある。雑誌は，週刊誌や月刊誌などの媒体がある。屋外は，常時または一定の期間継続して設置されることが多い媒体である。郵便は，対象を絞りやすく，多くの情報を提供できる媒体である。オンラインとソーシャルメディアは，オンライン上でB2CやC2Cなどのコミュニケーションを促進する媒体である。

3. 広告の効果測定

　どの広告媒体を使用するかを決定する際，マーケターはリーチ，フリークエンシー，GRPを考慮する必要がある。これらの3つは，広告費に対する効果を測定する際に用いられる指標である。

⑴　リーチ（reach：到達範囲）

　これはどのくらいの人が当該広告に接触したかであり，広告出稿期間において当該広告に1回でも接触した個人または世帯の数である。すなわち，広告出稿期間に1人の消費者が当該広告に何回接触をしたかではなく，その期間にどのくらいの顧客または世帯に当該広告が見られたかである。例えば，あるコマーシャル・メッセージ（commercial message：CM）を3回流したとしよう。1回目の広告で1000人中550人が当該広告に接触して，2回目の広告では350人，3回目の広告では100人が接触したとする。この場合，2回目の350人のうち150人が初めて接触したとすれば，2回目の広告では，合計で700人がその広告に接触したことになる。また，3回目の広告で100人中新たに50人が当該広告に接触したとすれば，結果的には3回の広告出稿を通して，1000人中750人（550人＋150人＋50人＝750人）が接触したことになる。すなわち，この広告は3回の出稿によって75％の消費者に到達したことになる。このような累積到達率のことをリーチと呼ぶ。

⑵　フリークエンシー（frequency：露出頻度または接触頻度）

　これはどのくらいの頻度で接触したかであり，広告出稿期間に個人または

世帯が当該広告に接触した平均回数のことである。すなわち，当該広告への平均接触回数である。通常，消費者は広告に接触する回数が増えれば増えるほど，単なる商品やサービスに対する認知の段階から，購入意思決定の段階へと進む傾向にある。[15]

　クラグマン（Kurgman, 1972）は，3回露出法則（three exposure rule）を提唱した。これは，広告効果を最大限に発揮するためには，消費者に少なくとも3回は広告に接触させる必要があるという法則である。すなわち，消費者は広告との1回目の接触では商品やサービスに好奇心（curiosity）を掻き立て，2回目の接触では認知（recognition）し，3回目の接触では意思決定（decision）をする，という考え方である。[16]したがって，マーケターにとって，当該広告を消費者に対していかに接触させるかだけではなく，いかに接触頻度を高めるかも非常に重要な課題となる。

(3)　GRP（Gross Rating Points：延べ接触率）

　これはどのくらいの人がどのくらいの頻度で，当該広告に接触したかを表す指標である。GRPは，上記のリーチとフリークエンシーを掛け合わせて算出される。例えば，個人または世帯の20％がある特定の広告を平均4回接触した場合には，GRPは20％（リーチ）×4回（フリークエンシー）＝80％となる。

　同じ大きさ（80％）でもリーチが大きく（40％），フリークエンシーが小さい（2回）場合（40％×2回＝80％）もあれば，それと対照的でリーチが小さく（10％），フリークエンシーが大きい（8回）場合（10％×8回＝80％）もある。マーケターは，リーチを優先するのか，フリークエンシーを優先するのかを意思決定する必要がある。それは，どちらを優先するかによって広告の意味合いが大きく変わってくるからである。新製品や新サービスの場合は，より多くの消費者に関心を持ってもらうことが必要であるために，相対的により多くのリーチを達成できるかどうかが問われている。一方，製品やサービスの特性あるいは競合他社との差別化の場合は，時間をかけて消費者を理解させる必要があるために，相対的により多くのフリークエンシーが達成できるかどうかが課題となる。[17]

5 販売促進 （Sales Promotion : SP）

　販売促進という用語は，主として広義の販売促進（コミュニケーション）か，狭義の販売促進（セールス・プロモーション）のどちらかの意味で用いられる。販売促進は，一般にセールス・プロモーションとして使用されるので，ここでは狭義の販売促進（セールス・プロモーション）の意味として使用することにする。

　販売促進は，メーカーが流通業者に対して行う「流通業者向け販売促進」，メーカーが消費者に対して行う「消費者向け販売促進」，小売業者が消費者に対して行う「小売業者による販売促進」の3つに大きく分けられる[18]。図表10-8は，販売促進の3つのタイプで，その具体的な例を示したものが図表10-9である。

1. 流通業者向け販売促進

　これは，メーカーが流通業者（卸売業や小売業）に対して働きかける販売促

図表10-8　販売促進の3つのタイプ

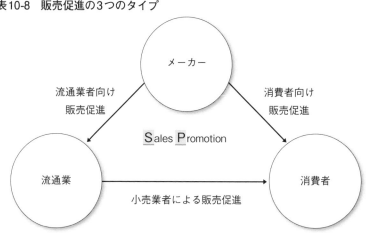

出所：渡辺隆之・守口剛（2011）『セールス・プロモーションの実際〈2版〉』日経文庫，p.103を参考に筆者作成。

図表10-9　販売促進の3つのタイプと具体例

流通業者向け販売促進	消費者向け販売促進	小売業者による販売促進
● アローワンス ● コンテスト ● 特別出荷 ● 販売助成など	● サンプリング ● クーポン配布 ● スイープ・ステークス（くじ） ● バンドル ● キャッシュ・バックなど	● 値引き ● 特別陳列 ● チラシ広告 ● デモンストレーション販売など

出所：渡辺隆之・守口剛（2011）『セールス・プロモーションの実際〈2版〉』日経文庫，p.112を一部修正と加筆。

進である。この流通業者向け販売促進には，アローワンス，コンテスト，特別出荷，販売助成などがある。

(1) アローワンス（allowance）

　アローワンスは，流通業者の販売努力に対してメーカーから支払われる報酬（金銭的見返り）である。リベートは，長期的な協力関係（年度ごとや半年ごと）に対する報酬であるが，アローワンスは短期的かつ一時的な協力関係（ある特定の時期）に対する報酬である。アローワンスには，「広告アローワンス」と「ディスプレイ（陳列）・アローワンス」などがある。前者の広告アローワンスは，流通業者がチラシなどで自社製品を広告したことに対して支払われるもので，後者のディスプレイ（陳列）・アローワンスは，店頭でのディスプレイ（陳列）で特別陳列を行ったことに対して支払われるものである。

(2) コンテスト（contest）

　コンテストとは，メーカーが特定のテーマを設定して流通業者間で競わせ入賞者に商品や景品を与える手法である。コンテストには，さまざまな種類があるが，例えば売上目標を設定し達成度に応じて賞金を与える「販売コンテスト」，販売促進効果（特別陳列の見栄え，出来栄えなど）を高める「陳列コンテスト」などを行い，流通業者の販売意欲を喚起する手法がある。

⑶ 特別出荷（special ship）

　特別出荷は，メーカーが流通業者の仕入れの促進を意図し，メーカーの出荷条件を一時的に向上させ，流通業者にとって有利な条件で取引を行う手法である。有利な立場に立つ取引条件としては，「内増し方式」と「外増し方式」がある。前者の「内増し方式」の例としては，流通業者からの11ケースの注文に対してメーカーは10ケース分の価格で出荷を行うことである。後者の「外増し方式」の例としては，流通業者からの11ケースの注文に対してメーカーは12ケース分出荷を行うことである。流通業者は，どの方式を利用しても，消費者に競合他社より安く商品を提供することができるために，最終的に流通業者の売上は増えることになる。

⑷ 販売助成（dealer helps）

　販売助成は，メーカーが自社製品の販売を促進するために，小売業の販売活動を援助する活動である。具体的な例としては，POP広告（point of purchase advertising：販売時点広告），材料や陳列用具などの販売促進ツールの提供などが挙げられる。こうしたメーカーからの販売助成は，消費者の購買意欲を促進する効果があるため，メーカーは売上規模の大きな小売業に対しても積極的に支援している。

2. 消費者向け販売促進

　これは，メーカーが消費者に対して働きかける販売促進である。この消費者向け販売促進には，サンプリング，クーポン配布，スイープ・ステークス（くじ），バンドル，キャッシュ・バックなどがある。

⑴ サンプリング（sampling）

　サンプリングは，メーカーが消費者に対して試供品（サンプル）を配布し，実際に試してもらうことで購入を促す手法である。これにはターミナル駅周辺での「街頭配布」，競合他社の製品が販売されている店先での「店頭配布」，雑誌や他の関連商品に添付してサンプリングする「クロス・サンプリング」，

郵送で消費者の自宅に送付する「応募型サンプリング」などがある。

(2) クーポン配布 (couponing)

　クーポン配布は，メーカーが消費者に対して特定の商品の販売促進を目的としてクーポン（割引券）を配布する手法である。クーポンにはさまざまな種類がある。配布主体で分類すると，メーカーが自社ブランドに対して発行する「メーカー・クーポン」と小売業が自店舗に対して発行する「ストア・クーポン」の2つがある。また，配布媒体で分類すると，商品の中に入っている「イン・パック・クーポン (in-pack coupon)」，ダイレクト・メールに同封する「DMクーポン (direct mail coupon)」，また，新聞や雑誌などに折り込まれたプリント印刷広告である「FSIクーポン (free standing insert coupon)」などがあるが，最近では，アプリのクーポンが数多く見受けられるようになっている。

(3) スイープ・ステークス (sweep stakes)

　スイープ・ステークスは，懸賞やくじの総称である。これには，「クローズド懸賞 (closed premium)」と「オープン懸賞 (open premium)」がある。前者のクローズド懸賞は，自社商品の購入を条件として応募できるものであり，消費者への特典が付与されている。例えば，自社商品を購入する消費者に抽選で2名様をハワイ旅行にご招待します，である。後者のオープン懸賞は，ある特定の商品の購入を条件としないため，誰でも応募できるものである。

(4) バンドル (bundle)

　バンドルはかたまり，または束という意味であり，商品を個別ではなく複数まとめて販売する手法である。このバンドルは，メーカーにとっては通常単品でしか売ることができなかった商品を，まとめて販売することができるし，消費者にとっては商品を複数組み合わせてセットで1個当たりの単価を安く購入できるため，両者にとってメリットがある。例えば，1足500円の靴下を3足で1,200円というように，一般に1個当たりの単価が安くなるように設定されている。

⑸ キャッシュ・バック（cash back）

キャッシュ・バック（現金還付）は，ある特定の商品を購入した消費者が商品購入の証となる保証書や領収書などをメーカーに送ることなどにより，一定の現金を消費者に割り戻される手法である。例えば，アイロボット社はキャンペーン期間中に新品で購入された国内正規品の対象商品を購入した消費者に対して1万円のキャッシュ・バックを実施している（2021年のキャンペーン）。また，Canon社は，キャンペーン期間中に対象商品を購入や応募した消費者に対して3万円のキャッシュ・バックを実施している（2021年のキャンペーン）。値引きは小売業者が消費者に対して行う価格訴求型の手法であるが，キャッシュ・バックはメーカーが消費者に対して行う価格訴求型の手法である。さらに，高価格の商品であれば，値引き額とキャッシュ・バックが同じ金額であるとしても，購入時に値引きを受け取る効用（ありがたみ）よりも，購入後に現金が戻ってくることの効用（喜び）の方が心理的に大きいとされている。

3. 小売業者による販売促進

これは，小売業者が消費者に対して働きかける販売促進である。この小売業者による販売促進には，値引き，特別陳列，チラシ，デモンストレーション，クーポン配布などが挙げられる。

⑴ 値引き（discount）

スーパーマーケットなどの小売業者が，ある商品に対して通常の販売価格からいくらかの金額を差し引いて販売する手法である。値引きのねらいとしては，商品の販売を伸ばすために行う場合と，採算を度外視して，消費者を店頭に誘引するために行う場合がある。こうしたねらいで極めて安く設定されている商品は，ロス・リーダー（loss leader）と呼ばれる。しかし，値引きは短期的な売上増加効果があっても，長期的視点では利益率を下げていくということが指摘されている。[19]

⑵ 特別陳列（special display）

　スーパーマーケットなどの小売業者が商品を陳列する場合，通常の陳列棚ではなく，店内動線上で消費者の目に留まりやすい場所に，ある特定の製品を陳列することである。特別陳列には，「エンド陳列（end display）」と「島陳列（island display）」などがある。前者の「エンド陳列」は，店内の販売コーナーの端に商品を陳列することであり，後者の「島陳列」は，通路の中央に設置した平台などの什器の上に商品を陳列することである。商品の売上は，陳列の仕方や場所（来店客の通過率が高く，目につきやすい場所）によってかなり影響されるため，多くのメーカーは小売業に対して自社の商品を「エンド陳列」か，「島陳列」にしてもらえるように積極的に働きかけている。

⑶ チラシ（flyer）

　チラシは，広告メッセージを掲出した一枚物の印刷物であり，代表的な例としては，新聞の折り込みチラシがある。折り込みチラシは，一般に小売業が自店舗の商圏内世帯に向けて配布するが，例えば消費者の近くにいるスーパーマーケットや家電量販店といった業種の広告が多い。

⑷ デモンストレーション販売（demonstration sales：実演販売）

　デモンストレーション販売とは，主にスーパーマーケットやコストコなどの食料品売り場で，メーカーの販売員が自社の製品を使ったレシピを紹介したり，試飲・試食してもらったりして，自社商品の販売を促進する手法である。実演販売とも呼ばれる。すなわち，実演販売は，消費者が店内で試食し競合他社商品と比較して，自社商品の優位性を理解してもらう形態である。上記の例以外にも新車販売や健康器具などでよく利用されている。

2019年度の連結販売促進費のランキング上位企業を見ると，1位は4年連続で日産自動車であり，前年度比の0.3%減の2,209億円となった。2位はキリンホールディングスで，前年度比の2.33%増の1,592億円であり，3位はアサヒグループホールディングスで，前年度比の1.3%減の1,234億円の順に続く。図表10-10は，10位までのランキングを示してある。

販売促進費と広告宣伝費を比較して，販売促進費が多い企業は3位のアサヒグループホールディングス，6位のANAホールディングス，7位の日本たばこ産業，9位の伊藤園，10位のスズキという順である。

図表10-10　日本の連結販売促進費　上位10社（2020年）

（－は非開示）

19年度順位	18年度順位	企業名	売上高（百万円）	販売促進費（A）（百万円）	（前年度比）	売上高に占める販促費の割合	広告宣伝費（B）（百万円）	※販促費比率
1	1	日産自動車	9,878,866	220,981	-0.3%	2.2%	280,801	44.0%
2	2	★キリンHD	1,941,305	159,262	2.3%	8.2%	－	
3	3	★アサヒグループHD	2,089,048	123,412	-1.8%	5.9%	61,099	66.9%
4	4	★コカ・コーラボトラーズジャパン	914,783	120,241	-3.9%	13.1%	－	
5	7	明治HD	1,252,706	105,001	1.2%	8.4%		
6	6	ANAHD	1,974,216	103,495	-2.1%	5.2%	11,830	89.7%
7	5	★日本たばこ産業	2,175,626	102,095	-3.9%	4.7%	33,467	75.3%
8	8	リクルートHD	2,399,465	88,288	1.3%	3.7%	173,219	33.8%
9	11	伊藤園	504,153	84,760	3.9%	16.8%	11,544	88.0%
10	9	スズキ	3,488,433	80,600	-4.6%	2.3%	71,004	53.2%

注：①HDはHoldingsの略称。
　　②★は，国際財務報告基準（International Financial Reporting Standards：IFRS）。
　　③※販促費比率（A）/（A）＋（B）は，広告宣伝費と販売促進費の合計金額に占める販売促進費の割合。
　　④■網掛けは，広告宣伝費の方が販売促進費よりも多いことを示す。
　　⑤2019年度は2019年4月から2020年3月までの有力企業の決算で集計。
出所：『有力企業の広告宣伝費　2020年度版』日経広告研究所，p.10。

6 パブリック・リレーションズ (Public Relations：PR)

　パブリック・リレーションズは，消費者と他の人々の行動，意見，態度に望ましい関係を創り出すために行う，さまざまな情報提供活動である。PRは，一般に企業の情報（新製品やサービスの価値，社会的活動情報，投資家向け情報など）を，パブリシティ（publicity：広報，報道）を通して紹介されるが，原則として無料のコミュニケーションであり，通常，ニュース記事や公共イベントなどで取り上げてもらい，自社の代わりに広く告知してもらうことを目的としている。[21]

　企業の広告とパブリシティとの違いは，広告は自社自らが広告媒体（テレビ，ラジオ，雑誌，新聞，屋外，郵便など）を通して一方的に発信する有料の情報である。これに対してパブリシティは，第三者機関による無料で提供される企業情報であり，消費者にとって，中立，公正，そして客観的な情報であると認識され，企業のイメージを向上させれば競合他社との差別化が図られるし，知名度が拡大することにより競争優位性を生み出すことができる。

　また多くの企業は，自社を取り巻くステークホルダー（stakeholder：利害関係者）との間に好意的な態度を維持し，建設的な企業イメージを構築することで，利害関係者と良好な関係を保とうとしている。こうした利害関係者に対する企業の良好な関係づくり，すなわち好ましい態度を形成しようと意図的に努力することがPR活動である。利害関係者とは，企業とかかわるすべての関係者を表し消費者，従業員，株主，仕入先，得意先，政府，地域社会などが該当する。PR活動部門は，報道対策，製品パブリシティ，社会環境対策，ロビー活動，投資家対策，開拓という6つの機能を果たしている。[22]図表10-11は，6つの活動部門の内容を示している。

　パブリシティは前述したように，本来無料のコミュニケーションであり，第三者機関による情報提供であるために統制不可能なものであるが，ある程度統制可能にしたのが，ペイド・パブリシティ（paid publicity）である。例え

図表10-11　PR活動部門と内容

活動部門	内　容
報道対策	自社の製品，サービス，人に関心を引き付けるため，ニュース価値のある情報を生み出し，ニュース媒体に流すこと。
製品パブリシティ	特定製品を発表すること。
社会環境対策	社会環境において国や地方コミュニティとの関係を構築し維持すること。
ロビー活動	法律や規制への影響をねらって，議員や政府関係者との関係を構築し維持すること。
投資家対策	金融界において株主その他の人々との関係を構築し維持すること。
開拓	金銭的な援助やボランティアの支持を得るために，非営利団体の寄付者やメンバーに対して行う活動のこと。

出所：Kotler, P. and Gary Armstrong（1997）*Marketing: An Introduction, Fourth Edition,*
　　　Prentice Hall, Inc.（恩藏直人監修・月谷真紀訳（1999）『コトラーのマーケティング・入門〈第
　　　4版〉』ピアソン・エデュケーション，p.547）

ば，取材費や記事製作経費，そして媒体料金を自ら負担してメディア（新聞
や雑誌，放送局など）に取り上げてもらう手法である。さらに，通常のパブ
リシティ（無料）とペイド・パブリシティ（有料）を適切に組み合わせてよ
りPR効果を高めようとするのが「戦略PR」[23]と呼ばれる手法である。

7 人的販売 (Personal Selling)

　人材販売とは，コミュニケーション・ミックス要素の中で唯一の人的な要
素であり，販売担当者が店頭での対面販売や訪問によって消費者またはユー
ザーに直接コンタクトし，自社商品やサービスの情報を提供したり，調整し
たりして購買への説得を促す販売活動である。
　人的販売のプロセスは，図表10-12のように，販売機会の把握と評価，事前
アプローチ，アプローチ，プレゼンテーションとデモンストレーション，反
対意見への対処，成約，フォローアップとメンテナンスという7つの段階に分

図表10-12　効果的人的販売のための主要段階

段階	人的販売の各プロセス
第1段階	販売機会の把握と評価
第2段階	事前アプローチ
第3段階	アプローチ
第4段階	プレゼンテーションとデモンストレーション
第5段階	反対意見への対処
第6段階	成約
第7段階	フォローアップとメンテナンス

出所：Kotler, P.（2000）*Marketing Management: Millennium Edition, tenth edition,* Prentice Hall, Inc.（恩藏直人監修・月谷真紀訳（2001）『コトラーのマーケティング・マネジメント〈ミレニアム版〉』ピアソン・エデュケーション，p.777を参考に筆者作成）

かれる。この効果的人的販売のための主要7段階は，多くのトレーニング・プログラムに共通しているものとされている。[24]

　まず人的販売プロセスの第1段階は，販売機会の把握と評価である。一昔前までは，多くの企業は見込み客の開拓と評価を販売担当者に一任していたが，近年は，企業が見込み客の開拓と評価を行い，販売担当者は販売に従事している。したがって，この段階では企業は見込み客を開拓し，相手の関心の高さや財務能力を見極めることによって販売機会を評価する。

　第2段階は，見込み客を訪問する前の事前アプローチである。販売担当者は見込み客についての情報収集，アプローチの方法（直接訪問，電話，メールなど），見込み客に対する全体的な戦略を定めることである。

　第3段階は，見込み客へのアプローチである。この段階では，販売担当者が顧客に会って，良好な関係を築くために，見込み客と同じ服装をしたり，適切なオープニングの挨拶をしたりして好スタートを切る。その後は，礼儀正しい態度で買い手の話を熱心に聞いてニーズやウォンツを理解し，いくつかの鍵となる質問をする段階である。

　第4段階は，プレゼンテーションとデモンストレーションである。販売担当者が見込み客に製品の話をする際に，基本となるのはAIDAモデルである。

これは，見込み客にまずある特定の製品やサービスに注目（Attention）させ，関心（Interest）を持ってもらい，欲求（Desire）を駆り立てられ，行動（Action）に至るというプロセスである。販売担当者のプレゼンテーションには，FABVアプローチ，すなわち製品やサービスの特徴（Feature），見込み客にもたらす利点（Advantage），当該製品やサービスがいかに社会，経済，技術においてベネフィット（Benefit）を提供するか，当該製品やサービスがもたらす付加価値（Value）を伝える。また，パンフレット，製品見本，ビデオ，パソコンのような補助材料のデモンストレーションによって，製品のストーリーを組み立てる必要がある。

　第5段階は，見込み客の反対意見への対処である。この反対意見とは，販売担当者のプレゼンテーションに対して価格や製品，企業そのものに対する不満といった倫理的抵抗，干渉されたくない，何かをやめることへのためらい，販売担当者の不愉快な雰囲気，先入観といった心理的抵抗である。こうした抵抗に対して販売担当者は，より多くの情報を提供し，見込み客の不安を取り除く姿勢が最も重要で，この対処スキルは交渉スキルの一種である。

　第6段階は，成約となるが，見込み客が進んで購入したくなるような信頼感や安心感，納得感を醸成し，特別価格，増量，記念品など，成約に伴う特典を見込み客に提示することが必要である。

　第7段階は，成約後のフォローアップとメンテナンスである。これは，顧客満足を高めたり，リピーターを増やしたりするための必要不可欠な段階である。まず，販売担当者は納品時に商品が約束通りに配達され，説明やサービスが適切に行われているかを確認し，顧客のためのメンテナンス計画の立案（点検，手入れなど）を行うことが要求される。

　一方，広告と人的販売の違いは，広告は非人的コミュニケーションであり，費用の大部分が顧客でない人々にメッセージを送るが，人的販売は個々人，すなわち人的コミュニケーションであり，効果的に市場ターゲットに近づく好機を有する。[25]

　この章を通して，コミュニケーション・ミックスの5つの要素を概説したが，それぞれの長所と短所を整理したのが図表10-13の通りである。

図表10-13　コミュニケーション・ミックス要素の長所と短所

コミュニケーション・ミックス要素	長　所	短　所
デジタルとソーシャルメディア	● 人的販売の高い費用をかけずにメッセージのカスタマイズが可能。 ● 特に消費者が相互作用を制御できる場合は，強力な関係が構築される。	● ターゲティングが不十分な場合，スパム①やその他の不要な通信として扱われる。 ● CRM②とデータベースマーケティング③への依存には，継続的な更新が必要である。
広告	● 多くのメディアの選択肢。 ● 多数の顧客に効率的にリーチ。 ● 多くの創造的な柔軟性を持つ	● ショットガンアプローチ④であるため，対象顧客ではない人にも到達。 ● 広告の飽和状態により影響力減少。 ● 高い生産費用。
販売促進	● 購入へのインセンティブを通じて直接購入を刺激。 ● 他のプロモーションフォームを補完する効果的な手段。	● 顧客が次のクーポンやリベート⑤などを継続的に待つように導く。 ● 値下げイメージによりブランド価値に悪影響を受ける可能性がある。
パブリック・リレーションズ	● 有料のフォームよりも信頼できると見なされる無料のコミュニケーション。 ● 高品質のメディアとの関連付けの提供は，ブランド価値向上。	● メッセージの結果の統制力が低い。 ● PRキャンペーンに選別されるためには，高い人件費が発生。
人的販売	● アイデアの強力な双方向コミュニケーション。 ● 直接顧客の混乱を緩和し，購入を説得。	● カスタマーコンタクトあたり非常に高いコスト。 ● 販売員が，販売を確保するためにブランドのメッセージを正確に伝達していない可能性がある。

注：①スパム（Spam）：本人の許可なく送り付けられてくる迷惑電子メールのことである。
　　②CRM（Customer Relationship Management：顧客関係管理）：顧客個人の価値観，好みなどを把握し，そのニーズやウォンツにあった個別的なアプローチを通して，顧客との良好な関係を構築し，利益の改善を図る手法である。
　　③データベースマーケティング（Database Marketing）：データベースから顧客の購入確率を個人別に予測し，確率の高い顧客から順にアプローチする手法である。
　　④ショットガンアプローチ（Shotgun Approach）：製品やサービスのプロモーションキャンペーンが可能な限り大きな地域や人口をターゲットとする戦略である。
　　⑤リベート（Rebate）：売り手が支払を受けた金額の一部を手数料や謝礼などの名目で，買い手に返すことである。割戻しともいう。
出所：Marshall, G. W. and Johnston, M. W. (2019) *Marketing Management 3e*, Mc Graw Hill Education, p.346. 出牛政芳編著（2004）『基本マーケティング用語辞典［新版］』白桃書房を参照。

■ 演習問題 ....

1. コミュニケーション・ミックス（デジタルとソーシャルメディアマーケティング，広告，販売促進，パブリック・リレーションズ，人的販売）の相違点について考えてみよう。

2. プッシュ戦略とプル戦略の特徴について検討してみよう。

3. 関心のある製品を1つ取り上げ，広告と販売促進は，どのような時にどのような効果を生み出すかを考えてみよう。

4. 関心のあるテレビの広告を3つ取り上げ，それぞれどのようなターゲットに向かって訴求（伝達内容と表現）されているかを比較してみよう。

5. 関心のある企業1社を取り上げ，どのようなコミュニケーション活動（誰に対して，どのようなメッセージを，どのような手段によって，表現しているのか）を行っているのかについて考えてみよう。

6. 企業の広告とパブリシティ（広報，報道）との違いについて考えてみよう。

7. インターネット上に現れる関心のある広告を1つ取り上げ，どのような広告訴求や広告戦略手法を用いられているかを考えてみよう。

● 注

1) 以下の文献を参照した。Kotler, P.（2000）*Marketing Management: Millennium Edition, Tenth Edition,* Prentice Hall, Inc.（恩藏直人監修・月谷真紀訳（2001）『コトラーのマーケティング・マネジメント　ミレニアム版』ピアソン・エデュケーション，pp.670-673）。出牛正芳（1996）『現代マーケティング管理論』白桃書房，pp.192-195。

2) 金成洙（2020）『消費者行動論－モノからコト・トキ消費へ－』白桃書房，pp.62-68。

3) Marshall, G. W. and Johnston, M. W.（2019）*Marketing Management 3e*, Mc Graw Hill Education, pp.341-343.

4) 以下の文献を参照した。Marshall, G. W. and Johnston, M. W.（2019）*ibid.*, p.347.Webster, Frederick E. Jr.（2000），"Understanding the Relationships among Brands, Consumers, and Resellers," *Journal of the Academy of Marketing Science* 28, no.1（Winter），pp.20-21.

5) 相原修（2015）『ベーシックマーケティング入門　第4版』日本経済新聞社（日経文庫），pp.181-182。

6) 中山勝（2009）「統合型マーケティング・コミュニケーション（IMC）という考え方－IMC展開の具体的なケースを中心として－」『松山大学論集』第21巻 第3号，p.270。Lazer, William（1971）*Marketing Management: A Systems Perspective*, John Wiley and Sons, p.352.

7) 南千恵子（2010）「プロモーション政策」池尾恭一・青木幸弘・南千恵子・井上哲浩著『マーケティング Marketing : Consumer Behavior and Strategy 』有斐閣，p.481。

8) 中山勝（2009），前掲論文，p.271。

9) 岸志津江（2008）「マーケティング計画と広告」岸志津江・田中洋・嶋村和恵著『現代広告論〔新版〕』有斐閣アルマ，pp.47-50。

10) Marshall, G. W. and Johnston, M. W.（2019）*op. cit.*, pp.350-360.

11) Marshall, G. W. and Johnston, M. W.（2019）*ibid.*, pp.360-366.

12) https://www.mintel.com/press-centre/social-and-lifestyle/seven-in-10-americans-seek-out-opinions-before-making-purchases（2021年6月8日アクセス）

13) Marshall, G. W. and Johnston, M. W.（2019）*op. cit.*, pp.376-377.

14) Kotler, P.（2001）*A Framework for marketing Management*, Prentice Hall, Inc.（恩藏直人監修・月谷真紀訳（2004）『コトラーのマーケティング・マネジメント』ピアソン・エデュケーション，p.352）. Marshall, G. W. and Johnston, M. W.（2019）*ibid.*, p.379.

15) 小川孔輔（2009）『マーケティング入門』日本経済新聞出版社，pp.479-482。

16) Krugman, H. E.（1972）"Why Three Exposures May Be Enough," *Journal of Advertising Research*, VOL.12（December）, pp.11-14.

17) 田嶋規雄（2014）「コミュニケーション戦略」（公社）日本マーケティング協会監修『ベーシック・マーケティング－理論から実践まで－』同文館出版，pp.163-165。

18) 以下の文献を参照した。渡辺隆之・守口剛（2011）『セールス・プロモーションの実際〈第2版〉』日経文庫，pp.102-124。小川孔輔（2009），前掲書，pp.496-514。

19) 南千恵子（2010）「プロモーション政策」池尾恭一・青木幸弘・南千恵子・井上哲浩著，前掲書，p.478。

20) Marshall, G. W. and Johnston, M. W.（2019）*op. cit.*, p.382.

21) Hyun Seung Jin, Jaebeom Suh, and D. Todd Donavan（2008）"Salient Effects of Publicity in Advertised Brand Recall and Recognition: The List-Strength Paradigm," *Journal of Advertising* 37, no.1, pp.45-57.

22) Kotler, P. and Gary Armstrong（1997）*Marketing: An Introduction, Fourth Edition*, Prentice Hall, Inc.（恩藏直人監修・月谷真紀訳（1999）『コトラーのマーケティング・

入門　第4版』ピアソン・エデュケーション，pp.547-549）

23）石崎徹（2016）「広告／マーケティング・コミュニケーション諸活動の定義と機能」石崎
　　徹編著『わかりやすいマーケティング・コミュニケーションと広告』八千代出版，pp.34-
　　35。井上一郎（2016）「PRとパブリシティ戦略」石崎徹編著，同上書，pp.211-212。

24）Kotler, P.（2000）*op. cit.*（恩藏直人監修・月谷真紀訳（2001）前掲書，pp.776-780）

25）出牛正芳（1996）前掲書，pp.219-220。

■ さらなる学習と研究のための参考文献

〈英語（邦訳）文献〉

Alderson, W.（1957）*Marketing Behavior and Executive Action*, Richard D. Irwin.（石原武政・風呂勉・光澤滋郎・田村正紀訳（1984）『マーケティング行動と経営者行為』千倉書房）

Bartels, R.（1976）*The History of Marketing Thought, Second Edition*, G rid Publishing , Inc.（山中豊国訳（1979）『マーケティング理論の発展』ミネルヴァ書房）

Bucklin, L. P.（1966）*A Theory of Distribution Channel Structure*, University of California.（田村正紀訳（1977）『流通経路構造論』千倉書房）

Chaudhuri, A.（2006）*Emotion and Reason in Consumer Behavior*, Elsevier Inc（恩藏直人・平木いくみ・井上敦子・石田大典訳（2007）『感情マーケティング－感情と理性の消費者行動－』千倉書房）

Drucker, P. F.（1974）*Management: Tasks, Responsibilities, Practices*, Harper & Row, Publishers Inc.（野田一夫，村上恒夫監訳（1974）『マネジメント（上）』ダイヤモンド社）

Keller, Kevin I.（2008）*Strategic Brand Management Third Edition*, Prentice-Hall.（恩藏直人監訳／株式会社バベル訳者（2010）『戦略的ブランド・マネジメント〈第3版〉』東急エージェンシー）

Kotler, P and G. Armstrong（1989）*Principles of Marketing, Fourth Edition*, Prentice Hall, Inc.（和田充夫・青井倫一訳（1995）『マーケティング原理』ダイヤモンド社）

Kotler, P and G. Armstrong（1997）*Marketing: An Introduction, Fourth Edition*, Prentice Hall, Inc.（恩藏直人監修・月谷真紀訳（1999）『コトラーのマーケティング・入門〈第4版〉』ピアソン・エデュケーション）

Kotler, P.（2000）*Marketing Management, International Edition*, prentice-Hall, Inc.（恩藏直人監修・月谷真紀訳（2001）『コトラーのマーケティング・マネジメント〈ミレニアム版〉』ピアソン・エデュケーション）

Kotler, P.（2001）*A Framework for marketing Management*, Prentice Hall, Inc.（恩藏直人監修・月谷真紀訳（2004）『コトラーのマーケティング・マネジメント』ピアソン・エデュケーション）

Kotler, P., H. Kartajaya, and I. Setiawan（2010）*Marketing3.0: From Products to Customers to the Human Spirit*, John Wiley & Sons.（恩藏直人監訳・藤井清美訳（2010）『コトラーのマーケティング3.0－ソーシャル・メデイア時代の新法則－』朝日新聞出版）

Kotler, P., H. Kartajaya, and I. Setiawan（2017）*Marketing4.0: Moving from Traditional to Digital*, John Wiley & Sons.（恩藏直人監訳・藤井清美訳（2017）『コトラーのマーケテ

ィング4.0－スマートフォン時代の究極法則－』朝日新聞出版)

Levitt, T.（1974）*Marketing for Business Growth*, McGraw-Hill.（土岐坤訳（1975）『発展の
　　マーケティング』ダイヤモンド社）

Porter, M. E.（1980）*Competitive Strategy: Techniques for Analyzing Industries and
　　Competitors*, Free Press.（土坤岐・中辻萬治・服部照夫訳（1982）『競争の戦略』ダイ
　　ヤモンド社）

〈日本語文献〉

青木幸弘（2010）『消費者行動の知識』日経文庫。

青木幸弘・新倉貴士・佐々木壮太郎・松下光司著（2012）『消費者行動論－マーケティング
　　とブランド構築への応用』有斐閣アルマ。

石井淳蔵・栗木契・嶋口充輝・余田拓郎（2004）『ゼミナール　マーケティング入門』日本
　　経済新聞社。

石崎徹編著（2016）『わかりやすいマーケティング・コミュニケーションと広告』八千代出
　　版。

上田隆穂・澁谷覚・西原彰宏（2020）『グラフィック　マーケティング』新世社。

遠藤雄一（2019）『流通システムとサプライチェーン・マネジメント』同文館出版。

小川孔輔（2009）『マーケティング入門』日本経済新聞出版社。

奥谷孝司・岩井琢磨著（2018）『世界最先端のマーケティング』日経BP社。

加藤敏文編著（2007）『環境・共生型タウンマネジメント』学文社。

金成洙（2020）『消費者行動論－モノからコト・トキ消費へ－』白桃書房。

黒田重雄・金成洙編著（2013）『わかりやすい消費者行動論』白桃書房。

黒田重雄（2020）『マーケティング学の試み－独立した学問の構築を目指して－』白桃書房。

高橋広行（2018）『消費者視点の小売イノベーション－オムニ・チャネル時代の食品スーパ
　　ー－』有斐閣。

田口冬樹（2016）『体系流通論』白桃書房。

田口冬樹（2017）『マーケティング・マインドとイノベーション』白桃書房。

田中洋（2019）『ブランド戦略論』有斐閣。

牧田幸裕（2017）『デジタルマーケティングの教科書－5つの進化とフレームワーク－』東
　　洋経済新報社。

宮澤永光・城田吉孝・江尻行男編（2009）『現代マーケティング』ナカニシヤ出版。

目黒良門（2011）『戦略的マーケティングの思考』学文社。

守口剛・上田雅夫・奥瀬喜之・鶴見裕之（2018）編著『消費者行動の実証研究』中央経済
　　社。

索引

さ行

た行

な行

は行

ま行

わ行

■著者略歴

金　成洙（きむ　そんす）

現在，専修大学経営学部・大学院経営学研究科教授，博士（経営学）。
専修大学大学院経営学研究科博士課程修了。
米国テキサス大学（University of Texas）客員研究員。
これまで専修大学経営学部助手，専修大学北海道短期大学商経社会総合学科専任講師，助教授を経て，現職。
この間，札幌大学経営学部，日本大学商学部などで非常勤講師を担当。

【主要著書】
『基本マーケティング　用語辞典［新版］』（共著）白桃書房，2004年
『日・韓卸売構造の変化に関する研究』（単著）専修大学出版局，2005年
『現代マーケティング：その基礎と展開』（共著）ナカニシヤ出版，2009年
『わかりやすい消費者行動論』（共著）白桃書房，2013年
『消費者行動論－モノからコト・トキ消費へ－』（単著）白桃書房，2020年

■ 図表でわかる！現代マーケティング論

■ 発行日——2021 年 11 月 16 日　初版発行　　　　　　〈検印省略〉

■ 著　者——金　成洙

■ 発行者——大矢栄一郎

■ 発行所——株式会社　白桃書房

　　　　　〒101-0021　東京都千代田区外神田 5-1-15
　　　　　☎03-3836-4781　📠03-3836-9370　振替00100-4-20192
　　　　　https://www.hakutou.co.jp/

■ 印刷・製本——藤原印刷